# 高技能军士人才培养理论与实践

刘明兴　陆群 ◎ 主编

北京大学出版社
PEKING UNIVERSITY PRESS

图书在版编目(CIP)数据

高技能军士人才培养：理论与实践 / 刘明兴，陆群主编. -- 北京：北京大学出版社，2024.8. -- (北京大学教育财政研究丛书). -- ISBN 978-7-301-35341-7

Ⅰ.E0-059

中国国家版本馆 CIP 数据核字第 2024PU0642 号

| | |
|---|---|
| 书　　名 | 高技能军士人才培养：理论与实践<br>GAO JINENG JUNSHI RENCAI PEIYANG: LILUN YU SHIJIAN |
| 著作责任者 | 刘明兴　陆　群　主编 |
| 责任编辑 | 刘　军 |
| 标准书号 | ISBN 978-7-301-35341-7 |
| 出版发行 | 北京大学出版社 |
| 地　　址 | 北京市海淀区成府路 205 号　100871 |
| 网　　址 | http://www.pup.cn　　新浪微博: @北京大学出版社 |
| 微信公众号 | 通识书苑（微信号：sartspku）<br>科学元典（微信号：kexueyuandian） |
| 电子邮箱 | 编辑部 jyzx@pup.cn　　总编室 zpup@pup.cn |
| 电　　话 | 邮购部 010-62752015　发行部 010-62750672<br>编辑部 010-62753056 |
| 印 刷 者 | 河北滦县鑫华书刊印刷厂 |
| 经 销 者 | 新华书店 |
| | 720 毫米 × 1020 毫米　16 开本　15.25 印张　280 千字<br>2024 年 8 月第 1 版　2024 年 8 月第 1 次印刷 |
| 定　　价 | 98.00 元 |

未经许可，不得以任何方式复制或抄袭本书之部分或全部内容。
**版权所有，侵权必究**
举报电话：010-62752024　电子邮箱：fd@pup.cn
图书如有印装质量问题，请与出版部联系，电话：010-62756370

高技能军士人才培养 理论与实践

赵万铭题

# 本书编委会

（排名不分先后，按姓氏拼音排序）

张晓明　海军士官学校教授（编委会主任）

**部队院校**

白　玉　武警士官学校基础部教授
常思浩　陆军工程大学通信士官学校教授
刁仁华　海军士官学校副校长兼教育长、副教授
付土旺　空军指挥学院政治工作系主任
韩俊峰　陆军装甲兵学院士官学校教授
井祥鹤　陆军炮兵防空兵学院士官学院教授
邵命山　陆军工程大学军械士官学校教授
王晓霞　火箭军士官学校教授
昔英义　空军通信士官学校士官队伍建设理论研究中心主任、教授
姚琛臣　军事科学院军队政治工作研究院副研究员

**地方院校**

蔡海鹏　长沙航空职业技术学院原党委副书记、教授
刘明兴　北京大学中国教育财政科学研究所常务副所长、教授
陆　群　南京信息职业技术学院原副校长、副教授
王协瑞　山东信息职业技术学院党委书记、教授
谢　彤　湖北交通职业技术学院副校长、副教授
殷　华　北京科技大学天津学院无人机系主任、研究员
张若钢　湖南国防工业职业技术学院党委副书记兼纪委书记、教授
张双会　河北科技工程职业技术大学党委副书记、教授
张玉礼　潍坊工程职业学院原士官学院院长、教授

# 前 言

强军兴军,要在得人。军士是军事人才的组成部分,是基层战斗骨干和装备操作维护骨干,是军队建设和军事斗争准备的基础骨干力量。作为我军数量最多、分布最广、扎根一线的人才群体,军士地位越来越重要,作用越来越突出。为促进建设一支高素质、专业化的军士队伍,2012年军队借助地方优质教育资源开展"定向培养直招士官"试点,首次引入地方高等职业教育院校参与技术、技能军士的定向培养工作,努力探索一条军民融合培养军士的新路子[①]。

为贯彻落实教育部、中央军委政治工作部、中央军委国防动员部关于做好定向培养直招军士试点工作的文件精神,深入开展定向培养军士体制机制的理论与政策研究,北京大学中国教育财政科学研究所于2018年联合南京信息职业技术学院、山东信息职业技术学院等18所地方高职院校军士学院的负责同志,邀请国防科技大学、空军指挥学院、空军通信军士学校、海军军士学校和火箭军军士学校等部队院校的专家,以及北京理工大学、中央财经大学等研究型高校的专家作为顾问,共同进行"军地共育士官人才"课题攻关。课题组分别于2018年11月在南京召开"新时代的兵役义务与教育培训"研讨会;2019年1月在北京召开"完善定向培养士官生体制机制、推进地方院校士官学院发展建设"研讨会;2019年6月在北京召开"军地共育士官人才课题报告会";2020年10月在北京召开"军事人力资源建设与管理研讨会"等学术研讨活动。课题组历经多轮广

---

① 按照中央军委印发的《军士暂行条例》《义务兵暂行条例》,以及《军士职业发展管理暂行规定》《士兵退役工作暂行规定》《关于士兵制度改革转换过渡有关问题的通知》等相关文件规定,自2022年3月31日起"士官"改称"军士",其含义相当,因写作时间的关系,本书各篇沿用"士官"这一称谓。

泛调研、框架研讨、征求意见，在"军地共育士官人才课题报告会"上形成本书初稿，在"军事人力资源建设与管理研讨会"上形成本书第二轮修订稿。之后两年多时间里，各位作者和编审人员又不断修改完善，最终形成本书。

本书以地方职业院校为承接主体、面向部队培养定向直招军士项目为核心，针对定向军士培养过程中招生、教学、经费、人才培养、质量考评、校企协同等多个关键环节，分别从部队军士学校、地方高职高专和职业本科院校军士培养的不同角度，对相关问题进行总结、分析，并提出解决方案和政策建议。第一部分为军士制度和定向培养军士政策概述，主要对军士制度的改革历程进行了追溯，对职业院校参与定向军士培养的发展历程进行了总结。第二部分为定向军士人才培养实践探索，主要包括三个方面的内容。一是从定向培养军士教学实施入手，着重展现教学实践参与者的经验总结和深入思考。二是军地协同视角下的地方军士学院发展，主要探讨在各方力量协同作用下地方军士学院的发展和完善。三是关于定向培养军士体制机制改革的政策建议，主要对高职院校在定向军士培养中碰到的主要问题进行系统总结，并提出相应对策建议。

本书的出版，要感谢所有收录文章的作者，他们将政策研究的成果和实践总结的经验汇聚在本书中，是对我国由高等职业教育院校承接定向直招军士项目的一个阶段性总结和梳理，既从宏观上把握定向直招军士项目的现状，也从微观出发对关键领域的关键问题进行重点分析阐述。同时，还要感谢编委会各位专家，感谢所有参与定向军士培养的各军（兵）种（以下简称"军种"）部队和地方领导、职业院校各级领导，以及工作在定向军士培养一线的教师和辅导员，感谢关心定向军士培养的社会各界人士。

2022年3月31日，中央军委印发的《军士暂行条例》《军士职业发展管理暂行规定》等配套法规正式施行。这是建立统一的军士制度的重要基础法规，是实现军事人员现代化的内在要求，是推进军士队伍建设的重要举措，标志着我军军士制度改革迈出了新的坚实步伐。我们将以此为契机，持续研究探索新形势下军士培养工作的特点规律，为打造一支对党忠诚、专业精通、爱岗敬业、作风过硬的军士队伍提供理论支撑和政策建议。

  由于编者水平有限,书中难免存在疏漏之处,希望广大读者多提宝贵意见。

本书编委会

# 目 录

## 第一部分 军士制度和定向培养军士政策概述

士官制度改革与士官定向培养 …………………………………………… 3
定向培养士官培养现状分析 ……………………………………………… 22
士官军事基础技能课程实战化教学现状分析及对定向士官培养的启示
　…………………………………………………………………………… 28
服务军地共育士官的职业教育专业教学资源库初探 …………………… 38
基于士兵职业技能鉴定军地一体化的对策研究 ………………………… 46
外军军士教育训练综述 …………………………………………………… 53

## 第二部分 定向军士人才培养实践探索

对"强军目标"引领下定向培养士官人才培养工作的几点认识 ………… 65
军民融合背景下定向士官人才培养模式探析 …………………………… 73
需求主导的定向培养士官专业建设探究 ………………………………… 86
构建"军地融通"的高质量定向士官课程体系实践研究 ………………… 94
"军地一体、梯次递进"的定向军士军政素质培养体系构建 …………… 101
士官生军事素质养成模式探析 …………………………………………… 109
士官生军政素质培养方案设计 …………………………………………… 117
定向培养士官生培养质量考评体系及动态调整机制研究 ……………… 126
关于地方士官学院培养体制与军队士官职业教育改革 ………………… 143
军民融合校企合作中的角色与协同互动研究与实践 …………………… 152
地方高校预备役技能人才培养模式简介 ………………………………… 168
地方士官学院与国防教育基地的协同建设 ……………………………… 177

为部队服务的不同人才培养模式探索……………………………… 187
关于完善高职院校定向培养士官招录工作的报告………………… 193
关于完善定向培养士官生经费保障机制的报告…………………… 201
军地共育士官人才政策建议………………………………………… 212

# 第一部分　军士制度和定向培养军士政策概述

# 士官制度改革与士官定向培养

昔英义 胡萍 冯佳[①]

世界军事史上,士官制度最早出现于15世纪末的法国军队,而后传遍世界,已经走过了500多年的历程。如今,士官队伍在各国军队建设和作战中都占据独特地位,发挥重要作用。士官编制规模是军队职业化程度的标志之一,是部队武器装备发展水平的客观反映。在各国纷纷裁减军队员额的大背景下,士官在总兵力中所占的比重越来越大。

## 一、我军士官队伍建设发展历程

伴随着人民军队精兵强军的发展历程,我军士官制度逐步建立完善,士官队伍不断成长壮大,成为军队中规模最大、分布最广的重要支撑力量。我军士官队伍建设发展历程可以分为两个时期:士官制度初建时期;士官制度改革与发展时期。

### (一)士官制度初建时期(1978—1998)

20世纪70年代末期,在我国国防科技工业体系基本建成和军队武器装备技术含量不断提高的大背景下,一方面,士兵需要学习和掌握的军事技术知识越来越多;另一方面,许多士兵因文化素质不高、服役期限较短而越来越难以胜任较为复杂的技术岗位。义务兵役制的局限与军队建设和作战需要之间的矛盾日益显现。为解决这一矛盾,国家开始寻求兵

---

① 昔英义,空军通信士官学校士官队伍建设理论研究中心主任、教授,研究领域:士官教育、士官队伍建设;

胡萍,空军通信士官学校士官队伍建设理论研究中心副研究员,研究领域:士官教育、士官队伍建设;

冯佳,空军通信士官学校士官队伍建设理论研究中心副研究员,研究领域:士官教育。

役制改革。可以说,随着国家的改革开放和军队建设进入新的历史时期,士官制度应运而生。

建立"一主体、两结合"的兵役制度。在1977年8月的一次军委会议上,邓小平同志提出了实行志愿兵制度的问题,指出:"兵役制度要解决,这是个大问题。除了一般兵员服役年限要研究改革外,一些特种兵的兵员要延长服役期限,按干部待遇,这样做,能熟悉专业知识。"他还强调:"兵役制度问题,要组织一个小组专门研究。这样是不是有四分之一的人,或五分之一的人,就不要经常去换了。"[1]这个"四分之一"或"五分之一""不要经常去换"的人,就是邓小平同志对我军士官队伍的最初设想。同年9月19日,我军成立兵役制研究小组,经过调查研究后,提出了改革方案。同年11月,军委召开常务会议讨论通过了该项改革方案。1978年3月7日,第五届全国人民代表大会常务委员会第一次会议审议批准了国务院提出的《关于兵役制问题的决定》。该决定确定了我军实行义务兵与志愿兵相结合的兵役制度,并适当延长现行义务兵的服役年限。为了稳定和加强部队的技术骨干力量,部分超期服役的义务兵可以改为志愿兵留在部队长期服役。[2]1978年11月,中央军委颁布《中国人民解放军部分义务兵改为志愿兵的实施办法》,确定选留志愿兵的工作从1979年春季退伍时开始进行。从此,现役士兵服役制度进入义务兵与志愿兵相结合的阶段,"志愿兵"正式出现在中国军队的方阵中,成为我军士官的雏形。实行志愿兵制度拉开了我军建立士官制度的序幕。第六届全国人民代表大会第二次会议审议通过《中华人民共和国兵役法》(以下简称《兵役法》),自1984年10月1日起施行。新的《兵役法》规定我国实行义务兵役制为主体的义务兵与志愿兵相结合、民兵与预备役相结合的兵役制度,规定义务兵服现役期满,根据军队需要和本人自愿可以超期服役一至二年,超期服现役的义务兵服现役满五年,已成为专业技术骨干的可以改为志愿兵,志愿兵服役期限从改志愿兵之日算起,至少八年,不超过十二年。由此,志愿兵役制度上升为国家法律。志愿兵役制的施行,保留了部队建设需要的士兵技术骨干,优化了兵员结构,满足了质量建军对士兵队伍的基本需求。

提出实行士官制度。1985年6月,党中央对我军建设指导思想进行调整,从立足于"早打、大打、打核战争"的临战状态转到和平时期建设轨道上来,实行百万大裁军。在压缩军队规模的同时,加强技术兵建设。在这一背景下,中央军委明确提出实行士官制度,我军三大类76种干部职务改由士官担任。1986年,原总参谋部印发《关于试办士官学校和在军官院校增开士官班的方案》,我军试办2所士官学校,并在部分军官院校增设了士官系、士官大队。士官教育由此开启,士官人才培养走向正规化。

实施士官军衔制度。1988年9月23日,国务院、中央军委颁布《中国人民解放军现役士兵服役条例》,规定士官为志愿兵役制士兵,士官军衔分为军士长、专业军士两级。士官军衔制度的实施,标志着我军士官制度正式诞生。1993年4月,《中国人民解放军现役士兵服役条例》第一次修订发布。修订后的条例对"士官军衔"进行了调整,并对士官军衔的授予与晋升进行了规定。

随着相关制度不断建立完善,士官队伍建设也不断迈出新的步伐。

(二)士官制度改革与发展时期(1999—2018)

1. 第一次士官制度改革(1999—2008)

20世纪90年代以后,国家改革开放和我军现代化建设深入发展,大批高新技术武器装备陆续列装部队,特别是当时发生的几场局部战争,表明现代化战争对士兵队伍建设质量提出了更高要求。面对新的军事变革,原有志愿兵制度的不足日渐显现,如:编配范围过窄、规模偏小,远不能满足军队的需求;服役时间"一刀切",不利于保留技术骨干;"一改定终身",激励和约束机制不健全;等等。这种情况下,改革势在必行。

调整完善士官制度。1993年8月,原总参军务部对志愿兵制度的情况进行了全面总结,向中央军委呈报了《关于实行志愿兵制度情况和加强志愿兵队伍建设的意见》的工作报告。报告充分肯定了志愿兵队伍在新时期军队建设中的地位与作用,客观分析了志愿兵制度随着形势发展而产生的主要问题及原因,提出了"抓法规、抓教育、抓培训、抓管理、抓待遇"等加强全军志愿兵队伍建设的措施与建议。根据军委首长的批示精神,研究论证工作随即展开。中央军委1996年1号文件中明确了调整完善士官制度的任务和要求。中央军委《"九五"期间军队建设计划纲要》中提出完善兵员政策制度;论证建立独立的士官体系,改进士官管理办法;

调整技术兵培训体制、任务和制度,提高技术兵整体素质。按照中央军委要求,原总参谋部从1996年年初开始组织力量,对士官制度进行了深入调查研究和论证,向军委呈报了《关于改革与完善我军士官制度的基本设想》。1997年7月9日,军委常务会议讨论通过了该基本设想,肯定了改革的指导思想和基本方案,同时,要求原总参谋部会同其他总部进一步研究论证,制定体现我军特色的士官制度改革方案报军委审批。

确立"两个结合"的兵役制度。20世纪90年代中期,党中央提出"两个根本性转变"的战略思想,并于1997年9月宣布三年内裁减军队员额50万,这一决策迫切需要对兵役制度进行改革。1998年12月29日,第九届全国人民代表大会常务委员会第六次会议审议通过了《兵役法》修正案。该修正案对我国兵役制度作出重要调整,其中与士官队伍建设有关的内容为:一是删除了"义务兵役制为主体"的提法,保留了"两个结合"的基本制度,即国家实行义务兵与志愿兵相结合、民兵和预备役相结合的兵役制度,把志愿兵制度提升到与义务兵制度同等重要的地位;二是改革义务兵服役制度,将义务兵服现役的期限缩短为2年,义务兵服现役期满,根据军队需要和本人自愿,经团级以上单位批准,可以改为志愿兵;三是改革志愿兵服现役制度,志愿兵实行分期服现役制度,并调整了志愿兵服现役的期限;四是在志愿兵来源上首次规定,根据军队需要,志愿兵可以直接从非军事部门具有专业技能的公民中招收,拓展了志愿兵的来源。

启动我军士官制度首次改革。1999年6月30日,国务院、中央军委发布命令,颁布修订后的《中国人民解放军现役士兵服役条例》。1999年7月15日,原四总部印发《关于改革和完善士官制度的实施办法》。1999年9月1日至3日,全军士官制度改革会议在北京召开。会议的主要任务是贯彻中央军委关于士官制度改革的重大决策,部署全面实施士官制度改革工作。全军士官制度改革会议的召开,标志着我军士官制度首次改革正式启动。此次改革主要体现在以下几个方面。一是对士官的服役方式作了重大改革,即士官实行分期服役,共分为6期。服现役满30年或年龄满55岁退出现役时,实行退休制度。二是重新设置了士兵的军衔,将士兵军衔由"三等七级"调整为"四等八级",取消了"军士"军衔,重点突出了"士官"军衔的等级。义务兵军衔分为列兵和上等兵两级。士官军衔设初、中、高级三等1至6级,实现了义务兵一年一衔,士官一期一衔。三是扩大了士官队伍的范围和规模,将士官分为专业技术士官和非专业技术士官。[3]专业技术士官从服役期满且从事各种专业技术工作的义务兵中选取,非专业技术士官为服役期满且担任非专业技术建制班班长职务的骨干。根据军队建设需要,士官也可以直接从非军事部门具有专业技能的公民中招收,使士官队伍保持适度规模,成为基层建设的中坚力量。四是适当提高了士官的待遇,士官实行工资制和定期增资制度。五是拓宽了士官退役安置渠道,将安置方式改为复员、转业和退休三种。实行新的士官制度后,在专业性强、技术密集程度较高的部队,士官数量比例达到士兵总员额的50%以上,士兵队伍专业化程度得到较大提升,士官逐步成为军队建设的一支重要力量。

颁布相关政策制度。2001年1月20日,原四总部联合发布《中国人民解放军士官管理规定》。2003年8月,中央军委制定颁发《实施军队人才战略工程规划》,首次以法规的形式把士官队伍提高到军事人才"五支队伍"之一的高度。士官在部队服役期限有所延伸,任职范围有所扩大,地位作用有所提高,士官队伍建设逐步走上良性的发展轨道。2004年,全军士官队伍建设座谈会在北京召开,随后原四总部下发《关于加强士官人才队伍建设的意见》,对加强士官人才队伍建设做出部署;同时下发通知,确定从2005年起,设立和实施士官优秀人才奖,每年评选一次。2006年,进一步完善了士官工资待遇体系,士官待遇得到较大幅度提高。2008年,我军将享受国务院颁发的政府特殊津贴人员选拔范围扩大到士官。同年,经中央军委同意,原四总部联合下发《关于进一步加强士官队伍建设的若干意见》,对推进士官人才队伍建设做出新的部署。该意见围绕建设高素质士官队伍,从指导思想、目标任务、主要工作和具体要求等方面进行了系统规范,为解决士官队伍建设面临的矛盾问题提出了具体措施和办法,为进一步推动士官队伍建设提供了基本依据。

推行直招士官试点工作。2003年公安部、民政部、财政部、原劳动和社会保障部和原总参谋部、总政治部、总后勤部联合下发通知,要求做好从非军事部门具有专业技能的公民中招收士官的试点工作。该试点工作全面铺开,部队紧缺急需的专业技能人才可随时特招入伍。

1999年士官制度改革以来,我军士官队伍建设的各项政策制度调整改革稳步推进、逐步完善,为军队建设注入了生机与活力,培养造就了一大批高素质士官人才,广大士官在战备训练、管理教育和完成重大任务中发挥了不可替代的作用。但随着我军职能任务的拓展和军队改革的深化,士官队伍建设还面临着一些矛盾和问题,迫切需要通过深化改革逐步加以解决。

2. 第二次士官制度改革(2009—2018)

在21世纪第一个十年即将过去的时候,随着国家经济、社会发展和军队建设改革不断深入,士官队伍的职能作用有了新的拓展,环境条件发生了深刻变化,有的政策制度已不适应新的形势,矛盾和问题逐步凸显。贯彻新时期军事战略方针,有效履行新世纪新阶段我军历史使命,加强我军核心军事能力建设,对士官队伍建设提出了新的更高要求。这些都需要完善法规制度,调整政策机制,使我军的士官制度能够更好地集聚人才、培养人才、保留人才,更好地为部队战斗力建设提供人才保障。根据军委决策部署,深化士官制度改革列入全军2008年改革任务。为扎实推进改革,原总参谋部成立了全军深化士官制度改革领导小组和办公室,组织力量展开了改革的研究论证工作。

部署深化士官制度改革。2009年7月,中央军委发布《深化士官制度改革方案》。7月13日,全军深化士官制度改革工作会议召开,对深化士官制度改革进行部署。这是1999年士官制度改革后又一次重大政策制度调整,是对现行士官制度的进一步完善,明确2009年年底前将全面施行新的士官制度。新的士官制度主要有以下七个方面的改革。一是增加高技术专业士官编制。在不突破全军士兵编制员额的前提下,适当增加士官编制数量,主要用于充实高技术部队的技术骨干力量。二是调整士官结构比例。取消现行士官服役分一期至六期的做法,保留初、中、高3个服役等级,服役时间分别为初级最高6年,中级最高8年,高级可服役14年以上,同时增加中、高级士官数量,减少初级士官数量。三是调整士官军衔设置。士官军衔由现行的6个衔级调整为7个衔级,称谓由低至高为下士、中士、上士、四级军士长、三级军士长、二级军士长、一级军士长。四是改进士官选拔办法。逐步扩大从地方院校大专以上毕业生中直接招收士官数量。五是完善士官培训体系。首次选取的士官应进行资格培训,初级晋升中级、中级晋升高级的士官要按岗位需求进行升级培训。六是健全士官管理体系。建立有条件全程退役制度,各级士官在服现役的各个年度,符合全程退役条件的都可安排退役。七是调整士官工资待遇。提高中高级士官基本工资,调整士官津贴补贴,适时增设士官技能等级津贴。

修改完善相应法律法规。(1)2010年7月,国务院、中央军委发布新修订的现役士兵服役条例,将深化士官制度改革的重要内容纳入条例。(2)2011年5月原四总部对《中国人民解放军士官管理规定》进行了修订。修订后的规定着眼于巩固深化士官制度改革成果,对士官队伍的定位分类、选拔配备、管理教育、考核评定和待遇保障等制度进行了充实完善。这些新的规定适应了士官队伍建设发展的客观需要,体现了对士官队伍建设的新认识、新探索,标志着我军士官队伍法规制度建设迈上了一个新台阶。(3)2011年10月,第十一届全国人民代表大会常务委员会第二十三次会议审议通过了修改后的《兵役法》,将我军士官制度深化改革的成果上升为国家法律规范。(4)2011年全军第十六次院校会议后,原四总部发布了《关于改进和加强士官培训工作的意见》,对改进和加强士官培训工作作出了新的部署。(5)定向培养直招士官试点。2012年,原总参谋部、教育部确定从2012年,面向全国7省(自治区、直辖市)11所地方高校开展依托地方普通高等学校定向培养直招士官试点工作。(6)建立士官在职学历教育学费补助制度。(7)试点士官长制度。2014年原总参军务部在步兵203旅、195旅、40旅试行士官长制度,原广州军区和海军在部分单位组织试点。2015年4月,原总参谋部、总政治部、总后勤部联合发布通知,部署全军111个旅团级单位进行试点。(8)制定士官评任专业技术职务的试行办法并组织试点。2015年1月16日原四总部发布通知,确定在部分技术岗位开展士官评任专业技术职务试点工作,并制定下发了《士官评任专业技术职务试行办法》。(9)2017年2月22日,人力资源和社会保障部、军委联合参谋部、军委政治工作部、军委后勤保障部、军委装备发展部和军委训练管理部联合部署,在全军和武警部队推行新修订的现役士兵职业技能鉴定规定,进一步健全鉴定工作机制,规范鉴定工作标准,完善待遇保障制度,推动士兵职业技能鉴定工作全面发展。

经历士官制度初创及两次士官制度改革,我军士官制度不断完善,总体上形成了有利于建设高素质的士官人才队伍、有利于保持士官队伍稳定、有利于推进士官队伍建设科学发展的局面。但随着士兵队伍建设的环境变化,一些深层次矛盾和现实问题逐步凸显,集中表现为"三难两不适应"。"三难"即征集高素质新兵难、骨干人才保留难、退役士兵安置难;"两不适应"即编制结构与新型作战力量和武器装备快速发展不适应、能力素质与能打胜仗的要求不适应。这些问题,归根结底是政策制度滞后、政策制度缺失造成的,还是要回到政策制度"原点"寻找突破。

**二、新时代士官制度改革趋势分析**

2018年11月,中央军委召开政策制度改革工作会议。这次会议的召开标志着继军队领导指挥体制改革、军队规模结构和力量编成改革之后,全面深化国防和军队改革的"第三战役"全面打响,而重塑军事人力资源制度是军事政策制度改革的一个重头戏。新一轮改革中,士官队伍职业化、专业化的发展路径愈加清晰。

(一)发展职业化

党的十九大报告明确提出,同国家现代化进程相一致,全面推进军事理论现代化、军队组织形态现代化、军事人员现代化、武器装备现代化,力争到2035年基本实现国防和军队现代化,到21世纪中叶把人民军队全面建成世界一流军队。实现军队现代化、建成世界一流军队,很重要的一个标志就是军队职业化程度。而军队职业化是军事科学技术不断发展的必然结果,是世界各国军队建设发展的共同趋势。军队职业化就内容而言包括士官职业化和军官职业化。

1.我国士兵服役制度存在问题分析

士官制度改革与兵役制度改革紧密相连。总结回顾我国兵役制度改革的历史经验不难看出,历次兵役制度改革(士官制度改革)都在扩大志愿兵规模(见表1所示)。实践证明,这对巩固和提高部队战斗力,促进我军由数量规模型向质量效能型、由人力密集型向科技密集型转变具有重要的促进作用。

表1 兵役制度(士官制度)改革与士官队伍编制规模变化情况

| 兵役制度与士官制度改革进程 | | 士官队伍编制规模 | | 备注 |
|---|---|---|---|---|
| | | 占士兵总员额比例 | 占总兵力比例 | |
| 实行"一主体,两结合"兵役制度/士官制度初建时期(1978—1998年) | | 18% | 13% | |
| 实行"两结合"兵役制度 | 第一次士官制度改革(1999—2008年) | 42% | 30% | 1997年裁军50万 |
| | | 50% | 35% | 2003年裁军20万 |
| | 第二次士官制度改革(2009—2018年) | 56% | 39% | |

但现行的兵役制度也存在一些突出的问题,如目前我军士官规模虽已达到士兵总数的一半以上,但与世界发达国家相比,我国的士兵服役制度还相对落后,军队职业化的整体水平还不高。一是义务兵数量仍过多,每年都需要征集补充大量新兵,生成战斗力的起点低、任务重;二是义务兵服役时间较短,两年之内义务兵很难达到掌握部队先进武器装备的能力素质,形成战斗力;三是义务兵生活待遇低,无法吸引地方高素质人才参军入伍,兵员质量上不去,进而造成士官队伍整体素质也不高;四是现行一年一次征兵,新兵入伍和老兵退伍同步展开,兵员大进大出,此时又值部队演训高峰期,部队还要抽调大量骨干保障新兵训练,人力、时间和各项保障严重不足,造成部队战斗力缓升陡降,出现周期性波动。另外,还存在着兵役义务不平衡、兵役负担不合理等问题。如此反复,士兵队伍的整体素质和作战能力,无法适应推进新时代中国特色军事变革、实现强军目标的要求。解决这些问题,根本出路在于改革。

### 2. 世界主要国家兵役制度改革发展趋势

建立和实行职业化的士官制度,是世界主要军事强国的普遍做法,是兵役制度改革和发展的趋势。为适应武器装备发展和战争形态变化的需要,世界主要国家先后摒弃了"数量取胜"的传统信条,强调走精兵之路。因此,骨干保留、人员精干、职业化程度高的志愿兵役制,已成为世界军队建设的发展趋势。据不完全统计,目前有 60 多个国家实行全志愿兵役制度,约 30 个国家实行义务兵与志愿兵相结合的兵役制度,其志愿兵占总兵力的比例一般都在 50% 以上。世界上最早实行征兵制的法国,于 1983 年实行征募混合制,1997 年实行全募兵制。俄罗斯把士兵服役制度改革作为军事改革的主要内容之一,政府和公众普遍认为废除义务兵役制、实行合同兵役制,能够解决困扰军队的社会及道德问题。俄罗斯于 2002 年正式启动合同兵役制的职业化改革试点,到 2007 年全部实行合同兵役制。

### 3. 士官队伍职业化发展趋势分析

随着军队规模结构和力量编成改革落地及军事政策制度改革全面启动,一系列完善和深化士官队伍建设的配套政策陆续出台,如继续调整士官编制数量和结构比例,突出士官主体力量;推行士官分队长、士官参谋、士官教员制度,拓展了士官发展空间。另外,《兵役法》修订列入全国人大常委会立法规划(第一类项目),预示着我军士官职业化发展加速。总结我国兵役制度、士官制度改革经验,借鉴外军兵役制度改革的有益做法,解决我国兵役制度方面存在的突出问题,建立"以志愿兵役制为主体的志愿兵与义务兵相结合的兵役制度"势在必行。而我国综合国力的快速发展,将为国防和军队建设提供更为强大的经济支撑,使提高志愿兵比例成为可能。

士官职业化发展,不是每名士官都要在部队服役一辈子,而是有比较完善的招募、培训、保障和退役制度。士官素质较高、待遇较好、服役时间相对较长、退役后的就业和生活有较好的保障,对于军队吸引和保留优秀人才,建设现代化军队,打赢信息化战争,将发挥重要作用。

### (二)建设专业化

习近平主席在中央军委军队规模结构和力量编成改革工作会议上强

调指出,要坚持减少数量、提高质量、优化兵力规模构成,打造精干高效的现代化常备军。"打造精干高效的现代化常备军"对军队人员特别是士官队伍的专业化提出了新的更高的要求。

1. 准确定位士官队伍发展基线

面向新时代,我军士官队伍发展基线被清晰界定为:在部队建设中发挥英勇作战的先锋作用、军事训练的标兵作用、专业技术的骨干作用、履职尽责的榜样作用、遵章守纪的表率作用、管理教育的助手作用、官兵关系的纽带作用、学习成才的导向作用。这是对士官队伍的目标指引,也是对保留人才、提升士官社会地位和职业荣誉的有力保障。

2. 精准设计士官成长路径

加快按照士官不同岗位分类设定发展目标的步伐,实现士官队伍依岗选人、以能定岗、定岗考评。在技术类岗位士官中实施士官评任专业技术职务制度,在管理类岗位士官中实施士官参谋、士官分队长等制度;大幅增加"官改兵"岗位,紧盯主战关键岗位设计士官编制、使用范围,力推"工匠型"专业技能士官、"专家型"专业技术士官、"复合型"指挥管理士官等高素质士官人才,精准选配、精准调控、精准引导的力度明显加大。

3. 构建士官岗位任职能力标准体系

针对目前士官岗位任职能力标准、职业发展路径不够清晰的现状,要加快构建士官岗位任职能力标准体系。新的军事力量结构编成,应面向全员全专业,分级分类制定岗位任职能力标准,明确岗位专业属性、任职资格要求等具体规范,为士官人才培养及发展提供基本依据,加速士官胜战能力升级,促进"打仗型"士官队伍快速成长。

4. 建立士官、义务兵分类管理机制

长期以来,我军义务兵、士官两支队伍的建设,一直没有严格分开。大家习惯认同我军人员构成分为官兵两个层次,也常用全体官兵来表述。现实中往往存在着这样一些现象:说重视士官队伍,恨不得都当军官用,好像士官什么都能干、什么都得干;要强调严格管理,就等同义务兵,训练"一刀切"、教育"一锅煮"、保障"一家子"等。这其实反映了对士官队伍还缺乏本质认识和科学定位。从世界范围来看,实行混合式兵役制的国家,大多对志愿兵、义务兵实行分类管理。早在2009年研究论证深化士官制度改革方案时,就有专家及原四总部领导提出要把士官与义务兵分类管理、建设的问题。深化军事人力资源政策制度改革,需要重新研究论证义务兵队伍的发展方向和建设目标,实行士官、义务兵分类管理,使我军从原来的军官、士兵二元结构向军官、士官、义务兵三元结构转变。士官制度要瞄准职业化这个大方向,系统设计士官队伍的选、训、用、管、退,把士官"是什么、干什么""谁能干、谁来干""干多久、怎么干"等问题研究透、规范好。义务兵制度,要研究确立义务兵在军事人力资源建设中的基础地位,科学设计义务兵队伍的征集、培养、使用、发展,畅通义务兵军事职业选拔培养的通道,让高素质人才进入军营后有干头、有盼头。

**三、定向培养士官发展趋势**

党的十八届三中全会通过的《中共中央关于全面深化改革若干重大问题的决定》提出了改革完善依托国民教育资源培养军事人才的政策制度。在第十二届全国人大五次会议解放军代表团全体会议上,习近平主席强调,要发挥国家教育资源优势和我军院校特色,健全军事人才依托培养体系,培养大批高素质新型军事人才;依托国民教育培养军事人才的路要继续走下去,同时坚持军队需求主导,聚焦紧缺专业、重点高校、优势学科,提高人才培养层次和质量。军民融合培养军事人才,是落实军民融合发展、人才兴军战略,加强军事人才培养体系建设的必由之路。

(一)定向培养士官的起源及发展

定向培养士官,实际上是从"直招士官"这一制度延伸而来。直招士官制度是我军兵役制度和士官制度改革的一项重大举措。早在1998年,军队主管部门就着手研究依托国民教育资源培养士官人才的问题,起因是军队培训资源有限,不能完全满足部队武器装备发展对士官人才培养的需求,特别是一些高新技术专业或编制人数少的复杂专业岗位,依靠军内培养难度大、代价高,见效也较慢,必须拓展士官培养渠道。依托国民教育资源培养士官人才作为首次士官制度改革的配套措施,写进了《兵役法》:根据军队需要,志愿兵可以直接从非军事部门具有专业技能的公民中招收。因此直招士官制度刚一建立,就以法律的形式予以明确。

2003年公安部、民政部、财政部、原劳动和社会保障部和原总参谋部、总政治部、总后勤部联合下发通知,要求做好从非军事部门具有专业技能的公民中招收士官的试点工作。从非军事部门具有专业技能的公民中招收士官的对象,必须是经过中、高等职业技术学校(院)培训合格的具有相关专业技能的公民;可以招收应届毕业生,也可以招收企事业单位的专业技术人员。在总结从地方直招士官试点工作经验的基础上,2008年4月,原总参谋部、教育部、民政部联合下发通知,确定当年直接招收士官计划人数为1.8万人。为了规范直招士官工作,2010年3月,原总参谋部、总政治部、总后勤部联合教育部、公安部、民政部、人力资源和社会保障部颁发了直接从非军事部门招收士官工作的规定。至此,直招士官已成为我军士官来源的三条渠道之一。

部队通过直招士官的方式吸收了许多优秀人才,促进了士官队伍建设和战斗力的提高。但是,随着直招士官工作深入推进,一些矛盾和问题也逐渐凸显出来,突出表现为"想招的招不进,需要留的留不住",直招士官质量与部队需求差距较大。出现这些问题,既有招收机制不够科学,也有待遇保障不具吸引力及宣传力度不够等方面的原因,严重制约直招士官政策效益的发挥。

为破解直招士官工作中存在的突出问题,原总参谋部、教育部于2012年联合下发通知,要求做好定向培养直招士官试点工作,按照"需求牵引、保障重点、确保质量、注重效益"的原则,部队提出需求,纳入高校招生,依托高等职业院校为部队定向培养技术复杂、培训周期较长的军地通用专业士官,毕业后补充到士官岗位服役,以拓宽部队专业技术士官来源,提升士官培养质量和效益。2012年试点单位为海军、空军、火箭军,试点高校11所,招生830名。在总结5年来定向培养直招士官试点工作经验的基础上,2018年教育部、中央军委政治工作部和国防动员部联合下发通知,确定当年招收定向培养士官的高职院校47所,计划招生16390名。定向培养士官从试点正式走向实施。从2017年起,招收定向培养士官工作的通知中去掉了"直招"两个字,更加突出了"定向培养"。从定向培养士官的增量中,可以看出部队对定向培养士官的认可,部队普遍反映,相比直招士官,定向培养士官对部队更加适应,服役态度更加端正,成长为骨干的比例明显高于直招士官,反映了定向培养士官制度的成功。

## (二)定向培养士官面临的机遇与挑战

军民融合定向培养士官是在人才兴军和军民融合的双重战略指导下,以改革的思路推动社会培养体系与军队培养体系二元结合。随着我军武器装备和新型作战力量快速发展,人才匮乏问题将越来越突出,军队招收定向培养士官工作也将面临新的机遇和挑战。

一流军队亟须一流士官。当前,士官已成为我军数量最多、分布最广、扎根一线的人才群体。他们素质的高低事关能否打得赢,也事关国防和军队现代化、世界一流军队建设目标能否实现。因为,在军队四个现代化建设进程中,军事人员现代化是关键。而占军事人员大头的是士官群体,没有士官群体的现代化,就不可能实现军事人员现代化。一流人才是一流军队的根本,而建设一流人才队伍仅靠军队是远远不够的。开展定向培养士官工作,就是要广泛利用国家资源、融合军地资源、延揽社会资源,通过军民融合的力量汇聚军队转型力量、凝聚打仗人才力量,逐步加强军队士官队伍建设底蕴,最终形成多元化、开放性培养高素质新型士官的全新资源、全新配置、全新模式和全新格局,加快培养军队需要的一流士官人才。承担定向培养士官任务的院校要进一步发挥自身优势,瞄准各军种备战特性,紧贴士官人才特点,切实形成各军种培养人才的重要渠道和后方基地。

士官职业化改革亟须素质优化、能力升级。此次深化国防和军队改革,全军士官队伍规模大幅增加,职能也作了很大调整,特别是实行"官改兵"后,能用士官的岗位将不再用军官,士官队伍面临服役职业化、职能专业化、分工精细化、素质综合化的发展方向,这种结构上的"外在调整"亟须能力上的"内存优化"。地方院校在培养人才方面有着更加成熟的模式,如何对接军队改革需求,推动院校教学改革,从基础知识、专业技术、实践能力上系统培养士官人才,促进士官队伍素质优化、结构优化、配置优化,是军地双方特别是定向士官培养院校要认真研究的问题。另外,大批先进装备陆续列装部队,对于一线战斗岗位的士官队伍核心素质提出了全新要求。目前,全军高学历、高技能士官人才比较缺乏,以空军为例,士官队伍中具有大专以上学历的人员仅占 1/3 左右。这就要求各院校瞄准前沿科技在军事领域的发展变化,在更高的起点上帮助士官学员打牢专业功底,提升能力素质,不断解决士官技能与装备性能之间的"代差",提升"能岗匹配度""人装融合度",真正打造一支专业化、升级版的士官人才队伍,这也是士官定向培养工作的出发点和落脚点。

(三)定向培养士官发展问题

定向培养士官的存在与发展取决于三个因素:一是部队是否有需求;二是培养质量是否符合部队要求;三是制度机制保障是否健全。

1.定向培养士官的规模问题

目前部队大专以上学历士官的来源渠道主要有4种:一是从大学生士兵中选取;二是直招士官;三是定向培养士官;四是军队院校培养。直招士官规模在2008年、2009年达到峰值之后,从2010年起呈逐年下降的趋势。而军队士官院校士官职业技术教育招生规模主要取决于兵员的整体素质。国防部征兵办公室在2019年征兵准备工作的相关通知中明确,2019年征兵要巩固以大学生为主体的征集态势,推动征兵工作转型发展。可以预判,随着新一轮兵役制度改革的推进,今后义务兵征集将以大学生为主体,我军兵员整体素质将得到根本性的改变。兵役制度的调整,对直招士官规模及军队士官院校士官职业技术教育招生规模都将带来直接影响,而定向培养士官将保持适当规模。

2.定向培养士官培养质量提高问题

人才培养质量问题关乎定向培养士官的发展与成败。以往有的院校由于培养质量问题而被取消定向士官培养资格。2019年5月,习近平主席在视察陆军步兵学院时指出,要坚持改转并举,大胆解放思想,加强实践探索,加快推进办学模式和运行机制创新,推动实现高质量发展。这虽然是针对军队院校而言,但对为部队培养士官人才的定向士官培养院校同样具有指导意义。

当前,重要的是要以部队需求为本,切实找准定向培养士官的目标定位。需求决定配置,院校培养目标要由部队人才需求来确定。未来士官在军队建设和备战打仗中的地位作用将越来越重要,定向培养士官生必须具备四个基本条件。一是忠诚为魂。军队最讲忠诚,定向培养士官生首先要铸魂。必须从入学之初就把提高思想水平、政治觉悟、道德品质、文化素养等作为根本任务,渗透贯穿到教学管理的各领域、各方面、各环节,帮助定向培养士官生熔铸忠诚初心、熏陶忠诚情怀、打好忠诚底色,真正为部队输送忠诚、可靠的士官人才。二是强能为要。定向培养士官生合不合格,关键要看能力达不达标。士官是操作武器装备的主体,只有把每一项工作都做到极致、把每一个动作练到精准,打起仗来才能做到"我的岗位请放心"。定向培养士官工作是通过"加钢淬火"把普通青年锻造成为技术过硬的"准军人",这就要求不能满足于传授碎片化的信息、快餐化的知识,也不能满足"差不多""过得去"的低层次循环,须将基础知识与专业知识、理论强化与技能训练紧密结合起来,求真学问、练真本领。各承训院校要围绕培养专业型、工匠型的士官人才,着力传授系统的专业理论、传递前沿的信息、教授专业的技能,全面提升定向培养士官生的专业素质。三是作风为基。成长之要,在于作风,锻造过硬意志品质是重要保证。优良作风是人民军队克敌制胜的法宝,也是革命军人意志品质的体现和成长成才的保证。培养定向士官是为未来国防事业锻造中坚力量,必须加强优良作风培养。要持续加强军事化管理和作风养成,从日常抓起、从点滴做起、从细节严起,不断锤炼士官生遵章守纪、令行禁止的行为习惯,大力培育一不怕苦、二不怕死的战斗精神,真正让遵规守纪的自律意识、敢打敢拼的英雄气概、敢于担当的意志品格、开拓进取的创新精神内化于心,外化于行,培育士官人才的军人血性。要切实育好"兵之初"、培育"兵之味"、培塑"兵之样"。四是身心为本。定向培养士官生未来可能上高原、入大漠、赴边疆、行远洋,没有良好的身心素质,难以完成艰巨的任务。定向培养士官院校要采取多种手段开展军事体育训练、岗位适应性训练和心理技能训练,搞好抗压抗挫的心理素质训练,确保士官生身体达标、心理合格。

3.定向培养士官政策机制的完善

习近平主席在中央军民融合发展委员会第一次全体会议上强调指出,当前和今后一个时期是军民融合的战略机遇期,也是军民融合由初步融合向深度融合过渡,进而实现跨越发展的关键期;各有关方面一定要抓住机遇,开拓思路,把军民融合搞得更好一些、更快一些。这为完善定向培养士官的政策机制指明了方向。

一是要统好"一盘棋"。军民融合定向培养士官是篇大文章,需要军地各级机关、各指导机构和各培养院校团结协作、同向用力、共谋发展,才能结出丰硕成果。从近几年定向培养士官情况看,"统"的工作做得还不够,军民融合培养士官人才各相关方在权责上存在着定位不细不实的问题;在各军种机关层面,由于改革职能调整,有些工作还处在摸索阶段;在指导机构层面,发挥作用还不够有力;在培养院校层面,有的只注重规模而忽略质量,有的招收计划未完成、毕业士官生被退回。主要原因就在于军地没有形成培养合力。抓定向培养士官工作,必须抓住一个"统"字,在指导思想上统,深入贯彻习近平主席军民融合重大思想,牢牢把握培养工作的正确方向;在建设方位上统,以战斗力需求为指向,以培养高素质新型士官人才为目标,抓住培养工作的根本;在整体规划上统,统一顶层设计、统筹培养任务、统合各方资源,切实使军地双方在同一个轨道上朝一个方向健康发展。落实好"统"的工作,首先要做好相关立法工作,把定向培养士官制度纳入国防法、教育法、兵役法等相关法律法规中。其次要建立联席会议制度,建立中央军委机关、教育部联席会议制度,定期召开会议,研究解决定向培养士官工作中出现的新情况、新问题。

  二是要在融合上求深入。定向培养士官,地方院校是"生产方",军队院校(训练机构)是"加工方",部队是"使用方",三方共同组成完整的培养链条,哪一方用力不够或发力不准,都会导致培养链条断裂,因此,必须完善"融合"机制。要完善"融合"机制,需要找到"融合"的抓手。我们认为这个"抓手"就是军地双方研究制定"定向培养士官教学标准体系"。一是联合颁发定向培养士官专业目录;二是联合研究制定定向培养士官院校士官学院建设标准、专业教学标准、人才培养方案、教学装备标准、部队实习(见习)标准等;三是联合制定定向培养士官生生均培养标准、军需物资配置标准等。另外,要确定融合培养权责。军地主责机关要在宏观上搞好规划、搞好协调、搞好指导。切实通过各方精诚合作,努力使供需两端在标准要求、工作机制、方法路径上达到最佳匹配模式,最终实现军地二元培养体系的完整对接、深度融合、全面贯通。

  三是要把好"质量关"。对定向培养士官生个体而言,一要通过制度机制把好人才的选拔关,要按"优中选优"的原则把严学员招收入口;二要把好毕业选送关,对平时表现差、结业不合格的要果断淘汰;三要把好思想教育关,确保定向培养士官生到了部队能够安心服役;四要把好专业技能关,每名定向培养士官生必须达到部队的硬指标、硬杠杠;五要把好身体条件关,特别是对健康状况有隐疾、隐患、隐忧的要严格把关,保证定向培养士官生送到部队后没有"后遗症"。对承训院校而言,要建立准入"门槛",定期开展人才培养工作督察和教学工作评价。

　　四是创新定向士官培养模式。《国家职业教育改革实施方案》中明确提出落实好定向培养直招士官政策,推动地方院校与军队院校有效对接。地方院校与军队院校如何有效对接,需要用创新的办法、创新的思路去深入探寻。首先,在我军现有依托军民融合培养士官人才模式的基础上,积极探索开展其他形式的路径,如"2+2"模式,即军队院校从地方高校选拔招收修业满2年的优秀全日制在校本科生,入学入伍,到军队院校接受2年的军政教育训练和专业培训,毕业后,直接分配到部队士官岗位任职;"2+1"模式,即在现行的"2.5+0.5"模式的基础上,选取相关专业的士官生前2年在地方院校完成文化基础和专业基础课程学习,第三年入伍,入军队士官学校接受1年的军政教育训练和专业培训,毕业后,分配到部队士官岗位任职;鼓励在职士官利用业余时间,通过在职自学、网络学习等方式,攻读军地院校相关专业,提升学历学位或拓宽知识面,提高任职能力,促进长远发展。其次,借鉴外军经验。如俄罗斯军民融合培养军事人才采取的就是由军方在地方院校组建军事训练中心、军事系和军事教研室(根据地方院校承训规模确定),由国防部和教育与科学部联合发文组建。根据地方高校军事训练实际运行情况,2017年5月普京总统要求国防部完善普通高等院校军事教育系统。随后,俄国防部出台了法案。同年8月,经国家杜马审议通过后,普京正式签署法律,规定从2019年起将在普通高等学校建立统一的军事训练机构——军事训练中心。新机构将全面负责现役军官、预备役军官和预备役士官的培养。同时,俄军认为,依托普通高校开展军事教育是军民融合的重要内容,其目的不只在于为部队培养储备人才,更是为了促进军队与社会的联系,从而提升国民的整体军事素养。俄军的这一经验值得借鉴。

　　五是建立健全激励机制。中共中央、国务院、中央军委明确指出,对承担军事人才培养任务的地方单位,国家在条件建设、财政投入、表彰激励等方面给予政策倾斜。为此,一要加快出台倾斜政策,二要建立定向培养士官生国防奖学金政策,一方面激励地方院校以最优秀的教师、最优良的设备、最优质的保障,培养最有用、最管用的士官,另一方面激励定向培养士官生全身心投入学习,成长成才。

当前,国防和军队建设进入新时代,定向培养士官事业也必将乘势而上向更高层次发展,培养更多更好的新时代奋斗者,不断奏响强军兴军的时代强音。

**注释:**

[1] 李斌,钱立勇,汤运红.新中国60年我国兵役制度的变革、成就与发展趋势[J].江苏教育学院学报(社会科学),2010(03):73-77.

[2] 李振宝,牛宝成.人民解放军士兵制度沿革[J].党史博览,2003(08):44-46.

[3] 王法安,张杰.面向新世纪的突破与跨越:"九五"军队建设与改革回顾[J].军事历史,2001(04):3-7.

# 定向培养士官培养现状分析

邵命山[①]

定向培养士官制度是部队依托地方院校的优势专业资源,军地双方共同为部队培养高素质技能型的士官人才[1],由部队提出需求,纳入高校教学,依托普通高校为部队定向培养军地通用型人才,涉及电气自动化、通信技术、无人机运用、计算机技术和电子信息工程等专业,毕业后分配到部队士官岗位服役[2]。目前,全国共有近50家定向培养士官地方院校。

定向培养士官制度自诞生以来,招生规模不断扩大,专业领域不断拓展,涵盖全部军种,参与的军地院校越来越多,对军队士官职业技术教育产生了重大而深远的影响。在当前良好的发展形势下,有必要找准发展方向,破解现实中存在的矛盾问题,厘清发展思路,制定相应对策措施,使定向士官培养走上高速发展快车道,最终形成部队用人单位、地方高等职业院校、军队士官学校和定向士官个人四方共赢的局面。

**一、定向培养士官的培训模式**

定向培养士官制度从提出到实践只有短短十几年时间,到目前为止先后建立了三种培训模式。

(1)3+1模式。拥有大专以上学历的学生入伍,部队从中选拔优秀的人才送入军队院校,在院校参加一年的职业技能培训。考核通过后发放结业证书和职业技能等鉴定证书,定向分配至人才送学单位。在部队院校一年主要提升岗位专业技能。该模式主要存在对口率偏低、军队士

---

① 邵命山,陆军工程大学军械士官学校教授,研究方向:雷达工程。

官院校培训难度较大的问题。

(2)3+2模式。拥有大专学历的学生入伍,部队选拔优秀的人才送入军队院校,在院校接受两年的教育。考核通过后发给本科学历、学位证书和职业技能等鉴定证书,定向分配至人才送学单位。因既能提升学历层次,又能提高岗位技能,这种模式深受学生欢迎。

(3)2.5+0.5模式。有意向参军入伍的地方高中生,报考指定高职高专院校的指定专业。在地方高职高专院校进行两年半的培训,再送到指定部队士官院校相关专业进行半年的军政素质和岗前业务能力培训。考核通过后地方高校发给大专毕业证书,部队士官院校发放结业证书。毕业的士官人才,定向输送至提报需求部队单位。

经过多轮探索实践,3+1模式和3+2模式已经退出,只保留了2.5+0.5模式作为主流模式。

**二、定向培养士官的建设成效**

定向培养士官制度经过多年建设发展,形成了从招生培训到分配等各方面较为成熟的流程,取得了明显成效。

1.军地合力共育,人才输送成效较为明显。随着军队机械化基本实现,信息化、智能化加速推进,武器装备复杂程度越来越高,涉及专业面广,岗位能力要求大幅提高。士官,特别是技术性士官,是新型装备形成战斗力的关键人才。现在部队智能化程度越来越高,士兵电子技术基础专业如果学得不扎实,到部队以后会两眼一抹黑。而部队培养一名技术士官周期长,成本高,培训员额有限。定向培养士官模式能减轻部队人才培养的负担,每年为部队输送大量专业性人才,提升了士官人才总体素质,为打赢基于信息系统的体系化战争奠定了基础。定向士官培养机制整合了军地优势教育资源,逐步形成了特色鲜明的军队高素质技术士官人才培养模式。

2.军地接力培养,定向士官前景较为明朗。定向培养士官从入学伊始就知道毕业去向,入学入伍动机单纯,学习目的明确,专业岗位指向性强,心理准备比较充分,主动适应时间较长,入校三年都会朝着明确的方向去努力。如计算机、无人机等专业士官作为部队新型作战力量的重要组成部分,在部队的作用越来越突出,定向士官专业学习热情高昂。同时,部队也会重点结合实际需要,在人才培养方案制定时就与地方高校衔接,在军政素质、文化素养、岗位技能等方面全程有针对性地培养锻炼定向士官。定向士官整体上到了部队适应很快,发挥作用充分。

  3. 军地聚力管理,人员思想信念坚定。我校培养的定向士官人才,在新冠疫情发生后长达8个月的封闭管理期间,严格落实疫情防控纪律,顾全大局,主动加强自我调节,始终保持了高昂的精神状态和良好的学习热情,反映出定向士官经过地方院校前期的系列军事素质训练和思政课程教育,具备了较为良好的军政素养。技术型人才高级岗位编制较多,定向士官发展预期较好。同时选择定向士官培养这条发展路径来从军报国,是学生的主动选择,因此在整个学习过程中,他们学习热情高昂,专业课堂教学效果良好,献身国防信念坚定。定向培养士官非常适合专业技术精、能力素质强、思想过硬的人长期发展。

### 三、定向培养士官存在的主要问题

1. 军地院校培养目标存在差异

  军队希望地方院校培养的人才军事、政治和岗位专业能力强,毕业后能在短时间内形成第一岗位任职能力。而地方院校培养人才首先要考虑的是就业率问题,定向士官生中有一部分学生因思想、身体、学习成绩等原因,主动放弃入伍或被部队淘汰。所以地方院校制定人才培养方案时虽然首要考虑了部队需求,但仍然要考虑地方就业需求,同时对部队岗位需求了解不深入具体,通识课和专业基础课地方特色明显,"军"味不够浓。地方院校可能知道无人机、雷达、导弹或火炮专业,但这些专业在部队怎么干、岗位能力需求是什么、岗位能力模型是什么,地方院校并不十分清楚,所以制定人才培养方案时针对性不强。由于出发点不完全相同,地方院校在专业课程设置上"通专兼顾",与部队贴近装备、贴近岗位、贴近实战的要求存在差距,未实现与第一岗位任职能力需求零距离对接。如有的地方院校培养的学生原来主要是面向地方的手机、汽车、空调、计算机和电视等工厂的电子设备装配和调试人员,在课程引入背景、案例素材与分析、配套实践条件和能力形成途径等方面均有较明显的原岗位指向痕迹。地方院校应与用人单位或对口院校合作,在定向士官生入校之初,请专家将所从事专业、未来岗位和能力需求等讲清理顺,将起到事半功倍的效果。

2.军地院校衔接机制不够健全

在军地院校衔接方面,地方院校相对积极主动。由于没有明确的制度规定军队院校在什么时间介入、用什么方式介入、介入的具体内容和深度,目前军地院校衔接主要停留在互相调研、人才培养方案审定、联席会议研讨等方面,在岗位需求理解、前导课程设置、军政素质培养、条件资源共享、教学人才共用等方面缺乏深度融合,不能做到无缝衔接。部分做得较好的地方院校,不局限于停留在请部队专家审定人才培养方案层面,开始尝试邀请部队院校专家进行课程配套条件建设论证、担任兼职教授、组织培养模式和方案动态更新研讨等工作,军地衔接向更深入具体的层面发展。

3.士官人才培养质量参差不齐

定向士官培养的核心动力是人才质量,特别是运用技术复杂、培训周期较长的通用型技术人才。调研发现,基层部队对于定向培养士官普遍评价是学习能力强、专业技术强。士官生在地方高校职业教育培训中养成了良好的学习习惯,到部队后学习专业理论及操作的时间较短,效果较好,容易被培养成技术型骨干人才。如有的院校实施"优才精技计划"、组织专业技术技能竞赛、推行"1+X"证书制度,使士官生入伍前就具备多种专业技能,同时激发士官生专业学习热情,形成自主学习习惯,对定向士官在部队发展十分有利。

但士官生中仍然存在军事素质差、政治素养弱、专业基础差、不适应部队管理模式等问题,这些问题主要是地方院校缺少军营文化造成的。军营文化源远流长、特色鲜明,地方院校难以通过聘请退伍军人教官等方式实现根本改变。当前,用人单位的看法是人才好不好用,主要看地方培养院校,地方院校水平高,培养出的士官未来发展前途也相对较好。如山东某信息职业技术学院,提出科学完备的靶向目标培养体系,实施定向培养士官"铸魂、精技、严纪、强体"四项育人工程,为定向士官特色教育培养奠定了坚实基础。

此外,定向士官是不是只能由高职院校培养?本科院校能不能培养?地方职业院校与军队士官院校到底是什么关系?如何让军队士官院校积极主动发挥作用?这些都是需要进一步研究和解决的问题。

**四、定向培养士官的基本对策**

1. 制定准确明晰的培养目标

以人才培养方案制订为牵引,共同制定同一类专业的培养目标和方案。军地双方统一会商,每年一次。军地双方人员应包括军方业务指导机关、军地联合培养相关院校专家和用人典型单位代表。地方院校应深入用人单位调研,对第一岗位任职能力,特别是部队岗位所必需的基础技能有清晰认识。用人单位应提出相对细致的能力需求清单,部队院校了解地方院校培训的专业基础能力边界,并制定岗位专业能力标准模型和专业技能目标。建立与之相对应的内容和课程体系,由目前院校会什么教什么,向部队需要什么教什么转变,实现强基础和精专业的有机统一。

2. 建立深度融合的教学机制

在2.5+0.5模式下,前2.5年地方院校主要学习文化课和专业通识课,后0.5年强化军政素质和专业技能,专业技能培训时间短,对此应建立深度融合的教学机制予以破解。课程上前置,专业基础课程如雷达原理和通信原理等在第二年就要开设,而不能等到第三年才开设。专业基础课程的课时量要足够,不能浅尝辄止。军政素质培养从入学之初就开始,军政课程开设学时达到国家和军队要求。军队专业教学装备和设备等资源共享,入校第一年暑假到专业院校参观学习装备,加深对岗位能力要求的理解。教学人才共用,专业基础课程由军队院校派出人才指导帮带,制订教学条件建设方案,带出接替人才团队。

3. 形成统一规范的管理模式

目前,各军种、各个院校和专业,都逐渐形成了有特色的教学训练和管理模式,相互之间差异较大。军地双方机关、院校和部队代表需要系统梳理总结,建立明确的标准和管理模式,防止各行其是。

4. 科学合理调整学制

目前的学制并不完全科学合理,2.5+0.5模式下专业能力偏弱。需要进一步充分论证,例如能否向 2+1 或者 2.5+1.5 方向调整,把立足长远打基础和着眼任职、强专业结合好,以适应部队建设和发展需要。

5.建立健全准入退出机制

需要建立地方院校参与定向士官人才培养的准入和退出机制,明确进入标准和定期评价标准,审慎扩大办学规模,部队反馈和评价不理想的院校及时调整,集中力量把现有院校做大做强。在选择院校时,至少要满足以下基本要求:一是部队急需,本身培养能力和数量不能满足当前要求,短时间难以提升的专业;二是军民通用专业相近,如医学、计算机、通信和无人机等专业;三是地方院校办学实力雄厚,在行业中处于领先地位;四是与部队渊源深厚,如原部队改制和转隶的院校。

**注释:**

[1] 洪进,陈莉,严商.定向士官"订单式"人才培养存在的问题及对策[J].船舶职业教育,2021(01):4—7.

[2] 陈波,彭连刚.高校士官生教导员专业化发展策略探讨[J].长沙航空职业技术学院学报,2018(04):27—29.

# 士官军事基础技能课程实战化教学现状分析及对定向士官培养的启示

石现超　邵志强　高璠①

**一、士官军事基础技能课程实战化教学研究背景**

定向士官培养是依托地方高职院校为军队培养高素质专业化士官人才的有益尝试,是军民融合三位一体士官人才培养体系的重要组成部分。地方高职院校师资队伍强大,技术技能型人才培养经验丰富,课程体系、内容和方法较为完备成熟,具有军队院校不具备的优势。但是,普通高等职业院校定向士官人才培养也存在一些短板和弱项,比较突出的就是实战化教学理念缺乏,实战化教学手段不够,这在军事教育和实战化元素明显的军事基础技能课程上体现得更为明显,诸如军事基础技能课程的标准不够明确,师资力量不够稳定,训练场地和时间保障不充分,训练质量管理考核不科学,等等。实战化教学是当前我军院校教育训练最根本的指导思想和教学模式,是新形势下推动院校教育与部队训练一体化,培养"能打仗、打胜仗"、供求侧与需求侧精准对接的新型军事人才的根本途径。军事基础技能课程是"军"味最突出、军人素养作风成效最容易检验、实战化教学效果最明显的课程,甚至可以说它直接决定了士官实战化教学质量。当前,研究者对军事基础技能课程实战化教学的本质内涵、价值意义、内容方法与管理评价等问题进行了诸多讨论,对实战化教学内容的

---

① 石现超,陆军工程大学通信士官学校部队管理教研室主任、副教授,研究方向:教育管理;
邵志强,陆军工程大学通信士官学校教务处参谋,研究方向:教育管理;
高璠,战略支援部队31401部队参谋,研究方向:军事训练管理。

构设、组训方式的革新、教学环境的建设提出了重要的建议。但回顾发现，现有研究对军事基础技能课程实战化教学的现状与存在的问题还缺乏全面的梳理与把握，对军事基础技能课程实战化教学的有效开展与持续推进造成了一定的负面影响。本文以三所承训士官教学任务院校军事基础技能课程为研究对象，对军事基础技能课程实战化教学存在的问题以及影响因素进行调查分析，并据此提出有针对性的改进思路和方法，希望能够为普通高职院校定向士官实战化教学研究与实践提供借鉴与参考。

**二、士官军事基础技能课程实战化教学现状与问题**

士官军事基础技能课程是士官实战化教学特征比较突出、实战化教学地位比较重要的军事基础课程。士官军事基础技能课程实战化教学现状很大程度上决定和体现了我军院校士官实战化教学水平。笔者研究设计了《士官军事基础技能课程实战化教学现状调查问卷》，对相关问题进行调查分析。

（一）问卷的设置

1.调查指标的确定

笔者运用文献分析法、专家评议法确定士官军事基础技能课程实战化教学指标，以此作为调查问卷设置的基础。关于实战化训练，习近平主席曾深刻指出，要坚持从实战需要出发，从难从严训练部队，突出抓好新装备训练，积极开展实兵实装实弹训练，强化专业技术对抗、首长机关对抗和部队实兵战术对抗训练，促进军事斗争准备各项工作有效落实；要坚持仗怎么打兵就怎么练，打仗需要什么就苦练什么，紧贴作战任务、作战对手搞好训练，加强检验性、对抗性训练，在近似实战的环境下锤炼部队。以习近平主席重要指示为遵循，研究者对军校实战化教学的内涵、本质与路径进行了深入研究。如马志松等从课程体系、教学方法和教学环境三个方面讨论了陆军作战课程实战化教学问题；[1]郭杰从育人观念、教学内容、教学形式和教学环境四个方面讨论了推进实战化教学的方法路径；[2]苏振飞等人讨论了实战化教学方法的创新；[3]张洪纲等人讨论了实战化教学的能力问题等。[4]在文献分析的基础上，笔者对相关课程专家和领导进行了访谈,确定实战化教学观念、实战化教学内容、实战化组训方式、实战化教学环境、实战化教学素质五个维度作为调查的基本指标。

2. 问题的设置

问卷分为三部分。第一部分为实战化教学满意度测评,采用李克特五点量表法测评对实战化教学主要指标的看法。以5分制依次打分,1表示"非常满意",2表示"比较满意",3表示"一般",4表示"不太满意",5表示"极不满意",最后以10分制给出总体评价。第二部分为存在问题与影响因素调查。比如问题9:你认为哪些因素可能影响士官军事技能课程实战化教学水平？问题10:对实战化教学内容,你认为存在的问题主要有哪些？第三部分为调查对象的自然属性,包括调查对象的性别、年龄、学历、职务、岗位类别和单位等。

(二) 调查的实施

本次问卷调查历时一个半月。以陆军一所士官学校、空军一所士官学校、海军一所士官学校的学员、教员和管理人员以及某信息保障部队干部为调查对象。其中,基层部队45人;院校255人,其中教员15人,教管人员15人,士官大专学员125人,定向士官学员100人。在所有被调查人员中,团以上领导干部11人。本次调查共发放问卷300份,回收有效问卷287份,有效回收率95.7%。采用统计分析和理论归纳结合的分析技术来分析调查的结果,并以图表的方式呈现统计信息。

(三) 实战化教学现状

笔者以实战化教学满意度测评实战化教学现状。实战化教学满意度是实战化教学相关者把实战化教学期待与实战化教学感知进行比较后所得到的满意程度。调查表明,相关调查对象对士官军事技能实战化教学的满意度评价不高,在"请以10分制为士官军事技能课程实战化教学效果打分"这一题项中,有143人打3分,86人打5分,28人打6分,30人打8分,没有9分以上的高分数,也没有2分以下的极不满意分数。其中,打6分以上分数较多的是学员群体,有38人,打3分的也是学员群体,共143人;干部打分普遍中庸,约占5分总人数的64%。具体情况见表1。

表 1 军事基础技能课程实战化教学效果分值表

| 分值<br>对象 | 1分 | 2分 | 3分 | 5分 | 6分 | 7分 | 8分 | 9分 | 10分 |
|---|---|---|---|---|---|---|---|---|---|
| 军校教员 | | | | 9 | 2 | | 4 | | |
| 军校管理者 | | | | 8 | 2 | | 5 | | |
| 部队干部 | | | | 38 | 5 | | 2 | | |
| 定向士官 | | | | 60 | 17 | 8 | 7 | | |
| 士官大专 | | | | 83 | 14 | 11 | 12 | | |
| 合计（人） | | | | 143 | 86 | 28 | 30 | | |
| 占比 | | | | 49.8% | 29.9% | 9.8% | 10.5% | | |

具体到对实战化教学各指标的评价上，表示"非常满意"最高的是"教学观念"，占30.6%，共88人；不太满意最高的是"教学内容"，占20.4%；仅有20.2%的调查对象对"组训方式"表示"非常满意"，而认为"一般"和"不太满意"的达到59.6%；认为"教学内容"和"教学环境""一般"和"不太满意"的也达到40%左右；没有"极不满意"。具体统计情况见表2。

表 2 军事基础技能课程实战化教学指标满意度

| | 非常满意 | 比较满意 | 一般 | 不太满意 | 极不满意 | 军校教员 | 军校管理者 | 部队干部 | 定向士官 | 士官大专 |
|---|---|---|---|---|---|---|---|---|---|---|
| 教学观念 | 30.6% | 40.7% | 18.3% | 10.4% | | 72.3% | 65.7% | 75.3% | 35.6% | 78.9% |
| 教学内容 | 29.9% | 29.9% | 19.8% | 20.4% | | 67.6% | 67.6% | 62.2% | 66.3% | 72.3% |
| 组训方式 | 20.2% | 20.2% | 49.8% | 9.8% | | 57.3% | 63.5% | 47.7% | 67.9% | 63.2% |
| 教学环境 | 10.1% | 50.2% | 19.7% | 20% | | 49.9% | 55.5% | 53.2% | 59.5% | 65.5% |
| 教学素质 | 29.9% | 40.1% | 30% | | | 73.6% | 69.5% | 65.8% | 73.5% | 75.7% |

（四）实战化教学存在的问题

调查表明，实战化教学各主要指标均存在问题。在教学内容上，30.5%认为课程设置不科学，表现在重单一技能的教学训练，课目与课目之间相互联系不多，融合不够，有脱节现象。21%认为存在弱训漏训，比如野战生存技能、手榴弹投掷、战伤救护等。62.3%认为训练热点难点针对性不强,35.3%认为紧贴部队训练作战任务不够,27.5%认为对实战化训练形势发展追踪不够,教学效果仍然以米数、秒数、环数成绩来衡量,忽略实战应用,存在教为完成任务、学为考试过关、学为达标的现象。在组训方式上,53.3%认为训练方法不科学,简单老套,19.8%认为标准要求不高,强度不大,组训不严,对抗不够,米数、秒数、环数的实战含金量低。20.5%认为从实战流程组织教学不够(比如联合、综合较少)。在教学环境上,40.6%认为野外演练条件实战化不够(信息化不够,传统战法过多),42.3%认为实战训练基地设施不完备,22.5%认为实战化氛围还需加强,实打、实投、实爆仍偏少,41.5%认为实战化教学环境过于单一。在教学态度上,25.3%认为缺乏实战意识,15.5%认为重视程度不够,53%认为形式主义较多,仅有32%认为没有任何问题。在学员学习态度上,53.7%认为缺乏实战意识,29.9%认为重视程度不够,56.7%认为自身标准要求比较低,65.5%认为学习缺乏动力。

(五)影响士官军事技能课程实战化教学的因素分析

"影响士官军事技能课程实战化教学效果的因素"调查结果表明,教学条件被认为是影响最大的因素,其次是课程设置。具体情况见图1。

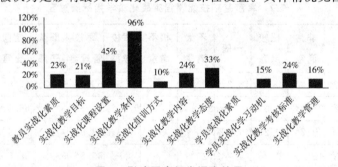

**图1 影响因素问卷调查结果**

但从深层次上分析,笔者认为,影响士官军事技能课程实战化教学效果的因素主要有以下四个方面。

一是实战化教学观念的影响。向实战化训练要战斗力,推动院校教育与部队训练一体化,这是新形势下士官军事教育训练的重要指导思想。但什么才是真正的实战化?怎么和部队一体化?如何科学认识院校和部队的职能分工？现代军队建设是走向精细化、差异化，还是一体化、集中化？院校教育到底应该重人还是重事，怎样实现两者的有机统一？这些重大问题，目前并未达成广泛共识，对实战化教学观念的形成造成了一定影响。而实战化教学观念上的模糊认识甚至偏差，又对实战化教学的实施造成影响。比如，对于什么是实战化教学，20.2%的调查对象表示非常不了解，49.8%的调查对象表示一般了解，表示非常了解的仅占10.1%。20.6%的调查对象认为实战化教学目标模糊，51.9%的调查对象认为实战化教学形式主义过重等。这些问题的存在与对实战化教学的模糊认识和理解偏差不无关系。

二是实战化教学态度的影响。实战化教学态度主要包括两个方面：一是教员教的态度，二是学员学的态度。调查表明，只有40.1%的调查对象对实战化教学态度表示非常满意，表示一般或不满意的有26.1%。只有37.3%的调查对象对学员学习积极性表示非常满意，不满意的达28.2%。教学双方对实战化教学紧迫性、必然性认识不够，此外，关注个人利益，责任感、危机感缺乏，也是实战化教学态度不端的重要原因。

三是实战化教学能力的影响。实战化教学的关键在人，能力是核心。当前士官院校缺乏具备实战经验的教员和管理干部，参加过轮战任务和演习活动的教员和管理干部较少，来自基层部队具有较高教学素质的干部教员也不多，教员实战化军事技能普遍不高；多数从理论到理论，典范性、示范性作用小，在学员中的威望、影响力不够，因此，在实战化内容优化和组训方式变革等指标上满意度较低。

四是实战化教学条件的影响。实战化教学离不开特定环境、条件和技术的支撑。条件问题是制约实战化深入推进的重要因素。大多数调查对象认为教学条件是影响最大的因素。这可能是因为长期以来我军院校训练环境建设滞后，紧贴部队作战环境不够，训练目标和条件保障形成较大的反差，以致训练条件成为制约实战化教学成效的瓶颈和短板。

**三、改进士官军事基础技能课程实战化教学的几点思考**

提高士官军事基础技能课程实战化教学的针对性和有效性，要从转变训练理念、调整训练科目设置、优化考核评价方式等因素入手，坚持以战场环境和战术要求牵引体能和技能训练,突出培养学员的敌情观念和实战素养,强化学员组织指挥能力和临机处置能力,以适应实战化条件下诸多不确定因素的挑战。

(一)强化军事技能导向,教学理念"重基础"

"指技合一"的教育训练模式普遍重视指挥技术能力的培养训练,军事基础技能训练一度弱化,学员单兵技能水平普遍弱于技术水平。实战化教学必须调整重指挥、重技术的人才培养倾向,打牢军事技能基础。一是必须树立信息化战争条件下军事基础技能依然重要的观念。信息化战争虽然是强调联合作战、体系作战的知识化战争,但信息化战争的残酷性和杀伤性对军人的身心素质提出了更高要求,出色的身心素质有助于战术行动的实现。二要落实军事技能课程的基础性地位。军事技能课程不是简单的强身健体的军事体育课程,更涉及作战需要的一系列战术、战斗技能,是军人开展作战行动的基础和条件,要在课时、考核标准、教学条件和资源保障等层面保证其基础性地位。三是重视军事基础技能教员队伍建设。缺乏高素质实战化教员是军事技能课程面临的一大挑战。军事基础技能课程的特点导致教员职称晋升困难,不少教员陆续退出现役。由于陆军学院大规模裁撤和教官制推进缓慢,军事基础技能课程教员补充困难,导致实战化教学有心无力。因此,要高度重视"基础性"教员培养,要在职称评定、人才引进和能力培训等方面,出台切实的制度,确保军事技能教员队伍的稳定和实战化教学能力的提升。

(二)以作战需求为牵引,能力建设"重需要"

围绕"走、打、吃、住、藏、防"作战需求,构建"生存、机动、防护、救护"四大内容模块,全面提高受训者"走、打、吃、住、藏、防"能力。生存训练培养吃和住两项基本能力。"吃"即在野外条件下,正确选择野炊地域,会使用野炊单元和汽化灶,掌握构筑散烟灶、埋锅做饭的方法,具备埋锅做饭能力。"住"即正确选择露营地域,利用制式帐篷宿营,利用就便器材露营。机动训练内容包括乘车机动和徒步机动。要能科学组织乘车,正确选择行进、迂回路线,正确处置遭敌空袭、通过敌炮火封锁区、遭敌核化武器袭击等。防护训练有打、藏、防三个方面的内容,包括实战条件下步枪、手枪对固定距离目标及不固定距离目标的射击技能,手榴弹投掷,利用地形伪装、侦查、警戒,车辆、人员、装备对核、生、化防护等。救护训练主要熟练掌握复苏、止血、包扎、固定、搬运等救护动作,提高作战人员的救护能力,减少战时不必要的伤亡。

(三)遵循融战于教理念,组训方式"重融合"

训练内容穿插融合,主要包括五个方面的结合。一是轻武器射击与战术基础实战教学相结合。比如,长距离复杂道路行军通过一系列障碍物,处理完各种战术情况后,可对隐显目标进行实弹射击,提高学员在复杂情况下的防护能力。二是乘车行进与摩托化开进结合,注重协同、安全和机动训练。三是正课教学与课后巩固提高相结合。轻武器射击、战术基础与防护(含野炊、宿营)、手榴弹投掷、军事地形学等利用有限的正课时间讲要领,讲方法。门诊部利用一定的时间进行战场救护与自救的讲授训练。四是教员"导训"与队干部"组训"、学员骨干"辅训"相结合。五是教员引导与学员主动融入相结合,将传统的"保姆式"教学思路转变为引导学员主动融入教学训练,通过模拟场景、角色扮演等自主实践活动掌握基本的组织指挥流程和方法。

(四)打破一考定终身,考核评价"重递进"

要改进目前士官军事基础技能教学教完、学完、考完即完成的评价方式,采用不间断、递进式的评价方式,从单课目课终考、单项分开赛到连贯运用考,不断增强考核难度和强度,切实发挥考核评价导向作用。一是课终结束考。即每门课程上课结束后,按照课程标准进行课终考核,检验知识能力情况。二是军事比武赛。可以通过参加全军"勇士杯"等军事技能大赛,自行举办"精武杯"等军事技能比赛、军事运动会的形式,检验日常军事基础技能训练单项水平。三是综合演练评。利用综合演练,进行带战术背景的军事基础综合化连贯训练,用实战需求的硬标准来量化"软课目",通过设置体能"极限"消耗、复杂战术情况处置等课目,在长时间、高强度行军训练后,进行射击技能和手榴弹投掷考评,检验和提高学员在体能极度疲劳下的"打、投"技能,实现体能、技能考核的有机衔接,解决操场教学、比武竞赛与战场战斗力的"剪刀差"问题,从而实现由操场、竞技场向战场的转变,实现从竞技高手到打仗能手的转型。

### 四、对高职院校定向士官军事技能课程教学的启示

高职院校定向士官人才培养模式是有效利用高校资源，缓解军校办学条件不足，提高士官人才综合素质和发展后劲，为军队输送高质量高技能人才的重要举措。地方高职院校定向士官培养的历史较短，军事技能训练的底子较为薄弱，相比军校，军事技能课程教学质量短板更为明显，因此在提高军事技能课程教学质量的问题上，还需要加强以下工作。

一是解决观念和认识上不重视军事基础技能的问题。地方高职院校士官人才培养主要以技术技能型人才培养为目标，因而重视专业技术技能的学习，忽视作战技能的训练。士官既是操作员，也是训练员和战斗员，甚至还要承担管理带兵的责任。定向士官因为文化基础知识、认知水平相比一般战士较高，综合素质较强，进入部队以后承担的角色多样，而军事基础技能是作为军人必备的能力素质，是敲门砖和形象工程，是定向士官承担责任、开展工作的基础。因此需要转变定向士官只是操作技能型人才、只要学好维修保障技术就可以的观念，要加强思政课程、军人素养课程建设，确保适应部队实战化需求，让士官生在选择这一职业的时候，就要立志把自己培养成战斗员和管理者。

二是解决师资队伍短缺、水平参差不齐的问题。教之本在师。地方高职院校定向士官军事技能教学质量标准不高，关键还是师资队伍的问题。地方高职院校军事基础技能课程师资队伍比较缺乏，主要为招聘退役人员和本校转行、自主培训人员，要适应开展较为全面的军事技能课程，数量明显不够。此外，这些教员不是现役人员，对部队不太了解，对最新的形势和要求也缺乏精准把握，自身能力素质、标准要求上也不够过硬，这需要高职院校高标准加强自身师资队伍建设，在教师选拔、送学培训上提高质量和加大力度，同时加强军民融合战略，采取灵活方式聘请部队教官、军校教员参与教学、提供指导。

三是加强课程建设，解决课程体系构建不科学的问题。军事训练大纲对军事技能训练内容、方法和组织形式有严格标准和要求，各军种教学大纲和人才培养方案也对开设军事技能课程有明确规定和质量考核评价。构建定向士官生军事技能课程体系，一是需要在军队和教育部的领

导统筹下,制定定向士官生在校两年军事基础技能训练大纲和培养标准,确定课程体系结构,实现和军校培养阶段的有序衔接。二是在教学内容上要精选课程模块,除了开设必需的"队列""体能"等课程以外,可尝试开设"军人常识""战术基础知识""军种知识""战场救护""轻武器射击""游泳""班队列指挥"等军事基础技能课程或模块,课程目标定位为了解和理解。三是在组训方式上,要尽可能设置战场环境,按班分队训练模式,严格贴近实战化教学进行训练。四是在考核评价上,特别强调遴选优秀学生以观察员方式参与军校士官学员毕业联考实战化综合演练,真正走军民融合的路子。

总之,实战化军事基础技能课程教学是士官学员能力素质形成的基础,具有基础性、先导性作用。当前,一定要转变观念,培养作战指挥、组训施教、管理带兵和技术保障并重的指挥技术型士官人才。地方高职院校和军队院校要加强合作,在师资、课程和联训联考上深度合作,把军民融合培养士官人才战略推向更高的水平,实现高质量内涵式发展。

注释:

[1] 马志松,牛涛,余洪利.陆军作战课程实战化教学改革研究[J].继续教育,2013(11):64—66.

[2] 郭杰.推进任职教育院校实战化教学深入发展[J],工程兵学术,2013(3):17—18

[3] 苏振飞,雷有芳.推进基地实战化教学方法创新之我见[J],华南军事教育,2013(2):11—12.

[4] 张洪纲,郑鹏.任职教育院校开展实战化教学应把握的问题[J],工程兵学术,2013(5):40—41.

# 服务军地共育士官的职业教育专业教学资源库初探

侯小菊　井祥鹤　尹锋　徐坚[①]

## 一、问题的提出

习近平主席在党的十九大报告中指出，坚持富国和强军相统一，强化统一领导、顶层设计、改革创新和重大项目落实，深化国防科技工业改革，形成军民融合发展格局，构建体系化的国家战略体系和能力。近年来，人民军队依托国民教育培养军事人才已深入开展，军地共育培养士官人才是深入推进军民融合发展的重要内容之一。2019 年国务院印发的《国家职业教育改革实施方案》中提出，服务军民融合发展，把军队相关的职业教育纳入国家职业教育大体系，共同做好面向现役军人的教育培训，支持他们在服役期间取得多类职业技能等级证书，提升技术技能水平。

为了对接军队人才需求，国家推出了一系列政策，如落实定向培养直招士官工作，推动地方高校与军队院校有效对接，推动优质职业教育资源向军队人才培养开放，建立军地网络教育资源共享机制和军事职业教育互联网服务平台，汇聚互联网军事职业教育资源，服务军地共育士官教育等。这些政策和服务计划实施以来，推动了教育思维类型观、教育资源

---

① 侯小菊，广东轻工职业技术学院产教融合大数据研究所所长、副研究员，研究领域：教育人工智能、职业教育信息化；
井祥鹤，陆军炮兵防空兵学院士官学校讲师，研究领域：职业教育教学；
尹锋，陆军炮兵防空兵学院士官学校原副校长，研究领域：职业教育教学；
徐坚，南京信息职业技术学院教授，研究领域：职业教育理论、职业教育管理、职业教育信息化、职业教育政策。

观、教育技术观、发展动力观和教育治理水平的转变,为军队相关的职业教育如定向士官直招政策融入国家职业教育体系奠定了基础,创造了条件。

职业教育是培养高素质技能型人才的基础工程,强国强军都需要人才的支撑,国力的强大,离不开强大军力的保障,军力的强大又离不开强大国力的支撑。士官教育作为国家职业教育的组成部分,必须紧跟国家职业教育发展趋势,向高质量高效益发展。在新时代背景条件下,把军队相关的职业教育纳入国家职业教育大体系,是国家职业教育改革的重要内容。地方职业院校中目前开展的士官教育,依托地方院校的优势教学资源,努力打造高质量士官教学,向部队稳定输送高质量士官兵源。深入研究职业教育如何服务军地共育士官,如何构建军地共育士官的人才培养模式、路径等问题,对于推进国家职业教育改革、提升人才培养质量和效益,具有重要的理论价值和实践意义。

## 二、职业教育专业教学资源库:服务士官教育的重要平台

(一)职业教育专业教学资源库和定向培养士官概况

职业教育专业教学资源库(以下简称"资源库")是"互联网+教育"模式在职业教育领域的率先落地,是职业教育信息化建设的先驱者和主力军。资源库是职业院校牵头,行业企业共同参与,以职业教育专业为依托,利用现代信息技术手段,通过共建共享集合全国优质教学资源,满足职业院校师生、企业员工和社会学习者"能学、辅教"需求的在线教学和学习系统。资源库是专业学习资源的集合,资源覆盖专业所有基本知识点和岗位技能点,反映高职改革最新理念,代表专业发展最高水平。自2010年启动以来,按照"国家急需、全国一流、面向专业"的总要求,资源库已立项建设项目共计203个,覆盖了所有专业大类和156个二级专业类,形成了国家、省、学校三级互补的优质资源共建共享平台体系。203个资源库已有1314所职业院校和2771家企业参与建设,合计产生了73亿人次的访问量,资源条数合计499万条,标准化课程数合计7069门,用户总量达到1902万人,其中学生用户占比91.2%,初步形成了国家、省、学校三级互补的优质资源共建共享体系,有力地推动了信息技术在职业

教育专业教学和职业培训领域的综合应用。

定向士官是指直接从非军事部门招收,经全国普通高校招生统一考试选拔,依托普通高等学校定向培养,毕业后直接补充到部队相应专业技术士官岗位服役的全日制高校学生。由非军事部门招收定向培养士官,是贯彻军民融合发展国家战略、依托国民教育培养军事人才的重要举措,是建设服务现代化军队的高素质士官队伍的重要渠道。

(二)职业教育专业教学资源库和定向士官培养关联分析

通过统计分析,对比已建设的203个职业教育专业教学资源库,我们发现定向培养士官的相应专业都有对应的国家级职业教育资源库。这些资源库已经面向定向士官和退役士官提供教学和资源服务。以2018年定向士官招生专业为例,47所士官学院开设招生的专业总数是145个专业,去重后的招生专业数是51个,其中已经建设和在建的国家级职业教育专业教学资源库的专业数为37个。国家职业教育教学资源库成为服务定向士官的重要信息化教学平台,也是服务退役士官的重要培训平台。同时,由于近年来高职扩招政策,对于退役士兵来说,若被录取入高职院校参加学历教育,或者参加退役军人事务部遴选院校的中短期培训项目,则可在授课教师的指导下,借助专业教学资源库进行学习。若退役士兵未在相关院校学习,则可按照自身的兴趣,自由选择学习内容。职业教育专业教学资源库已有良好的建设基础,经过高职院校的大量实践检验,为军地共育定向士官和退役军人职业培训服务提供数字化的基本保障。另外,建设在互联网之上的数字化教学资源,也能够突破地域和时间的限制,更好地为在役士官的长期发展服务。

### 三、职业教育专业教学资源库:支撑军地共育士官的人才培养

(一)服务定向士官招生专业

定向士官的人才培养通常采取2.5+0.5的方式,即2.5年在高职院校,0.5年在部队士官学校。在起初的2.5年中,主要由高职院校负责定向士官培养工作,因此依托职业教育专业教学资源库,高职院校的教师可以利用现有的各类数字化教学资源,进行课堂教学,提高教学质量。面向定向士官的多个专业已经建成或在建国家职业教育专业教学资源库,例

如电气自动化技术、机电一体化、汽车应用与维修技术、轮机工程技术、航海技术、物联网应用技术、通信技术、工程机械运用与维修、计算机应用技术、飞机电子设备维修等多个军地两用专业。其中,有3所院校有主持或联合主持国家职业教育专业教学资源库的经验,同时也参与了定向士官的培养,提供了丰富的军地两用资源。

(二)服务士官学校开展信息化教学

定向士官在学习生涯的最后0.5年开始进入隶属于部队的士官学校,在其中接受相应的军事训练和教育。在毕业后,符合条件的定向士官生通过入伍程序,可正式入伍,开始士官服役期。定向士官进入士官学校后,与地方高职院校的联系逐步减弱,此时,职业教育专业教学资源库需要面向士官学校的教学,由士官学校的教员重组相关教学资源。定向士官开始入伍服役后,则开始了立足岗位的在职教育阶段。目前军队内部已经开始实施以信息技术为基础的军事职业教育在线数字化学习平台,地方职业院校主导开发的职业教育专业教学资源库,只有同军事职业教育在线平台相融合后才能更好地服务士官的在职教育。由于职业教育专业教学资源库也是数字化教学平台,因此只要做好相互的技术对接,地方的数字化教学资源就可相对容易地引入军事职业教育平台。

(三)服务退役士官的再就业学习

士官服役期满退役后,原先接受的军事职业技能在面向地方工作岗位时,存在一定局限性,因此需要进行适应性的职业培训和教育。同时,退役士官由于家庭、工作等方面的原因,往往难以参与全日制的职业教育教学。因此,基于互联网的职业教育专业教学资源库中的在线教学资源,可以满足退役士官时时学、处处学的需求。退役士官可以自行注册登录专业教学资源库,根据自己的需要选取教学资源进行学习。退役士官参与职业院校提供的学历教育时,专业教学资源库中的教学资源也可作为重要的辅助教学资源,协助退役士官更加高效地学习。2016年开始,专业教学资源库开始统计退役军人的相关用户,截至2021年6月,已注册退役军人用户79695人,为退役军人的高职扩招和继续学习提供支撑。

## 四、职业教育专业教学资源库服务士官教育的路径探索

### (一)协同融合:地方士官学院作为桥梁

借助职业教育专业教学资源库平台,实现教学资源军地整体设计,促进军地同向同行,高效融合。在专业教学资源库平台参与定向士官培养的过程中,要提高站位,从体系结构上整合设计,发挥军地双方的特长,实现协同融合,共同发展。在操作层面,可以借助地方职业院校的士官学院作为桥梁,加强与部队士官学校的联系。

目前,参与军地共育定向士官的地方高职院校,大多数已成立了专门的士官学院,为定向士官生安排专门的辅导员和军事领域的专业教师。在高职院校内,士官学院承担了地方高职教育与部队的重要沟通渠道。因此,在这一阶段,职业教育专业教学资源库要依托高职院校的士官学院,为定向士官的职业教育服务。例如,以高职士官学院为主体,申请建设专业教学资源库的专项建设项目。在士官教育的最后 0.5 年中,部队士官学校作为教学主体,是专业教学资源库的主要使用方,因此,可以鼓励地方高职士官学院协同部队士官学校共同申请和建设相关专业的教学资源库。

### (二)服务部队:部队士官学校作为主力

同时,还要做好军队内部现有信息化教学平台同专业教学资源库平台的融合工作。目前军队网络与公众网络还存在严格的隔离制度,由地方职业院校开发的专业教学资源需要二次开发和完善后,再引入部队信息化教学平台。而二次开发和完善工作需要由部队士官学校作为主力来完成。由中央军委训练管理部职业教育局牵头管理的军事职业教育也在积极推进中,相应的军事职业教育专业目录也在不断完善。职业教育教学资源也可融入军事职业教育的开发过程中。相关军事职业教育教学资源开发单位,可以采用免费的职业教育教学资源,整合与军事职业教育专业目录中相近的专业教学资源,开发适合不同军种特点的教学资源。

上述不同的二次开发,可将专业教学资源融入士官的晋升考核过程中,推动在役士官自觉和主动地学习;还可分批筛选军事职业教育在线平台中的脱密教学资源,面对参与定向士官培养的院校,发送相关脱密教学

资源,提高地方院校定向士官生的培养质量。

(三)合作共建:丰富通用知识与专属知识的教学资源

首先由军队士官学校对士官的相关技术技能要求进行分析,例如可将士官的技术技能分为当兵打仗能力、练兵打仗能力以及带兵打仗能力。以这三个分类为基础,还可进一步细分。例如在当兵打仗能力中,还可细分为基础理论、装备构造和技术勤务等技能要求。如果对基础理论进一步梳理,可以发现根据士官所属军种和岗位的不同,可能会包含电工电子、机械或计算机等基础理论知识。围绕这些细分梳理的大量知识点,可以构建相应的知识簇,并且区分其中的通用知识与专属知识。具体参见图1。

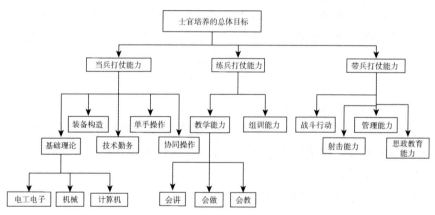

**图1 基于知识点分类的士官培养目标细分梳理结构**

对于由通用知识组成的知识点和知识簇,可以更加侧重由地方院校的士官学院来开发相应的教学资源和建设相应的课程。对于军队专属的相关知识点和知识簇,可以由部队所属的士官学校为主开发相应的教学资源和建设相应的课程,并在士官学校内进行教学。地方和部队教师团队持续沟通,做好教学资源和课程之间的衔接和过渡,将各自开发的教学资源和课程有机结合起来,形成一个整体。

军地双方还要促进专业教学资源落地,通过种类丰富的教学手段,提高专业核心技能数字化教学资源在课堂中的利用率。这一过程需要军地师资团队共同合作,加强交流,按照各自课堂的教学环境和条件,动态调整教学中的通用知识点和专属知识点的比例,在实践中不断尝试各种教学方法,并不断完善。

(四)标准制定:合作制定人才培养标准

借助职业教育专业教学资源库平台,构建专业教学资源滚动发展机制,建立标准化体系,军地监测互评,相互借鉴。教学资源建设并不是阶段性的,而是长期性的,要随着教学内容的更新要求,同步开发,同步更新,因此需要建立引入专业教学资源后的可持续发展机制。

同时,在联合开发课程教学资源的基础上,可以试点合作开展更大范围以及更高层次的标准化专业标准和证书建设,包括联合制定专业人才培养方案,以及联合开发军地通用型职业资格证书(或任职资格证书)的试点。在开发通用型资格证书时,要由国防科技生产企业牵头,组织已有合作基础的部队院校和地方职业院校,按照通用性和非保密性的原则,深入梳理部队官兵与企业用人的技术技能要求,形成资格证书的通用性核心内容。在核心内容的基础上,部队内部的任职资格证书可再叠加保密性以及个性化的人才要求。

为了促进军地双方共同发展,还要建立军地互评互测机制,尤其是在军地双方教师使用了相同的教学资源授课后,及时评测,有助于军地教师团队互相学习,互相启发。

(五)互融互通:与学分银行、X证书和学历教育合作

首先,通过数字化教学资源互通互认,在一定程度上实现部队的任职资格同职业院校的学历教育以及职业资格证书之间互通互认。一是课程层面的互相认可,例如地方职业院校可以通过学分银行的框架进行课程认证,尤其是对部队士官学校部分课程的学分进行认证及认可,实行学分兑换和减免政策,缩短在役士官的学习时间。相应的部队士官学校也可以直接认可在地方高职院校已经完成进修的数字资源课程学分。二是专业层面的互相认可,通过对地方职业院校与部队士官学校在相同或相近专业上的相关认可,实现在役士官补修少量课程就可获得地方职业院校的学历证书。部队士官学校也可以认可地方高职院校的课程,引导地方高职院校的教学资源符合部队士官学校的培养要求。三是尝试通过制度化的互认试点,大规模降低在役士官转业的障碍,促进在役士官参与职业教育学

习的积极性,更好地促进部队士官学校培养人才的学历社会认可度。

其次,可以通过地方高职院校正在推广的1+X职业资格能力证书制度,将X证书中的通用教学资源引入军事职业教育学习平台;依托X职业资格能力证书的第三方评价机构牵头的机制,搭建军事职业教育、地方职业教育和企业需求的融通桥梁;借助于这些通用学分以及通用职业资格能力证书,实现军事职业教育与地方职业教育的相互沟通。

**五、结束语**

习近平主席指出,士官队伍是部队中非常基础的骨干力量,很重要;各级要采取切实措施,加强士官教育培养,保持士官队伍稳定,发挥好士官在强军兴军中的作用。这些重要指示既是对士官队伍地位作用的高度评价,也是对士官人才培养的殷切期望。

进入新时代,世界新军事变革蓬勃展开,军事技术的发展引发作战理念、作战装备和作战样式的颠覆性变革,体系对抗、信息作战、无人作战等,对培养军事人才提出了新的、更高的要求。科学技术迅猛发展,计算机技术、网络技术以及人工智能等现代技术广泛进入教育教学领域,信息技术与教育全面深度融合,推动着教育教学观念的大更新、教育技术的大变革、教学模式的大变样,慕课、雨课堂、混合式教学、虚拟仿真教学等教学新模式如雨后春笋般涌现,信息技术支撑下全新、开放、立体的教育教学体系正在形成。科学技术的进步,武器装备的更新换代,迫切要求实现人与武器装备的完美结合。职业教育本科政策出台为高层次士官人才培养提供了新的通道。

习近平主席在党的二十大报告中指出,统筹职业教育、高等教育、继续教育协同创新,推进职普融通、产教融合、科教融汇,优化职业教育类型定位,加强军地战略规划统筹、政策制度衔接、资源要素共享。"双高"及优质高职院校建设的职业教育专业教学资源库不断更新,可以为创新教育培训、提高士官队伍综合素质提供灵活多元的育人方式。大规模提高定向士官生技能及学历水平,可提高职业教育对定向士官生生源的吸引力,构建适应新型士官人才培养的教学体系,建设新型军事人才培养体系,军地互通互融、共享共育,培养"能打仗、打胜仗"的新型士官人才。

# 基于士兵职业技能鉴定军地一体化的对策研究

丁志龙　邓志明　刘永翔　姜丹清[①]

近年来,中央军委陆续下发了《关于构建新型军事训练体系的决定》和《关于加快推进三位一体新型军事人才培养体系建设的决定》等文件,就深入贯彻落实习近平主席重要讲话精神、加快构建新型军事训练体系、全面加强实战化军事训练等方面提出了明确要求。其中,在加强军事职业教育方面,提出要加大职业技能鉴定信息化建设力度,引进职业技能鉴定考务管理系统,对接一线部队,探索依托军事职业教育开展士兵职业技能鉴定培训新模式,组织开展军事职业教育助推部队士兵个人能力训练活动。这充分体现了军队院校士兵职业技能鉴定工作在军事职业教育建设方面的重要性。

"军地一体化"的实质是通过国家政策措施的调整,在教育、医疗、物流和住房等方面进行改革,实现国防服务和地方服务资源共享与双向转移,促进国防建设和地方发展良性互动。职业技能鉴定的"军地一体化"就是指军队按照军地互认的标准进行考评,推动军地有效衔接,探索实现国防和地方鉴定资源的共享和双向转移,促进军地深层次的鉴定一体化。

---

[①] 丁志龙,海军士官学校讲师,研究领域:军士教育教学与研究;
邓志明,海军士官学校讲师,研究领域:军士教育教学与研究;
刘永翔,海军士官学校副教授,研究领域:军士教育改革研究;
姜丹清,海军士官学校编辑,研究领域:军士教育理论研究。

## 一、推行士兵职业技能鉴定军地一体化的意义

（一）推行士兵职业技能鉴定军地一体化是贯彻党中央、国务院和中央军委重要决策部署，推进军队改革工作落实的一项重要任务

士兵职业技能鉴定是国家职业技能鉴定的重要组成部分，是国家高技能人才培养的重要内容，更是军地双重属性作用的重要体现。1993年，原劳动部颁布《职业技能鉴定规定》，拉开了我国职业技能鉴定工作的序幕。追随地方职业技能鉴定的步伐，原总参谋部军务部同年启动了军队技术兵职业技能鉴定的论证工作。1995年，原总参谋部与原劳动部联合颁布了《中国人民解放军技术兵职业技能鉴定实施办法（试行）》，正式开启军队技术兵职业技能鉴定工作。2010年，原四总部联合国家人力资源和社会保障部颁发《中国人民解放军现役士兵职业技能鉴定规定》，全面推行士兵职业技能鉴定工作。2017年，根据军队领导指挥体制改革的新形势和军队人才队伍建设政策制度创新的新要求，对原规定有关条款进行修订，颁布了新的《中国人民解放军现役士兵职业技能鉴定规定》，其中明确指出，士兵职业技能鉴定在国家人力资源和社会保障行政部门指导下，由军队组织实施，地方各级人力资源和社会保障行政部门应当积极支持士兵职业技能鉴定工作，提供必要的服务保障，形成"以军队职业技能鉴定机构组织为主、依托地方职业技能鉴定机构组织为辅"的新格局。

（二）推行士兵职业技能鉴定军地一体化是促进军事人才培养向军民深度融合方向发展，实现军地合力共育英才的一条重要途径

军民融合培养军事人才是实现新时代强军目标的必然选择，大势所趋。军民融合的根本目的是为了打破军、民两大体系的壁垒，实现两大体系之间资源的优化配置。推行士兵职业技能鉴定军地一体化，不仅要打破军队内部鉴定机构的闭门造车、故步自封，还要积极引导地方职业技能鉴定机构主动服务军队，形成资源共享、互通有无、军地合力共育英才的新形态。

（三）推行士兵职业技能鉴定军地一体化是加强军士队伍建设，有效调动广大军士自觉精武强能、积极献身国防的一个重要举措

推行士兵职业技能鉴定工作，是意义深远的爱兵工程、实实在在的惠

兵之举。其初衷是引导士兵在部队服役的岗位上学会一门技术、掌握一项技能,通过鉴定考核获得相应的职业资格鉴定证书。[1]但是,在实际实施中,绝大部分军队内部鉴定证书得不到社会承认,这就给退转士兵的退役安置和就业创业带来了很多障碍,打击了现役士兵参加士兵职业技能鉴定的积极性。因此我们要推进军地一体化的职业技能鉴定,使军队获得的证书能够被地方政府和用人单位认可。这不仅有助于士兵在部队服役晋升,还为士兵退役后到地方就业提供了有利条件,解决他们的后顾之忧。推行士兵职业技能鉴定军地一体化,也是促进通用专业证书在军队和地方互认互通的重要举措。

**二、士兵职业技能鉴定军地一体化方面存在的问题**

为提高士兵岗位任职能力,健全军队技能人才评价体系,实行新的士兵职业技能鉴定规定以来,部队高度重视,积极推行学历证书和职业资格证书"双证书"并重制度,在军民融合推进士兵职业技能鉴定方面取得了一些成绩,但是距离士兵职业技能鉴定军地一体化的目标,还任重道远。具体来说,存在以下几个方面的问题。

(一)在机构设置、人员配备上,国家层面缺乏专门的军地一体化士兵技能鉴定指导机构

军队士兵职业技能鉴定机构是由国家人力资源和社会保障部门授权的鉴定机构,但国家缺乏统一的领导机构和军地协调机制,导致军队独立进行职业技能鉴定。例如地方有三级管理机构,从人力资源和社会保障部到各省、自治区、直辖市劳动行政部门所属职业技能鉴定指导中心以及行业主管部门所属职业技能鉴定指导中心,再到经劳动行政部门批准的鉴定站。军队独立运行,形成了自己的三级管理机构:鉴定工作办公室、鉴定指导中心和鉴定站。鉴定工作办公室,主要进行综合管理、统筹协调军队鉴定工作;下设的鉴定指导中心,主要负责专业系统鉴定工作的组织指导和相关建设;最后一级是鉴定站,负责具体实施鉴定考核工作。从工作安排上可以看出这三级管理模式上与地方没有什么交集。另外,从军地一体的角度而言,军队职业院校评定中心独立运行,实际要求在低等级技术鉴定时,可以与地方类似,但到了高等级技术鉴定时,军地之间就不相同了,必须要

分主辅。军地两方鉴定组织就这样各自独立运行,军方机构因为"保密"和"停止有偿服务"的要求,顾虑与地方互动;地方机构因为对军方的"神秘"与"未知",也不知道如何与军方互动,军地没有形成一体化的管理模式。

(二)在专业工种分类和等级划分上,国家层面缺乏军地一体化的专业标准规范

军队的职业技能鉴定部门与地方的职业技能鉴定部门在工作上存在很大程度的重合。对照《海军水面舰艇特有专业士兵职业技能鉴定职业工种分类及技能等级划分表》和《国家职业技能鉴定职业工种分类表》,我们发现在鉴定工种的制定和分类上存在很多重合,军地通用的机修钳工、电工、柴油机工、空调工、油料员、消防员等名称几乎一致,即使军队特有的舰艇锅炉工和舰艇汽轮机工,在地方也有锅炉运行值班员和汽轮机运行值班员。此外,还出现了工种名称与实际职业名称不符的错误,这样很容易造成基层部队士兵在填报士兵职业技能鉴定登记表时,将申报鉴定工种的名称填写错误,在鉴定机构填写和汇总《专业士兵职业技能鉴定申报人员名册》时,要将鉴定工种的名称纠正过来,增加了鉴定的工作量。

(三)在士兵职业鉴定考核制度上,缺少科学的军地一体化考核系统

目前,士兵职业技能鉴定科目包括理论知识考试、操作技能考核和综合评审。其中理论知识考试,军队到现在还是普遍采用纸质考核,首先由任课教员依托答题纸,将考题复印在试题纸上交由学员在考场上限时完成,所有工作都需要任课教员亲自操作完成,这一过程烦琐,环节多,试卷保密性差,教师阅卷工作量大,误差率较大。相比较而言,基于网络的无纸化考试系统与无纸化办公一样已成为大势所趋,在技术方面日趋成熟,广泛应用于学校、科研院所等单位和部门,军队应向此方向努力。此外,技能操作考核作为对军士实际操作能力鉴定和评价的关键环节,对职业技能鉴定来说更为重要,以往技能操作的考核模式,虽然采取了考评回避、封闭管理、质量督导等措施,但在鉴定过程高效性、鉴定结果公平公正性方面仍然存在一些不足,所以在技能操作考核中也应当跟随地方的脚步实现无纸化考核。[2]

(四)在士兵职业技能鉴定理念更新上,"多证书"的职业技能鉴定新理念推广不力

士兵职业技能鉴定普遍实行的是"双证书"制,即士兵在参加院校教育、任职培训或职业技术教育获得学历或结业证书的同时还获得职业资格证书,其中职业资格证书仅仅是从事某个行业的准入资格。当前地方已经开始实行"1+X"证书制度,即士兵获得学历或结业证书的同时,还可以获得职业技能等级证书,用来衡量和鉴定士兵的职业技能水平,这对士兵的要求更高,而且比"双证书"制度更灵活。"双证书"制度中,士兵在毕业或结业时所要考取的职业资格证书是从入学时就已经确定的,只要求士兵考取一个职业资格证书。而在"1+X"证书制度中,士兵可以考取与专业相关的多种职业技能等级证书,也可以根据自己的个人喜好或将来退役后的就业方向选择其他的证书。这些证书对应的学分可以寄存在学分银行系统中,士兵后续参加相应专业学历教育可以抵扣学分,学有余力的士兵可以考取各级各类职业技能等级证书,能将士兵的个人发展、兴趣爱好、就业选择与职业技能提升紧密联系在一起。[3]

### 三、构建士兵职业技能鉴定军地一体化制度的对策建议

"军地一体化式"的职业技能鉴定是军事职业教育人才培养一个重要方面,具有军地共同受益的鲜明特征,同时也需要军地协力推进。

**(一)强化建设士兵职业技能鉴定工作军地一体化机构**

要强化军地一体化机构,提高鉴定管理人员的综合素质,使他们具备专业的素养和高标准的职业道德,确保鉴定工作质量,提高鉴定工作效率。在鉴定管理队伍上,要彻底改变军地分割进行职业技能鉴定的运行模式,建立统一的技能人才评价体系,健全士兵职业技能鉴定工作,要求军地一体化的士兵职业技能鉴定能够满足国防和地方两种需要,兼顾军需和地方两个服务市场。军队一体化的专职机构要负责制定和更新军地一体化的考评标准,对军地从事岗位工作必须具备的专业知识和操作技能进行等级考核与认定。[4]

**(二)规范制定士兵职业技能鉴定军地一体化专业标准**

划分士兵职业技能鉴定专业工种分类和技能的等级,要与部队发展和地方产业发展需求紧密联系,根据实际情况建立鉴定专业动态更新机制,适时将新增专业(工种)纳入鉴定范围。新增鉴定专业(工种),由军委

机关、军种机关专业主管部门申报,军队士兵职业技能鉴定工种办公室审核,报国家人力资源和社会保障行政部门备案。士兵职业技能鉴定专业分为通用专业和特有专业两类。在通用专业中,士兵工作岗位必须具备的专业知识和操作技能与国家职业(专业)一致或者基本一致,这些专业工种必须整合到地方职业工种中去,而对于地方没有的特有专业,要在国家职业工种目录中以特有行业工种予以定位并进行分类。

现在主要的问题是,部队列装的水平,院校往往跟不上,评价标准体系和资格鉴定也就跟不上。院校的鉴定中心可以与军工企业、军工院校或地方职业院校紧密合作,更好地把握武器装备发展所需要的技能,同时紧跟对应的专业工种研究考核标准。[5]

(三)探索构建军地一体化的士兵职业技能鉴定"1+X"多证书制度

要按照"1+X"证书制度的要求,健全职业技能等级证书的考核评价标准。各院校要树立正确的思想意识,严把"1+X"证书的质量关,全面提升"1+X"证书的含金量和社会认可度。具体包括以下几方面的工作。第一,对于士兵可以考取的"X"证书,院校要在严格的审查之后再允许这些证书进入校园或平台,要及时建立各类证书的进入与退出机制。第二,军队职业院校要重视培训过程,可以建立与地方相适应的相关职业技能鉴定站,开展职业技术教育相关专业的培训和鉴定工作。士兵可以根据自身的意愿选择是否参加培训,以及参加哪种证书的培训,合格之后由鉴定站颁发相应职业资格证书,作为岗位任职或将来退出现役寻求新职业的重要条件。第三,建议相关部门可以放宽相应条件,为士兵提供更多的替代路径去获得参加职业技能等级考试的资格。例如,用地方职业技能大赛中的获奖经历、专业技能毕业联考、大比武或者部队实习经历等条件来替代工作经历和学历的要求,为在校生提供更多鉴定职业技能的机会,助力"1+X"证书制度的实施。第四,接受学历教育的士兵可以通过"X"职业技能等级证书学分积累,在学分银行体系中减免一定的专业课程学分,为士兵退役后的后续学历教育提供便捷条件,以此形成士兵服役期间学习专业技术、职业技能鉴定的良好氛围。[6]

(四)健全完善士兵职业技能鉴定军地一体化的信息化考核体系

针对理论考试,各专业要完善士兵职业技能鉴定信息化考核系统,通过完备翔实的试题库,从闭卷笔答改为网上考核,实现考核知识点和难度可控、随机生成试卷、自动现场判分等功能,从而有效杜绝作弊抄袭现象,大幅提高阅卷效率,同时为快速分析考核成绩、生成统计信息提供可能。在操作技能考核中,形成军地一体化的无纸化信息考核体系,充分利用互联网技术保证考核成绩实时传输,强化考核过程管理,减少人为因素的干扰,优化考核与评价成本管理,在提高鉴定工作效率的同时,提升鉴定公平公正性。

### 四、结语

当前士兵职业技能鉴定军地一体化工作还未推行,但是对于广大士兵来说,通过军地一体化职业技能鉴定使他们获得更多军地认可的权威证书,将增加士兵退役后的就业机会,可以促使他们自觉学习专业技术,掌握专业技能。因此,如何从鉴定机构设置、专业工种分类、证书制度、考核体系等方面完善职业技能鉴定军地一体化运行路径,将是亟待深入研究的课题。

**注释:**

[1] 战祥新,郝世勇.军队任职院校士兵职业技能鉴定的研究与思考[J].中国现代教育装备,2015(19):60-61.

[2] 郑磊,祁爽,王俊伟.职业技能鉴定的技能操作无纸化考核之实践[J].华北电业,2018(05):56-57.

[3] 柴草.职业教育"1+X"证书制度推进路径探讨[J].常州信息职业技术学院学报,2019(06):4-7.

[4] 张秀伟,马建超,吴彩华,等.浅谈如何借力士兵职业技能鉴定推动士官院校实战化教学改革[J].科技风,2020(01):60.

[5] 冯兴民,任才清.军民融合背景下部队爆破人才培养问题研究[J].采矿技术,2020(06):222-224.

[6] 孙志丹,谭业发,王海涛.基于学分银行机制的职业技能鉴定探讨[J].无锡职业技术学院学报,2020(06):5-10.

# 外军军士教育训练综述

昔英义　胡萍[①]

习近平主席在全军院校长集训会上指出,要全面贯彻新时代军事教育方针,全面实施人才强军战略,全面深化军事院校改革创新,把培养人才摆在更加突出的位置,培养德才兼备的高素质、专业化新型军事人才。教育训练作为人力资源开发的重要内容,是培养军事人员能力素质、挖掘军事人员潜能的基本手段。[1]军士教育训练最早可以追溯到普鲁士军队时期。普鲁士军队规定,经过军士学校培训的军人必须以军士身份服役12年;在此期间,应定期接受考试和测验;服满12年兵役的军士可以领取专门证书,凭借这个证书,军士到地方部门后,可以得到妥善安置。但这一时期对军士的教育训练,更多的是为军官提供候补对象。普鲁士军队的做法后被法国和日本效仿,其军士学校也主要是培养军官的候补对象。如今,外国军队的军士教育训练主要是效仿美军的军士教育训练体系。许多国家,特别是北约国家,通过军事合作,派遣军士到美国军队的军士学校学习;而美国开设在海外军事基地中的军士学校,则担负起为驻在国培养军士的任务。比如,驻韩美军第八集团军的军士学校与韩国军队的军士学校合作培养军士。对美军军士的教育训练进行分析,可以了解外军军士教育训练的状况。

---

[①] 昔英义,空军通信士官学校士官队伍建设理论研究中心主任、教授,研究领域:士官教育、士官队伍建设;
胡萍,空军通信士官学校士官队伍建设理论研究中心副研究员,研究领域:士官教育、士官队伍建设。

## 一、美军军士院校教育以培养领导者为目标

美军各军种都建有军士学校。其中,美国陆军在 34 个地区开设了 34 所军士学校和 1 所军士长学校;美国空军开设了 69 个士兵领导力学校、10 个军士学校和 1 所军士长学校;美国海军在个人和专业发展中心开设了军士长选拔领导课程,设立了多处军士长传统学院,并在海军战争学院下设海军高级士兵学校。这些学校旨在拓宽士兵专业技能外的知识面,加强军事知识学习,提高部队人员素质、领导能力和管理技能。在这个目标的指引下,美军军士院校教育呈现以下特点。

### (一)培养对象严格挑选

严格确定不同学校的培养对象。美军将军士定位为领导者,规定军士院校必须招收具有领导者潜质的军士。为此美军开设了不同层次的军士院校,培养不同层次的领导者。美国陆军规定,进入军士学校初级军士班学习,必须是 E-4 级或 E-5 级人员(在完成高级单兵训练后选拔出来并经过考试的 E-3 级士兵亦可入学),且 E-5 级人员的军龄不得超过 12 年,E-4 级人员的军龄不得超过 8 年;最近一次军事专业评分在 100 分或以上;经单位或更高级的指挥官推荐;毕业时剩余的服役期必须符合有关规定,如 E-3 级人员至少签有 3 年服役合同;符合其他有关条件,如体能测试、保密审查等。美国空军则规定,E-4 的高级士兵可以进入士兵领导力学校,E-5 的参谋军士可以进入军士学校,E-7 的三级军士长可以进入军士长学校。

严格限定招生人数。美军对军士学校的住校教学期班开设有着严格的限制。教学期班数量直接限制了每个军士学校的招生数量。这么做的目的,一是为了确保教学培训质量,二是给教员留有自我提升的空间。美国陆军高级军士学校 2018 学年班级安排显示,从 2017 年 10 月 3 日至 2018 年 9 月 21 日,共开设了 10 个班,每个班最多 160 人,最少 96 人。如此推算,每年美国陆军高级军士学校住校培训的人数为 1600 人,并且每个班次期间都有 10 天的间隔,这样可以保证教员有足够的学习和备课时间。同样,美国海军高级士兵学校每年开设 9 个班,每年只培训 1300 人。在每学期开始时,军士学校通常会把本学期开设教学期班的时间予以公

布,准备入学者可以在入学条件保留期间任意选择一个期班入学。这样的安排方便基层单位在保证正常工作的情况下,合理安排军士入学时间,保证符合条件的军士都可以接受相应的教育。

(二)课程设置聚焦岗位

课程是达成院校人才培养目标的重要手段,是教学和学习活动的媒介与平台。美军军士学校根据岗位要求不断开发、更新和优化课程,以适应现代战争对军士领导能力提出的更高要求。

课程内容紧贴岗位。美军各军种军士院校的课程虽然不一致,但总体来说都十分强调课程设置的岗位指向性。如美国陆军依照受训军士岗位的不同,将军士院校的课程分为基础阶段、初级阶段、中级阶段、高级阶段四个层次;美国空军则分为基础阶段、中级阶段、高级阶段三个层次。每一阶段职业军事教育课程设置各有特色,自成体系。如美国海军高级士兵学校为高级士兵领导人提供交流技巧、领导和管理、国家安全事务、海军项目以及身体健康方面的课程。美国空军威瑟斯军士学校主要开设口头表达、作战领导和单位管理、军事职业等方面的课程。美国陆军布利斯堡军士学校的勇士领导力课程则主要包含三个部分:领导能力、训练能力、作战能力。美国空军的士兵领导力学校则主要为高级士兵提供交流技巧、领导能力、作战研究、国际安全研究、军人职业等方面192个学时的课程。

课程及时更新调整。为了保证教育质量,美军军士院校课程内容总是随着形势的变化不断更新。2012年,美国空军托马斯·巴恩斯士兵教育中心发布了最新的军士远程教学教育00015号课程(面向中级军士),以替代之前的00009号课程。该课程由两个部分组成,第一部分包括课程介绍、军事专业以及作战中的空军军士,第二部分由管理交流和单位管理两个部分组成。00015号课程在00009号课程的基础上,对教学内容进行了全新的设计,涵盖了中级军士所需要掌握的基本知识,并在课程中添加了诸多时尚元素,不仅有丰富多彩的图形,而且增加了大量视频,让学员在丰富的视觉体验中进行思考。[2] 该课程对学员的要求与住校学习的要求完全一致,要求学员在探索认知(思维)和情感(感受)等方面不断提高自我素质。对于高级军士的课程,美国空军则对2000年发布的课程

14 进行了修订，发布了最新的第 6 版。美国空军认为，课程 14 的第 4 版是在 2000 年发布的，现在已经过时。伊拉克战争和阿富汗战争后，空军的情况已经发生了重要变化，教学内容也应进行更新。在新发布的第 6 版中增加了几种常见的飞机，并总结了过去 10 年战斗的经验教训；同时包括领导力和管理课程，以教会学员更有效地交流、管理下属、提高团队合作和信任、领导和激励人、建立团队；还包括"战斗精神"的内容以及空军历史和空军人员行为准则。

（三）教员选拔注重实战

高质量的教员队伍，才能培养出高质量的学员。美军认为，教员队伍是成功实施军士教育的关键因素。美军从建立军士学校以来，注重选拔具有实战经验的军士担任教员。为人师表是军士教员首先要满足的条件。美国陆军第 7 军士学校小分队教员选拔标准明确规定，作为勇士领导力课程的教员，军士教员必须具备以下基本条件：满足美国陆军关于体重和身高的标准，体能测试成绩必须为 250 分以上，陆军职业能力测试普通技术得分不得少于 100 分，是陆军作战的示范，能够与他人交流并清楚表达思想。[3]美国空军在军士教员标准中则明确规定，所有军士教员必须满足以下标准：身体形象至少必须符合空军关于身体能力和耐力、上下肢力量、听力视力以及精神状态的要求，职业能力测试总评分不得少于 24 分，能够清楚地表达思想及具有与他人正常交流的能力，体能测试必须在 80 分以上（近 12 个月的体能测试没有不及格记录），在军人行为和品质上保持高标准，在过去三年内没有违纪记录。除了身体素质之外，学历也是军士能否担当教员一职的重要考量指标。美国空军艾瑞军士学校规定，所有军士教员必须具有至少 2 年大学以上学位，军士教员必须具有大学级别的读写能力。美国陆军第 7 军士学校规定，军士教员必须完成领导力课程一、二级的培训。

（四）强调任职经历多样

美军认为，职业军事教育岗位是具有挑战性的岗位，只适合那些具有一定服役经历的人。选拔军士担任教员就是需要他们把实战中的经验与学员分享。因此，军士的任职经历是他们成为教员的决定性因素。美国陆军第 7 军士学校规定，军士必须在 12 个月之内从事过与教学内容相关的活动。美国空军则规定,近期参加过军事行动的军士在申请教官岗位时可以加分。由于美军的军士学校分为初、中、高三级,所以美军规定不同级别的军士只能在相应的学校中担任军士教员。美国空军规定,在空军领导力学校中,军士要担任教官,必须在上士到军士长级别之间;在军士学校中,军士要担任教官,必须在一级军士长到指挥军士长级别之间;在高级军士学校中,军士要担任教官,必须在指挥军士长到总军士长级别之间。

**二、美军军士在岗训练以提升任职能力为根本**

岗位是人才培养的最好资源。美军军士除了要在院校接受领导能力培训之外,还需要在岗位上提升领导能力和专业技术。

(一)依托岗位提升技术水平

美军认为,在职训练计划是培训现役人员最为经济的途径。在职训练分为两个阶段,第一阶段是进行职业知识训练,以导向式的教学方式讲授职业发展课程,所用教材由在各个专业领域富有经验的军士编写,是印刷成册的专业教材,并结合使用一些专业性的参考资料;第二阶段是职业资格训练,受训者在训练者的指导下,在实际工作环境中获取实践经验。通常美军士兵在晋升军士之前,都已经获得技术5级资格,所以技术能力的提升主要通过有组织的在岗技术训练来进行。为保证在职训练计划实施的有效性,美国空军在基地设置了在职训练管理者岗位,与各部队(通常是各中队)训练管理者密切合作、相互协作。

在原单位进行岗位训练。晋升军士后,美军士兵提升技术水平主要根据所操作的装备来进行。美国空军在每个单位都设有认证培训师,由认证培训师根据空军核心任务和主要司令部下发的具体课程来进行。根据规定,晋升技术7级时,只要是在认证培训师的指导下完成了课程学习,并且在岗位上完成了12个月训练,即可晋升技术7级,由单位主管上报指挥官批准。晋升技术9级时,没有课程学习要求,所有在职业领域内的工作经验都被计入训练时间,经单位主管和指挥官批准后就可以晋升该技术等级。

派现场训练分队进行实地教学。现场训练分队课程是在基地现场实施的,该课程是把课堂教学与职业实习相结合而进行的训练,主要培训对象是飞机维修人员,特别是当基地武器系统更新换代时需要进行此项训练。通常现场训练分队是由技术训练学校派出,在各基地或主要装备所在地进行。例如,负责无人机维修训练的第82训练大队在克拉克基地就派出了一个维修训练分队,专门负责实施无人机维修的现场教学。

(二)短期培训提升领导能力

美军主要依托各基地开设短期在岗培训班,提高军士的指挥协调能力,使他们能够在工作中建立更巩固、更高效、彼此更信任的协作关系。

一是培训期较短。在岗培训,要以不影响正常工作为前提。因此,在培训时间的设置上,美军通常会压缩到一个合理的范围内。比如,美国陆军本宁堡开设的连队指挥官和第一军士长(通常指担任旅、团、营、连军士长职务的各级军士长)课程,就是一个只有40学时的教育计划。美国空军则规定,第一军士长每年应进行至少12学时的持续培训。

二是内容实用。美军一直强调,第一军士长在岗培训必须要紧贴不同层次、不同阶段的岗位实践。如,美国陆军的连队指挥官和第一军士长任职前课程,主要目的是训练连指挥官和第一军士长成为一个指挥团体,因此这方面培训的内容主要是建立和维持积极的指挥氛围,保持良好的秩序和纪律,减少违规违纪问题的发生,保障士兵权益,拟制并实施士兵个人、集体训练计划等。

三是形式多样。美军进行岗位培训的方式多种多样,既有内容的集中讲解,又有岗位的交流锻炼。美国空军要求第一军士长通过岗位轮换和交叉代职,来获得额外的履职经验,不断提高自身能力。美国陆军则是通过专门的课程来实现这一目标。如连队指挥官和第一军士长任职前课程一般是在5天的主题讨论之后,再进行为期两天的战备及快速恢复能力训练。

(三)定期交流领导经验

美军认为,让具有相同工作经历的军士长在一起交流是提高岗位任职能力的重要方法。为此,美军建立了第一军士长和指挥军士定期交流机制,它具有以下三个方面的特点。

一是时间固定。为保证各级军士长交流机制正常运行,美军各军种都对相应级别军士长的业务交流设定了具体的时间。比如,美国空军规定,现役第一军士长会议最少每周应召开一次,预备役第一军士长会议每月召开一次,会期1天。每次会议安排都应便于所有第一军士长参加。美国陆军规定,每季度召开一次主要司令部军士长专门委员会,会期2天。此外,美国陆军设有第一军士长论坛,通常是一年一次,会期4天。美国陆军年度指挥军士会议的传统建立于1966年7月。当时,第一任陆军总军士长伍德里奇上任后不久,就建议各级司令部的军士长陪同他们的指挥官参加年度指挥官会议。这使得伍德里奇有机会与相关人员在指挥官会议上讨论与士兵相关的问题。1966年11月,约翰逊将军批准召集21名在世界各地司令部的军士长参加第一届司令部军士长会议。这个制度一直延续至今,对密切美军内部关系、提高士兵任职满意度、确保指挥链作用的有效发挥起到了重要作用。

二是成员广泛。无论是空军的第一军士长会议、陆军的第一军士长论坛,还是由司令部军士长参加的军士长会议,参加成员都具有一定的广泛性。美国空军规定,参加会议是所有第一军士长的强制义务。美国空军要求联队指挥官或副指挥官每季度必须参加一次第一军士长会议,确保会议能够直接与重要领导人讨论问题。陆军第一军士长论坛的参加人员范围更为广泛,所有现职的第一军士长、第一军士长后备人选皆可以参加。

三是内容丰富。美军第一军士长会议议题丰富,从士兵的福利待遇到作战训练再到各军种的未来发展都有涉及,甚至对于一些新鲜事物,也可以提交会议进行审议。美国空军规定,当第一军士长遇到从未经历过的问题时,必须将之提交到第一军士长会议上共同讨论,加以解决。在美国陆军各级司令部军士长专门委员会召开的会议上,陆军高级士兵领导人集中在一起通报和分享当前陆军建设与发展的前沿信息,同时从领导者的角度讨论士兵士气、福利待遇等重要问题。会议讨论结果要向参谋长和陆军其他高级领导人进行汇报。

### 三、美军军士的自我培养以个性化为核心

美军认为,提高军士执行任务的能力,仅仅依靠院校教育和岗位任职

锻炼是有限的,必须要关注他们自我学习能力的提升,创造有利于他们成才的条件和氛围。美军提倡高级军士根据自身特点,设定个人目标,利用终身教育体系提供的分布式学习和继续教育平台来弥补差距,有效地强化工作岗位教育和院校教育之外的知识和技能,实现个性化学习目标。如果说院校教育和岗位教育主要提供共性教育,那么自我发展则是个性化的自我教育。

(一)提升个人素养

美军要求军士应充分利用业余时间来学习,不断充实知识储备;要求军士长自学外派任务驻地的外语,以适应对外通联的需要。担任重要指挥职务的军士长则要阅读历史、小说、人物传记等,不断丰富历史知识,特别是军史知识。各军种参谋长、总军士长都会发布当年的读书指南,向各类高级军士推荐自学读物,指导他们做好自我教育。此外,美军还建立专门的阅读网站,为广大军士长畅游书海创造条件。为确保军士长按部就班地刻苦自学,不断提高逻辑思维能力、分析判断能力,美军还组织高级军士制定"自我发展计划"。这种计划翔实而具体,甚至包括阅读的书目与进度、参加的函授课程、拟研究的学术课题等。

(二)培养一技之长

美军还十分重视军士长要有"一技之长",一方面,他们在部队服役,要掌握必要的专业技能来提高军队战斗力,另一方面,考虑到长远,这也有助于帮助他们适应退役后的生活。

获取资格证书。美军军士可以选择参加职业和技术教育学校的学习,获取行业认证的资格证书。该项目就是将军人在部队中的职业和技术领域内的专业知识与地方的职业和技术教育协调起来,为军人提供获得地方认可的职业和技术教育证书的机会。美军认为,士兵获取职业和技术教育领域的资格证书,有利于提升现役军人的就业前景,为他们向平民职业转化提供便利。资格证书计划的开设相对学位计划要晚得多,美国国防部从2015年才正式接受职业和技术教育机构的申请。根据美国国防部2015年的规定,美军士兵可以申请的职业和技术资格证书主要集中在企业管理、健康科学、信息技术等十多个领域。

参加技能培训。美国国防部还与知名企业合作,向符合条件的现役军人提供就业技能、知识培训，或者帮助他们在社会部门获得职业培训机会。现役军人所学可能与其服役期间的职业技能无关，但要与其退役后的就业目标相关。2013年，美国陆军最早实施技能培训，并指定基地管理司令部具体负责职业技能计划的实施。经过一年试点后，美国国防部于2014年正式在全军推行技能培训计划，即技能桥计划。美国国防部分管该项计划的负责人表示，技能桥计划可以减少军事训练和社会认证之间的差距，可以提高军人的社会就业能力。美国空军第90部队支援中队的员工发展管理人表示，技能桥计划通过一流的学徒培训、在职培训、职业跟踪、实习和就业技能培训，为空军人员进入社会做好准备，其价值不容低估。

(三) 提升学历水平

美军充分考虑到因海外驻扎、频繁调防而引起的工学矛盾，采取机动灵活的方法，保证军士能有足够的时间来提升学历水平。

一是开展远程教育。美国国防部设立了军人机会大学计划，与2000多家高等教育机构、15个全国性高等教育协会建立了合作关系，为部署在全球的美国军人提供高等教育服务。华盛顿大学、贝佛大学等院校都是国防部军人机会大学计划的签约学校。学位证书项目包括副学士学位网络课程和学士学位网络课程。参加军人机会大学计划的军人首先要选择一个"母学校"，也就是毕业证颁发学校，进行学籍注册。当军人在该校完成了最初的两门课程后，该校在对军人进行评估的基础上与军人签订学生协议书(评估的内容包括：其他学校的课程、国家认可的考试结果、美国教育委员会认可的军事训练和经历的学分、证书考试)。如阿拉斯加费尔班克斯大学就规定，通过大学的军人机会大学计划可获得文科学士(副学士)和应用科学(国土安全和应急管理)学士(副学士)等学位。如果花5年时间完成文科或应用科学副学士(学士)课程，需在该校获得至少6个学分，平均分数为2.0以上；如果花7年时间完成该校的文科或应用科学副学士(学士)课程，需在该校获得至少30个学分，平均分数为2.0以上。在学习注册期间，如果军人驻地发生变化，军人可以在新驻地的军人机会大学合作机构选择相关课程学习，并联系"母学校"将该门课程的学分进行转移。

二是采取学分学时互换。为提高官兵自我发展的积极性,美军还推行学分学时互换制度。即官兵在申请地方高校学位时,可将军事领域内所学专业、所受培训转化为相应的学分。如美国空军社区大学与东卡罗来纳大学建立了学分互换协议。在美国空军社区大学每学期30个学时相当于东卡罗来纳大学住校课程每学期63个学时。美国空军社区大学"写作与交流课"3个学时,可以转换为东卡罗来纳大学工业技术科学学位的6个学时,等等。这为广大军士获取更高的学历,打开了方便之门。

**注释:**

[1] 刘江,李小龙,刘轶丹.为强国打造最"硬核"的力量支撑[N].解放军报,2020-8-03(7).

[2] 胡萍.美国空军利用远程教育开展士官培训探析[J].军队政工理论研究,2017(01):130—133.

[3] 解宏强,胡萍.浅析美军士官教员的选拔任用与考核[J].军队政工理论研究,2015(06):129—131.

# 第二部分 定向军士人才培养实践探索

# 对"强军目标"引领下定向培养士官人才培养工作的几点认识

韩俊峰 周珣 于洁 程华[①]

2010年,军委明确提出直接从非军事部门招收士官的思路。2012年起,定向培养士官培训工作正式展开。定向培养士官作为一种兵员补充渠道,对改善军队士官队伍学历结构具有重要作用,需要军队和地方高校围绕合格人才培养提高认识、加强衔接、达成共识,让定向培养士官人才工作尽快走向正规化、规范化和制度化,合力培育更多合格人才。

## 一、定向培养士官是提升兵员学历层次的重要渠道

(一)士兵学历层次对军队建设的重要作用

未来作战既是部队指挥体系、武器装备、训练水平的对抗,也是士兵综合素质的对抗。综合素质好的士兵适应战场环境、运用武器装备、理解上级意图的能力更强,完成训练要求的效果更好,遂行作战任务的能力也会更高,其综合素质以学历层次为主要体现形式。世界各国军队普遍重视提高兵员的学历层次,并采取适应本国国情和军情的做法,例如,美军就专门制定有"士兵学历提升计划",为士兵完成高中教育、参加高等教育提供经费补助;俄军也采取了从高职高专类院校中直接招收士兵的方法,以期改善士兵群体的学历结构。

---

[①] 韩俊峰,陆军装甲兵学院士官学校某系教授,研究领域:军士教育、装甲装备维修;
周珣,陆军装甲兵学院某系主任、副教授,研究领域:军事教育、教学管理、车辆工程、课程建设;
于洁,陆军装甲兵学院士官学校某中心主任,研究领域:军士教育、教学管理、课程建设;
程华,陆军装甲兵学院士官学校某系副教授,研究领域:军士教育、装甲装备维修。

### (二)我军士官培养的主要渠道

**1. 军队院校培训**

自 20 世纪 80 年代中期起,军队院校开始承担士官学历教育任务,旨在解决"百万大裁军"中数十种技师等军官岗位改由士官担任后的技术人才补充渠道问题,我军的士官教育由此开启。此后,从军队院校毕业学员中直接任命士官成为部队有关技术岗位人才补充的主要渠道,在当时全社会普遍重视提高学历的背景下,同时也兼具了提升兵员学历的作用,几经变革,演变为大专学历层次的士官职业技术教育。它的优势体现在学员来自部队、熟悉部队,参训目标明确,且经过层层选拔和针对性培训,学员毕业后岗位任职能力强,发展潜力大。但是,该种模式年补充量少,以陆军为例,每年只能解决数千名士兵的培养。

**2. 大学生入伍**

近年来,国防动员体系不断完善、优惠政策持续出台,吸引了大批大学生入伍,部分地区大学生入伍比例甚至达到 50% 以上,对改善士兵群体整体学历结构具有重要的拉动作用。但存在的问题是"进的多、走的多",转改士官的比例非常低,少量留下的也多数是地方职业发展受限的人员。如此,虽然士兵群体的学历结构阶段性改善了,但是士官队伍的整体学历结构并没有明显改善。

**3. 直招士官**

从地方高校或单位直招士官人才是依托国民教育资源培养士官的配套措施,招收对象为经过中、高等职业技术学校(院)培训合格且具有相关专业技能的公民。招收人员类别为应届毕业生,也可以是企事业单位的专业技术人员。直招士官制度为部队引进了大量一线优秀人才,促进了士官队伍建设和战斗力、保障力的提升,但随着军地社会环境的变化,直招士官工作运行中也存在着"想招的招不进来、想留的留不住"等突出问题。

**4. 定向培养士官**

依托地方高校定向培养士官人才是直招士官制度的延伸与拓展。对于定向培养士官而言,他们进入高职高专院校后有较为成型的职业规划,且部队的薪资待遇、福利政策对他们具有较强的吸引力,他们对军人职业认同感比较高,多数学员长期服役的意愿比较强烈。另外,采取此种模式定向培养士官,国防经费投入相对较少,费效比相对较高,发展前景广阔。

(三)定向培养士官在各军种任职岗位现状

在"军民融合发展"上升为国家战略的时代背景下,定向培养士官的人才培养工作必将有一个大发展。随着我军规模结构和力量编成调整改革不断深化,新型武器装备快速列装,新质作战力量加速生成,服役职业化、职能专业化、分工精细化、素质综合化将成为士官队伍的发展大势。目前,定向培养士官招生主要以军地通用的复杂技术工种、岗位为主。采用此种招生培养方式,对于海军、空军等军种士官队伍整体建设有着较强的支撑作用。比如,空军士官主要任职于机务、场务、维修等专业领域,据估算,约90%以上的岗位为军地通用复杂技术岗位;海军80%以上的士官任职于航海、枪帆、机电等军地通用复杂技术岗位。与海、空军不同,陆军军地通用专业相对较少,主要集中于作战支援、勤务保障等兵种专业,现在的定向培养士官也主要补充在这些领域。而装甲兵、炮兵、防空兵等主战兵种,需要运用复杂技术装备直接完成作战任务,对士兵学历也有较高的要求,因此,下一步定向培养士官培训将向陆军主战兵种领域拓展。

## 二、定向培养士官人才培养中存在的主要问题

定向培养士官是利用地方高等职业院校职业技术人才培养优势,采取军队和地方院校联合培养模式,为部队定向培养工种、岗位技术复杂、培训周期较长的军地通用专业人才,以此达到为国防现代化建设服务的目的。定向培养士官工作在摸索中前行、在改革中发展、在融合中壮大,历经多年的办学实践,办学实体逐步增多,取得了较为丰硕的成果。但是,当前的培养工作普遍存在培养运行机制尚不完善、"军"与"民"融合不科学等问题,定向士官培养模式还存在一定缺陷和不足,具体表现在以下五个方面。

一是地方高校在定向培养士官的管理上还没有具体成文的标准和依据,在体能训练强度和要求的把握上无所适从或宽严失准,使得定向培养士官学员军事体能和军事技能偏弱。

二是定向培养士官学员入伍动机多元,而地方高校针对定向培养士

官的思想政治教育目前尚无顶层的规范标准作为根本遵循,造成各高校标准把握不一、缺乏针对性和有效性,进而导致定向培养士官群体缺乏军事职业荣誉感,爱岗敬业、强军兴军的使命感培育不到位。

三是部分地方高校缺乏对专业技术士官岗位的基本认知,因此,对人才培养目标定位不准确,岗位指向性不强,造成学员在地方高校学习阶段获取的基本技能不够精、管理能力不够强、业务水平不够专,入伍后所需的基础知识和技能基础没能学好、筑牢。

四是部队根据士官岗位实际提出的需求不够具体,没能真正发挥对地方高校人才培养的引导和帮建作用,主要体现在指导关系不够明确、主体权责不够清晰、责任部门各自为政、军地双方沟通不够顺畅、奖惩体制不完善、融合形式和内容比较单一等。

五是部队针对定向培养士官制定的军事训练大纲和人才培养方案岗位指向性不强,缺乏对知识背景、专业背景与岗位任职需求的衔接设计,造成定向培养士官专业水平与学历不相匹配,实际岗位任职能力与部队要求存在较大的偏差。

综上,迫切需要以定向培养士官岗位任职能力培养为核心,由军地双方高校联合构建职责明晰、分工明确、组织精干、决策科学、执行顺畅、监督有力、运行高效的体制机制,创新定向培养士官的培养模式,使定向培养士官胜任专业技术岗位工作,尽早成为打赢现代战争的打仗型人才。

### 三、提升定向培养士官人才培养质量的建议

习近平主席在中央军民融合发展委员会第一次全体会议上强调,当前和今后一个时期是军民融合的战略机遇期,也是军民融合由初步融合向深度融合过渡进而实现跨越发展的关键期;各有关方面应抓住机遇,开拓思路,在"统"上下功夫,在"融"上做文章,在"新"上求突破,在"深"上见实效。目前,军地高校共育士官人才工作取得了阶段性成果,但是定向培养士官的培训培养质量,与中央军委和部队的要求、与未来战场的需求等还有较大差距,这其中既有院校人才培养的不足,又有上级政策机制的暂时缺位,还有育人经验需要逐步积累和优化完善等问题。因此,地方高校和军队院校都应该从全局着眼、从教改抓起、从细节着手、从实效突破,

## (一)树立明确标准

就军队院校而言,定向培养士官人才的标准很明确,即培养出部队用得上、留得住的高质量人才。"政治思想合格、军事素质过硬、专业技术精湛、管理能力突出、身心素质良好、品德作风端正"这六方面的标准,可以作为地方院校和军队院校联合办学育人的共同标准和价值追求。在学生3年的学习历程中,虽然采取的是"2.5+0.5"的军地共育模式,但绝不能简单地将"前后两段"割裂开来独立看待。必须将育人过程看作一个统一的整体、一体化设计、一贯制实施,注重发挥各自优势,注重培训体系的有效衔接。

## (二)加强思想政治建设

党对军队的绝对领导是永远不变的军魂。目前的在校学员未来将成为军中一员,必须听党指挥、政治合格。为此,军地高校必须深刻把握新时代立德树人根本任务,创新教育理念、模式和方法手段,不断增强思想政治教育的时代性和感召力。

### 1. 强化理论武装

地方高校必须持续抓好习近平新时代中国特色社会主义思想和习近平强军思想理论武装,依据政治理论课教学大纲,加强政治理论课教学体系建设,紧跟党的创新理论发展,紧扣学员特点,改进思政课教学方法,推动"三进入"工作走深、走实,发挥专业课程"主战场作用",全面推进课程思政。

### 2. 抓好思想政治教育

地方高校在完成学员必修的思政教育课程教学基础上,应参照全军年度政治教育计划,适时开展党史教育、"传承红色基因、担当强军重任"等主题教育和理想信念教育等活动,用通俗易懂的理论课堂、便捷高效的网络课堂、寓教于乐的第二课堂等多种形式武装头脑、铸魂育人,先期打好学员的思想政治根基。

### 3. 推进军事文化氛围建设

有条件的地方高校应在定向培养士官学员的学习、生活区域开展"军味"布设,积极营造军事文化环境。另外,部队院校也应该把新闻联播定时收看、每周班务例会、定期开展谈心交心、餐前一支歌等传统做法向地方高校推广。

## （三）强化军事素质培养

### 1.重视军事素养

体能好不好、军事技能强不强，往往是学员得到部队官兵认可、踢开"头三脚"的重要标准，很难想象一个每次越野训练都落在队伍最后、枪也打不准、地图都不会用的学员，会得到部队官兵的认同。如果定向培养士官整体都处于这个水平，这种士官人才培养模式会受到质疑，难以持续发展。

### 2.加强教学改革

经调研可知，当前定向培养士官军事素质培养方面的共性问题是训练内容过窄、训练标准过低。在训练内容上，多数院校都简单地把军事素质定位在军事体能、队列养成上，不能很好地切合部队对士兵军事素养的要求。按照新一代军事训练大纲规定，新兵入伍训练阶段要完成军人常识、战术基础动作、格斗基础、战备基础等10个共同训练课目；专业训练阶段要完成野战生存、心理行为训练、媒介应用和兵种专业等近20个训练课目，仅单纯依靠军队院校为期5个月的训练时间，无法全部达成预期目标。为此，建议地方院校要主动前伸，将军事素质培养融入2.5年的全期培养过程。具体讲，第一学年，要按照新兵入伍训练要求完成新训课目；第二、三学年，要按照单个人员军事共同训练要求，完成相关训练课目。对于轻武器射击、通信器材使用等地方院校缺装备、缺场地、缺师资的训练科目，由军队院校利用0.5年完成培训。另外，在训练标准上，要克服消极保安全、片面防伤病的训练理念，定向培养士官学员都是未来的部队训练骨干，军事素质训练成绩至少要达到同年兵的水平，据此要把军事训练的标准放在提升优良率上。

### 3.调整制度政策

军地双方上级主管部门应将学生军事素质全面考核放在地方院校培训结束前进行，重点是扩展考核内容、提高考核标准。这样做虽然会给地方院校带来一定的压力，但对学生的成长成才和对培训任务的长远发展，会起到较强的助推作用。

## （四）注重管理能力培养

### 1.重视管理能力培养

按照现行军队士官编配标准，士官服役至中士，多数都需要担任班长、副班长职务,也就是说只有担任了班长、副班长,在晋升上士时才更具竞争力。为此,军地高校联合培养定向士官过程中,就应该摒弃"保"的观念,不能仅依靠政策来保证学员可以服役到上士;要立起他们"争"的意识,通过强化学员的能力基础,为他们搭建成长发展的阶梯。

2. 深化培养体系改革

按照部队岗位职责分工,班长、副班长需要履行班组训练管理和日常管理等职责。鉴于管理能力培养周期长、难度大,单纯依靠军队院校培训难以达到培养效果,同时也考虑到地方院校的办学方向和培训能力,为此建议在 2.5 年的培养阶段,地方院校应构建起学员管理能力全期培养体系。具体讲,一方面要完善课程体系,既要设置军队基层管理、军队基层政治工作等与基层管理能力培养直接相关的课程,也要充分发挥地方院校优势,开设现代管理相关课程,把先进的管理理念逐步渗透至部队。同时,还应对训练管理的基本理论、基础知识、基本能力有所涉猎。另一方面,也要注重学员的日常养成,当前多数院校都选聘了经验丰富的退役老班长担任辅导员,希望能充分发挥其基层管理经验,赋予他们更多的职责权限,做好对学员的传帮带。

3. 完善制度政策

未来定向培养士官管理能力培养可能面临的最大问题是担任辅导员的"老班长"逐渐与部队脱轨,"军味"渐淡,无法紧跟部队建设、管理形势的变化。为此,军地双方高校应共同呼吁,为这些"老班长"也为地方院校选聘的部队退役教员提供进修培训的机会,并形成制度机制。

(五)聚焦专业能力培养

1. 强调专业能力的重要作用

专业能力是战士"能打仗、打胜仗"的核心能力,其重要性毋庸置疑。地方高校负责夯实专业基础知识,培养军地通用专业能力素质,军队(士官)院校重点培养和提升军队设置的专业能力素质,而且二者要衔接融合好,形成优势互补。

2. 完善相应的制度政策

当前,专业能力培养最核心的矛盾是学员"定向"定得不实,只明确学员的兵种专业属性,学员三年后毕业才知晓具体分配单位。士官教育有着较强的装备针对属性,如果院校教的装备与部队使用的装备不一致,学员到部队后一定会"两眼一抹黑",部队回炉再造则成必然。以笔者所在院校为例,学员所学装备为某类型装备底盘修理,但重型合成部队用的是履带底盘,中型合成部队用的是轮式底盘,而且不同部队装备型号还有"代差",可以说人才培养难以做到准确指向装备。针对此类问题,应当将学员分配时机调整至地方高校教育结束阶段,学员入伍即明确所属部队。

3. 深化教学改革

一是军队院校要按照学员所属部队编配装备,开展小班化教学,提高人才培养的装备针对性。建议地方承训院校,按照自身实际情况,在学历教育阶段主动融入部分装备教学内容。二是在人才培养方案设计中,针对兵种专业属性,增加部分装备构造类课程;同时在专业基础课教学内容改革上,应围绕装备去主动更新例题、习题、作业、图册等,逐步构建起专业能力培养体系。三是加大学生淘汰力度。要牢固树立"宽进严出"的基本导向,落实全程淘汰的运行机制,切实把住把好人才"出口关",以增强学生的危机意识。这方面我们应该学习外军,比如美国著名的西点军校,年招生约1200名,毕业只有900多名,淘汰率将近25%;英国皇家陆军军官学校淘汰率在8%左右;德国国防体育学校淘汰率达15%。只有真正实施全程淘汰的制度,才能有效激发学员们的学习训练热情,各承训高校也才能不断地为部队培养输送更多"用得上、留得住"的高质量士官人才。

# 军民融合背景下定向士官人才培养模式探析[①]

钱胤嘉　徐坚[②]

军地协同培养高技能士官人才有着重要的现实意义。一方面,地方高职院校参与定向培养士官的协同培养,是稳定大学生兵源的重要措施。地方高职院校参与培养,有助于缓解部队培养定向士官供给规模不足的问题,既可以满足部队对士官的短期应急需求,也可以满足部队对士官的长期需求。另一方面,地方高职院校的参与,也能够弥补部队培养的短板,发挥地方高职院校培养人才的长处,提高定向培养士官的通用技能,提高大学生兵员素质,满足部队对高技能士官人才的需求。

## 一、军民融合背景下定向士官人才培养的定位与办学体制

### (一)军地融合定向培养士官人才的必要性及基本特征

付土旺[1]认为军民融合培养军事人才立足新时代的新特点、新要求,必须重新明确军民融合培养军事人才定位,紧紧围绕军事人才能力结构进行遴选和培育;在培养时机上应尽量前置,在培养过程中须优势互补,在培养模式上要不拘一格。汤根沐[2]建议构建以部队士官学校为主干的士官教育培训网络,形成覆盖士官入伍前学习、入伍后岗位成长及晋升路

---

① 本文为江苏省高等教育教改立项研究课题"军地联合定向培养直招士官机制研究"研究成果。

② 钱胤嘉,南京信息职业技术学院士官学院党总支副书记、院长、副研究员,研究领域:教育管理；

徐坚,南京信息职业技术学院讲师,研究领域:职业教育理论、职业教育政策、职业教育领导与管理、职业教育信息化。

线的士官军事职业教育体系。李国桢[3]认为高技能士官人才具有军事性、职业性、专业性和技能性四大特征,应从办学模式、目标定位、培养方案、质量评价等方面探索军地联合培养高技能士官人才的路径。

(二)明确以军事院校为主导、地方高校为依托的办学体制

鲁卫东等[4]建议,军民融合培养士官人才要不断完善相关法规政策体系,推动军地相关单位和部门深度融合,探索建立以军事院校为主导、以地方高校为依托的全方位协作育人机制。进而,从人才培养方案的制定、教学培训的组织实施、学生的日常军事化管理、师资和管理人员的交流协作等方面广泛开展合作。要适时扩大军民融合培养的范围和规模,探索军队院校同地方本科院校的"2+2"联合培养模式。邓志明等[5]认为,要进一步完善军民联合培养士官人才的各项政策,在人才选拔策略上,提高生源质量,宽进严出;在人才培养策略上,建立军民融合式培养模式;在人才评价策略上,军地合力、分层递进,做好定向士官人才培养质量鉴定。

(三)加强办学过程中的军地协同管理

杜超[6]认为,要在不同层面上尽早建立统一的定向士官人才培养的领导机构。梅冬[7]认为为此应建立三级组织机构。第一级为国家级,领导小组应由军委训练管理部相关领导和教育部相关领导组成;第二级为军种级,各军种参谋部院校主管部门应和教育部职业技术教育中心联合设立军种定向培养士官工作领导小组和专家组;第三级为院校级,由军地双方院校领导成立领导小组,设立由双方人员共同组成的办公室和专家组。

(四)建设军民融合的课程体系及教学模式

朱婷等[8]认为,应着力建设军民融合特色鲜明的定向培养士官课程体系,邀请部队和院校专家共同修订完善专业课程教学标准,构建"贴近部队、贴近实战、贴近岗位"的教学模式。顾小丽等[9]认为,在定向培养士官教学过程中,应当推动"军事课程"向"课程军事"教学理念的转变,让定向培养士官课程和活动体现出"军事味",相关管理人员和任课教师要挑起"军政担",营造全员、全课程的军事教育氛围。

### (五)探索相对灵活的学制安排

为了更好地实施军民融合的课程体系,部队院校与地方高职院校培养时长的学制安排问题受到了高度关注。师光飞[10]认为,为提高定向培养士官培养质量,地方士官学院与部队院校可考虑采取"3.0+0.5"的学制模式,并实施末位淘汰制度。王蕾[11]认为,针对通信技术专业定向培养士官培养目标不明确、军地教育资源无法共享、课程体系不够完善等问题,应尝试"2+0.5+0.5"或"2+1"的学制试点。其中,"2+0.5+0.5"的学制是指在地方高职院校学习2年,军校学习0.5年,部队顶岗实习0.5年,这样便于军事属性强的课程设置,提高专业技能培养的针对性。而"2+1"学制是指地方高职院校学习2年,军校学习1年。在条件成熟的情况下,还可考虑授予定向培养士官地方高职院校和军校的双学历。

关于定向培养士官的军民融合培养模式存在不同的观点,但都强调进一步增强定向士官培养的针对性,统筹兼顾专业技能和军政素质培养的综合性目标。当然,在基层教学实践中,定向士官培养尚面临大量的现实性问题,既涉及人才培养计划的设计及执行,也涉及地方士官学院自身的发展及功能拓展,下文中将进一步展开讨论。

## 二、完善军民融合的定向培养士官人才培养计划与教学模式

按照传统的办学思路,地方高职院校的办学重心主要放在校企合作上,并根据企业的岗位需求来设计培养计划。由于部队的特殊性,地方高职院校对部队的用人岗位缺乏深入了解,故而定向培养士官的培养模式同传统职业教育人才培养模式存在较大差异。从士官职业生涯周期的角度来看,红色军魂培育、军事素质养成是定向培养士官独特的培养要求,而专业技能培养同样需要单独设计。

### (一)定向培养士官红色军魂的培育

政治合格是一名合格军人的"底线"要求,因此强化政治素质培育,打牢定向培养士官生思想基础,筑牢爱军习武的使命感,对定向士官培养尤为重要。其中,最关键的是价值观引擎锻造和理想信念培育,即红色军魂的培育。由于定向士官生培养主要依托于地方高职院校,士官生与社会的接触相对军事院校开放很多,这要求地方高职院校不能照搬军队院校

的做法,而要采用适合定向士官生特点的培养方式。南京信息职业技术学院以全国"三全育人"综合改革试点项目建设为抓手,创新"十融十育"的工作模式,全员、全过程、全方位构建"红色军魂"微观一体化育人体系。

　　加强思政教师及辅导员队伍的建设。对思政课教师进行强化培训,提高他们对于军队历史、部队文化、军种特定知识的理解,增强其教学能力。进而,将地方高校思政课程教材内容同部队院校教学要求相衔接,结合互联网和信息化技术,贴近定向培养士官生的教学与生活进行思政教育。例如,南京信息职业技术学院士官学院为定向培养士官生配备专门的军政辅导员、军事教导员,协助思政教师,共同参与定向培养士官生的思政教育工作。同时,利用QQ群、微信公众号定期推送思政教育视频,开辟定向培养士官生思想政治教育的新阵地。[12]

　　强化思政课程和课程思政改革。地方高校通过军地联动的方式,在各类教学活动中融入定向培养士官生的政治素质培养。一是突出"四有军人"核心价值观培育,增设军政教育理论课,如"人民军队导论""军政素养基础""军队基层政治工作"等课程[13],另对"思想政治与法律修养""中国特色社会主义理论体系概论"等课程进行重构,改革教育教学方法,突出"军味"。二是强化"课程思政"导向,梳理专业课程所蕴含的思想政治教育元素和所承载的思想政治教育功能,将士官文化、工匠精神、职业认可融入课程教学。三是开展军人核心价值观专项教育,树立"使命、忠诚、纪律、牺牲"的核心观念,有意识有目的地强化定向培养士官生的身份认同感。[14]

　　多维度提升定向培养士官生的政治素养。一是聘请军队或军队院校的教官开展面向定向培养士官生的军政思想教育,定期开展思想政治座谈、知识竞赛等教育活动,营造"校中营、营中校"双主体教学环境,继承和发扬军队优良传统,与校园文化交汇相融。二是积极利用社会教育资源,通过组织实地参观、网络在线学习等各种形式,形成"院校＋部队＋社会"三位一体的联动培养机制。三是加强线上思想阵地建设,充分发挥网络主流媒体宣传教育功能,以定向培养士官生关注的热点和焦点作为思政教育的基础,开发定向培养士官生思政教育资源库,打造网络思政教育平台。

## (二)定向培养士官军事素质的养成

军事素质是定向培养士官培养过程中的重中之重,也是检验人才培养质量的重要评价指标,而抓好军事类课程建设工作则是强化定向培养士官生军事素质培养的重要举措[15]。地方高校对于部队军事素质标准及培养方式也有不断理解、不断融合的过程。

制定军地一体的军事素养标准。军事素养标准需要地方高校同部队院校共同协商制定,逐步建立军地一体的培养标准,基于军地双方不同教学阶段、不同教学重心、不同培养目标,形成统一的人才培养计划和课程框架。进而,做好地方高校基础训练、暑期部队实践集训、承训部队院校(或训练机构)综合提升三个环节的清晰定位和衔接贯通。建议相关管理部门尽快出台统一的规范性要求文件,各军种再根据自身的特点和具体情况出台培养细则。

强化军事素养的日常养成。定向培养士官生军事素质培养要从日常训练做起。首先,地方高校开展体能训练主要参照《军事体育训练大纲》的要求,结合体育课程以及日常训练有计划地开展,使定向培养士官生能够在毕业时达到大纲规定的通用训练科目考核标准。其次,地方高校要加强军队共同条令的学习。要把"讲条令、学条令、知条令、用条令"作为必修课、过关课,真正使条令条例进入思想、融入行为规范,使军人特有的行为举止规范内化为定向培养士官生的个人素质,外化为定向培养士官生的个人自觉行动。最后,改变定向培养士官生的组织方式,将"班级"组织改为连、排、班的基层部队编制,借鉴军校学员模拟中队的学习实践模式,学生轮流逐级担任班、排、连骨干,并在此基础上建立党群组织,组建互帮、互学、互教的三互小组。

分阶段科学安排军事素质课程。军事素质课程的实施,既要考虑到人才成长和军政素质能力生成规律,科学安排实施次序,也要坚持优势互补、扬长避短的原则,抓好军地对接协调,科学安排军地两阶段的教学任务。定向培养士官生军事素养课程可以大致分为四种类型,一是由地方高校独立承担的课程;二是军地联合、以地方高校为主实施的课程;三是军地联合、以军方为主实施的课程(一般集中在暑假强化训练期间实施);四是由军方独立实施的课程。

军事素养课程类型多样,因此军地双方需要做好沟通,分别抓好相关课程建设和实施计划的牵头工作。如梅冬[16]认为,军事课程要突出"能力主导,基础过硬"的目标,对于军事理论、军事体育、军事技能3种必修课程和军事基础、管理带兵能力、综合训练3个专项训练计划,随着课程内容与部队的相关度增加,应当逐步由地方主导实施,向军地共同实施转变,直至转为由部队主导实施。

南京信息职业技术学院士官学院探索从三个方面建设军事课程。一是以军事训练系统化为要求,分学期开设军事技能课程,确保做到学期有考核、月度有评比、每周有讲评;以"军队基层管理"课程为抓手,结合《定向培养士官骨干培养及考核办法》,形成课程考核与骨干管理能力测评的"双维度"评价体系。二是开设第二课堂,围绕"全员、全程、全方位"育人理念,制定第二课堂实施方案,内容囊括思想政治学习、军事技能强化、国防教育活动、专业技能训练等,丰富定向培养士官生课余学习生活,全面促进定向培养士官生素质养成。三是强化定向培养士官生管理组训能力培养。定向培养士官生入伍后,可能会承担普通士兵的日常管理和训练相关工作,因此,地方高校也需要加强定向培养士官生管理组训能力培养,开设管理学、心理学等相关课程,让定向培养士官生在校内就能学习一定的管理学、心理学知识及相关日常管理工作技能,确保定向培养士官生入伍后不仅能够胜任专业技术岗位的要求,在带兵管理、思政工作上也能独当一面。

(三)定向培养士官专业技能的提升

部队对定向培养士官需求的核心动力是人才质量,特别是技能技术复杂、培训周期较长的专业型技术人才。调研发现,基层部队对于定向培养士官的普遍评价是学习能力强、专业技术强。定向培养士官在地方高校接受了系统的职业教育培训,养成了较好的学习习惯,到了部队之后进一步掌握专业知识和实操的时间短、效果好,更容易被培养成具有一定通用性的技术型骨干人才。

重视通用技术技能的培养。由于地方高校很难实现部队岗位的技能操作场景,难以施行有针对性和准确性的岗位技能培训,定向培养士官生的专业技能培养很难与部队的实际岗位要求做到无缝对接,因此地方高校需要给定向培养士官生打下宽基础,强化理论学习,提高综合素质,培养学习能力强、岗位适应性好的士官人才。认知灵活性对于适应瞬息万变的战场环境具有极其重要的意义,学习能力强不仅为定向培养士官在部队发展打好基础,能够快速适应和胜任新的岗位,还为退役后的再培训打下坚实的基础。

加强专业群建设。为了适应新兴高科技产业的快速发展和工作岗位需求的复杂变迁,地方高校正在打破传统的培养模式,积极探索专业群建设,目标是实现多专业培养的交叉融合,扩展学生技术技能的宽度。这一探索同样适用于定向士官培养。基于专业群的教学组织结构,可以拓宽定向培养士官的通用技能宽度,提高定向培养士官的灵活适应能力。

军民融合共同做好技能培养。实习培训是职业教育人才培养过程中的重要环节,也是提高定向培养士官生专业技能水平的重要模块。定向培养士官生到基层部队的实习实训通道目前还没有打通。调研发现,利用部队淘汰的不涉密的武器装备,作为定向培养士官生实习实训的设备,有助于缩短技术技能培养、设备操作使用和部队实战需要之间的差距。因此,地方高职院校希望能够获得部队淘汰的、不涉密的武器装备,作为定向培养士官生在校期间的实习实训设备。然而,在实践过程中,仍存在诸多问题,地方高职院校既要认清自身劣势,也要发挥自身的优势。如积极探索与军事高科技装备的研制单位和生产车间合作,通过校企合作,提前了解未来装备的发展方向,了解现有装备的设计原理和制造工艺,有利于定向培养士官生到部队后,根据实际装备情况,快速掌握相关设备。同时,进一步增加定向培养士官生到装备研制和生产工厂实习的通道,在保证专业对口的前提下,实现实习的有效性和长效性。部队和学校要共同做好定向培养士官生的联考联训制度。目前不同军种内部建立了不同程度的联考联训机制,但是这些联考联训暂时还不能在地方高职院校实施,相关的联考联训在实施过程中,仍存在一定的随意性,还需要进一步规范化,统一时间和标准。

### 三、进一步发挥地方高职院校在士官人才培养中的作用

为了更好地发挥地方高职院校参与定向培养士官事业的主动性和积

极性,发挥地方高职院校的自身优势,还需进一步探索下述问题。

(一)进一步明确地方士官学院的功能和定向培养士官生身份定位

地方高职院校士官学院的功能定位以及定向培养士官生的身份定位,是军地协同开展定向培养士官事业的基础性问题。这一定位问题,既关系着地方士官学院的长期发展方向,也关系着定向士官培养事业持续健康发展。

需要发挥地方士官学院国防教育基地的功能。建立国防教育基地,在大专院校中吸引有志入伍的大学生,有助于实现持续、稳定和高质量地向部队输送大学生兵源的目标。地方士官学院是为了更好地服务定向士官培养,在实践中很多地方士官学院同时发挥了国防教育基地的功能。例如,相当多的地方士官学院已经开始承担普通院校的技能军训工作,同时很多设立士官学院的地方高校,也已将本校的国防教育教研室同士官学院进行了整合。

为了更好地发挥地方士官学院国防教育基地的功能,不仅需要相应的国防教育基地建设政策配套,还需要军地双方都能认识到并认同地方学院国防教育基地的角色。通过军地协同,制定相应的国防教育实施目标,既可以打造军营文化,为定向培养士官生以及有志入伍的大学生树立军魂意识,也有助于增强地方高职院校服务于国防建设的动力。

需要进一步加强定向培养士官生的身份认定。当前定向培养士官生在招生时,往往同征兵工作同时进行,因此给学生和家长造成一种入学即入伍的错觉。实际上,当前定向培养士官生要在完成2.5年的学习后,进行入伍前的体检、政治考核等各项工作,在部队实习锻炼半年后,才能正式入伍,成为士官。因此,在入伍之前,他们的身份同普通大学生无异。然而,定向培养士官生的军事化管理、教学和训练,又与普通大学生有所不同。

明确定向培养士官生的身份定位,已经成为稳定定向培养士官生源的关键。例如,2019年征兵准备工作通知中提到,要巩固以大学生为主体的征集态势,推动征兵工作转型发展,大力推行"预定新兵役前教育训练"等试点经验。那么,可以考虑将定向培养士官生视为大学生士兵征集对象的"预备对象",或者因地制宜将定向培养士官生纳入预备役军人的范畴。总之,无论采取哪一种认定方式,都意味着国防动员部门需要加强对于在校定向培养士官生的指导与管理。

需要签订定向培养士官生的多方培养协议。当前定向培养士官生的身份定位不明确,导致他们对自身身份认知较为迷茫,对未来服役岗位的认知非常欠缺,在训练学习方面缺乏方向感。建议在定向培养士官生入学时与军、校签订三方协议,明确他们的身份、职责、义务等,并争取在《兵役法》修订中,对军民融合共育士官人才的渠道和机制进行立法,以法律的形式确保各方的权利,尤其是定向培养士官生的权利。

(二)进一步利用信息化教学资源和学分银行服务定向培养士官发展

地方高职院校士官学院参与定向士官培养的优势是提供更加优质的专业课程,因此,地方高职院校要在了解军队对士官技能需求的前提下,持续发挥自身优势,不断加强面向定向士官生的专业课程建设,尤其是信息化课程建设,为定向士官培养服务,为服役后的士官晋升和更新知识服务。

需要加强军地协同共建共享的在线教学资源建设。可以依托军民融合士官人才信息平台,统筹军地双方优质多媒体影音教学资源建设。在军民融合军事人才指导委员会指导下,军地协同共建共用专业课程资源库,实现"梦课学堂"、慕课等教学资源在线共享。由于部队的保密需要,在军地协同共建共享过程中,更多的是地方的互联网教学资源向部队开放,例如通过地方高校教师开设在线课程,使服役期间的士官足不出户即可进行远程学习与教育,同时也向现役士官开通地方高校电子图书馆资源访问渠道。

需要加强国家职业教育专业教学资源库的推广和应用。职业教育专业教学资源库是地方职业教育信息化领域中规模最大的教学资源共享平台。一方面,可以充分发挥已经建成并且仍然在不断完善的职业教育专业教学资源库的作用。该资源库网站面向公众免费开放,定向培养士官生在校期间即可使用,在服役期间和退役后,仍然可以继续使用。另一方面,需要不断创造条件,将该资源库的相关信息化课程资源引入各军种士官学校,按照各军种士官学校的需要,结合各军种对士官考核晋升的具体要求,重新组合相关的信息化教学资源,更好地服务各军种士官人才培养以及士官服役后的持续学习。

需要为定向培养士官引入"1＋X"证书评价机制。目前地方高职院校正在大规模开展"1＋X"证书制度试点工作。其中,"1"指学历证书,"X"指职业技能等级证书。"1＋X"试点是学历证书与职业技能等级证书相结合的证书制度试点。地方高职院校可以围绕定向培养士官生的学习专业,开设技能等级证书相关课程和考试,为定向培养士官生提供多样化的通用技能证明。通用技能培训和证书不仅可以在入伍前为定向培养士官生提供技能证明,也能够为他们服役期间的晋升和退伍后的发展提供帮助。

需要为现役士官构建灵活互通的学分银行。学分银行是模拟和借鉴银行的机理、功能和特点,依托学分为计量单位,实现各级各类学习成果的存储、认证、积累、等价转换的学习制度和教育管理制度。通过学分银行,可将不同教育机构的学习经历,经过转换和累积,整合为个人统一的学习经历。将服役期间的技术技能培训学分进行存储、累积、对接和转化,有利于提高现役士官参与教育培训的积极性。例如,以国家开放大学正在建设的职业教育学分银行平台为基础,可以构建军地学分互通的军人学分银行平台,将士官在役期间获得的学分互联互通,为现役士官持续晋升服务。

(三)进一步加强士官退役、就业服务工作

经过多年的服役,士官将退役并重新步入社会。为了更好地发挥退役士官的特长,将退役优秀士官引入地方士官学院,补充师资队伍,有着非常现实的意义。地方士官学院还可以通过持续发挥自身培养通用技能人才的优势,为退役士官做好就业的相关技能准备。

需要积极补充退役士官、军官进入地方士官学院。退役士官、军官有较为丰富的军旅生涯经验,熟悉部队实际工作以及教学要求,而当前定向培养士官军政素质培养所面临的最大障碍就是熟悉部队要求的专业师资匮乏,聘用退役军人担任地方高职院校的军政教官是行之有效的办法。这样既可以为退役士官和退役军官提供新的工作岗位,也可以充实高职院校定向士官培养师资队伍。因此,需要建立军地对接的师资聘用及再培训体系,可以通过军地师资协同交流平台,目标明确地使退役军人向地方高职院校师资流动,并对事业单位及非营利社会团体聘用退役军人的体制性制约因素进行改革。

需要构建公开透明高效的双向招聘选择机制。将优秀的退役军人引入地方高校士官学院,是有效缓解定向培养士官培养师资和管理人员缺乏的重要途径。但是,由于信息渠道不畅等原因,有定向培养士官培养任务的院校与优秀退役人员对接机制还不顺畅。有些院校想招人却招不到,有的退役人员不知道用人单位的情况,双方往往自发地、分散地、凭个人关系进行联系。因此,可以在相关部门的领导下,搭建军地双方信息联通、沟通顺畅的退役士官和军官师资补充平台。

在高效的双向沟通平台上,还需要进一步完善退役军人师资补充的招聘制度。定向培养士官规模快速增长,必须要有与之相匹配的退役军人师资队伍来做支撑,因此需要按照定向培养士官规模和准军事化管理模式,参照部队编制体制管理特点,引进一定比例的自主择业干部和退役士官担负训练教学与管理工作。地方高校在政策允许的前提下,在选人用人、福利待遇、晋升空间等方面可以适当向退役军人倾斜。

需要安排面向退役军人补充师资的编制政策。地方士官学院聘任教官受到编制的限制,高职院校对于在编教师的学历、学位有着较高要求,许多退伍军人,尤其是退役士官很难达到。因此,地方高职院校往往会采取不列入事业编制的方式补充师资。这种方式补充的退役军人师资与学校在职在编人员存在体制性差别,缺少国家正式制度的保障,同劳不同酬,难以形成对学院的认同感和归属感。因此,应通过一定的政策措施,弥补退役军人的条件不足,促进他们进入事业编制或享受同工同酬。

需要统筹管理退役军人师资服务国防教育。为了更好地发挥退役军人师资在地方高校教育中的作用,可考虑在一个地区内部,充分发挥军分区对各级各类院校国防教育的管理指导职能,统筹调配各学校国防教育师资,特别是具有预备役身份的退役军人教官。在国防教育相关机构从业的退役军人,也可以通过市场机制参与定向士官培养工作,通过灵活的机制,构建更加丰富多元的定向培养士官及国防教育师资队伍。

由地方高职院校定向为部队培养高技能士官,对于我军打赢高技术战争有着重要的意义,但在发展过程中,产生了各种各样的问题,要解决好这些问题,需要进一步认识地方高职院校参与定向士官培养的重要作用,分析问题产生的具体原因,寻找解决问题的突破口。总之,我们需要不断克难攻坚,才能持续推动地方高职院校定向培养士官事业的发展。

**注释:**

[1]付土旺.军民融合培养军事人才定位及其能力结构分析[J].黑龙江高教研究,2018(05):8-10.

[2]汤根沐.构建"三位一体"新型士官人才培养体系若干问题思考[J].高等教育研究学报,2016(04):16-19.

[3]李国桢.高技能士官人才的内涵特征及其军地联合培养[J].职教论坛,2011(36):25-28.

[4]鲁卫东,祝小春,张磊,等.加强我军军民融合培养士官人才的对策思考[J].继续教育,2017(04):78-80.

[5]邓志明,陈海龙,童大鹏,等.浅谈军民融合式士官人才队伍建设策略[J].中国军转民,2017(09):56-59.

[6]杜超.针对问题,有效施策,推动定向培养士官工作深入发展[J].中国军转民,2019(07):67-70.

[7]梅冬.军民融合定向培养士官军政课程的设置[J].军事交通学院学报,2019(06):62-65.

[8]朱婷,张希跃.军民融合定向培养士官"三为"育人模式构建[J].科教导刊,2020(02):17-18.

[9]顾小丽,王亮,马建金.军民融合背景下定向培养士官身份认同研究[J].教育教学论坛,2019(10):81-83.

[10]师光飞.军民融合式士官人才培养的改革探析[J].淮南职业技术学院学报,2017(06):55-56.

[11]王蕾.军民深度融合模式下通信技术专业士官生人才培养与实践[J].职业教育,2019(14):35-37.

[12]顾小丽,朱瑞银,马建金."以生为本"理念下定向培养直招士官思想政治教育实践与思考:以"南京信息职业技术学院士官学院"为例[J].佳木斯职业学院学报,2017(07):153+155.

[13]柳其红.直招士官思想政治教育状况调查分析与应对措施[J].南通航运职业技术学院学报,2019(04):95-100.

[14]顾小丽,王亮,马建金.军民融合背景下定向培养士官身份认同研究[J].教育教学论坛,2019(10):81-83.

[15]钱胤嘉,王梅梅,陈超.军民融合新常态下定向培养士官育人机制探析:以南京信息职业技术学院为例[J].高教学刊,2020(05):177-179.

[16]梅冬.军民融合定向培养士官军政课程的设置[J].军事交通学院学报,2019(06):62-65.

# 需求主导的定向培养士官专业建设探究

白玉　丁洁[①]

2014年以来,军民融合定向培养警士给武警部队现代化建设注入新鲜血液和活力的同时,也给武警部队专业技术警士队伍建设及部队建设带来一定的挑战和问题。挑战和问题主要体现在定向培养警士军政基础不够实、专业上岗率不够高、骨干作用发挥不够好等方面。究其原因,除个体意愿、成长环境等因素外,与定向培养警士专业建设不能完全满足部队对专业技术警士人才的需求有着直接关系。

**一、定向培养警士专业建设需求角度的问题分析**

从人才供求角度看,如果部队是"需求方",院校就是"供给侧"。立足问题思维,或基于市场导向,"满足需求"都是破解矛盾的内在必然。从需求角度分析定向培养警士专业建设,主要存在以下几个方面的问题。

(一)专业设置窄少,难以满足工作岗位需求

人才是提高战斗力的关键要素,专业技术警士人才更是提质增效的重要力量。从调研情况看,一是专业设置规模、规格匹配度不高。院校专业技术警士培养专业设置中,武警院校主要设置了通信技术、信息网络、车辆维修技术、工程机械维修、防爆装甲车驾驶与维修、无人机、化工防化、船艇技术、军械修理、基层后勤管理等专业,签约的地方高职院校主要设置了汽车维修、通信技术、影视动画、大型工程机械、轮机技术、计算机网络、数字媒体等专业。一方面,部分岗位需要的专业没有纳入到计划培

---

[①] 白玉,武警士官学校基础部教授,研究方向:军队政治工作和院校建设;
丁洁,武警士官学校基础部讲师,研究方向:军事法律法规及思想政治教育。

养的院校专业设置中,如话务报话、电视会议、船艇枪帆、搜救犬训导、抢险救援等,部队需要这些类型的人才,但学校尚未设置相应专业。军地院校专业设置重复现象较为突出,互补性明显不足。另一方面,部分专业的人才培养目标规格与部队岗位需求的匹配度不够高,如某院校开设的轮机工程技术专业,其教学课程设置中以低速大型柴油机知识技能为主体,而武警部队内河勤务配备的巡逻艇、交通艇等都使用高速小型柴油机,二者原理虽然大体相通,但构造不同,实际维修保养也存在差异。某院校通信技术专业教学中,其教学装备器材与部队装备设备差距较大,仅交换机的品牌相同,具体型号还不一样。二是专业设置"一专多能"岗位需求满足度不高。随着军改落地,部分专业技术岗位编制压缩,对兵员能力素质提出了更高要求,武警部队专业技术警士由过去"一个萝卜一个坑"定人定岗,调整到"一个战士多个战位"。但从地方院校专业设置及培养规格情况来看,紧跟社会和市场需求"同频共振"的分工细化、培养专业化等特点较为突出,地方院校培养中往往以"一专业一岗位"为主要适岗逻辑,与武警部队精简数量、提高质效的建设需求形成反差。

(二)军事属性缺失,难以胜任骨干作用需求

职业教育是在理性指导下的实践,注重教育方法、技术和经验,注重职业教育的经济效益和社会效益等,简单说就是鲜明的社会职业性属性,主要解决的是学生就业和谋生问题。军民融合培养专业技术警士人才过程中,具体教育教学模式、人才培养标准体系等都由签约地方高职院校来确定,指定的属地训练指导机构基本上是浅层参与和指导,效果并不显著,这就导致培养的人才存在社会职业属性突出而军事属性缺失的问题。一是军政基础较为欠缺。从调研情况看,一方面,思政课程安排不够丰富、效果不够理想,基础性、经常性教育差距较大;课程思政喊口号多、走形式多,如盐入味、浑然天成的隐性教育亟须加强。另一方面,部分院校对"准军事人员"身份的理解和准备不够到位,一日生活制度的重视不够,基本军事科目设置不够,标准要求考核评定严谨性、科学性不够。以毕业学生的体能为例,基层官兵普遍反映,定向培养警士存在着 3 个月左右的体能"追赶期",6 个月左右的"第二适应期"。二是警士骨干作用发挥不够好。警士是部队建设的中坚力量,是地位作用显著的骨干队伍,但实际

状况不尽如人意,部分签约院校没有模拟中队的骨干锻炼,0.5年的部队训练也没有骨干科目设置。某总队通信站的定向培养警士小李,2017年毕业分配到现在的工作岗位,2018年底被任命为副班长,专业素养相对较好,但班长驻训不在位,小李代行班长职责期间,管理教育、指挥帮带等作用发挥不好,战友称此类人员为"警士的'衔',新兵的'身'"。

(三)培养层次单一,难以适应强军胜战和成长进步需求

定向培养警士以大专学历为主,院校毕业"双证"要求与部队资格认证和技能鉴定初、中、高三个级别的"初级"相一致。资格认证和技能鉴定在很大程度上决定着个体的军(警)衔晋升。立足发展性和战斗力角度分析,包括资格认证和技能鉴定在内的培养层次的单一性难以满足部队战斗力提升和个人成长进步的需求。一是导致优秀专业技术警士人才保留难。按照武警部队相关资格认证和技能鉴定的规定,没有取得初级资格的警士,一般难以获得晋升上一级资格认证和技能鉴定的机会,中级晋升高级资格也有同样的问题。"起点低"直接导致了"发展难"。二是导致"专精尖"高层次专业技术警士严重匮乏。高技能警士人才,是指具有大专以上学历并具有高级职业资格证书,能在部队从事一线操作和维护现代武器装备,进行战备训练、教育管理,具备较高的操作能力和技术水平,部队需求数量多、职位广、役期长的专业技术警士人才。现行的资格认证和技能鉴定,是解决晋升初、中、高三个级别警衔的必要条件,而更高一级的技师、高级技师的技能鉴定,主要是技术水平标志,不再与警衔晋升挂钩。随着武器装备设备与科学技术的迭代更新,武警部队现代化建设的标准要求越来越高,对高素质、高技能警士人才的需求日益迫切,高技能警士成为不可或缺的人才。当前军民融合培养中,高技能警士的培养出现缺口。三是导致专业技术警士技能、学历提升难度加大。自2018年军队自考改革以来,自考难度加大,专业技术警士参加军队自考的意愿明显降低,虽然也有部分专业技术警士参加地方自学考试,但多以获取文凭为目的,专业以法律和行政管理为主。专业技术警士对"互联网+职业教育"等军事职业教育的接受度不高,"军职在线"碰到了"想说爱你不容易"的尴尬局面,这不仅与部队严格的手机管理使用规定有关,也受当前基层部队硬件建设和专业学习资源不足的限制。女兵的培训专业和机会更是

相形见绌,很多女性专业技术警士无奈感叹"培训无门"。

**二、定向培养警士专业建设需重点把握的几个方面**

2019年年底,习近平主席在全军院校长集训开班式上明确指出,院校建设必须解决好"培养什么人、怎样培养人、为谁培养人"的根本问题,做到坚持正确政治方向,坚持立德树人,坚持为战育人,坚持一体化布局,坚持内涵式发展。军民融合战略下,作为承担定向培养警士人才的地方院校,需要站在国防和军队建设高度来贯彻落实新时代军事教育方针。人才培养模式是动态的,学科专业建设必须与时俱进地满足需求。在部队主导、需求牵引等基本原则要求基础上,武警专业技术警士军民融合培养中学科专业建设的创新发展,需着重把握以下几个关键点。

(一)规格指向更明确

结合武警军民融合培养实际,定向培养警士应构建起"革命军人－技术能手－部队骨干""三位一体"人才培养目标规格。一是突出军人意识,处理好技术工人与革命军人的关系。定向警士培养的专业建设中,可以变定向培养警士专业的淘汰率为招募率,或者提升过程的淘汰率;调整入伍的军政训练和部队实习时间安排,参照地方高职院校"2＋1"实习时间,变部队实习的"0.5年"为"1年",或在专业警士学校学习1年,或在部队顶岗实习1年,但不管怎样,都要组织至少3个月的军政训练;在军队人力资源改革大盘子中,把警士制度改革提到必要的高度上来,打破"官"本位的思想桎梏,努力形成"上下通畅"的良性流动,从制度上突破"一日为士终身为士"的僵化局面,切实增强"好兵"内涵。二是紧贴岗位需求,处理好精细订单与简单要约的关系。提交"订单"的是部队,接收使用"产品"的是部队。部队必须着眼武器装备发展,立足岗位需求实际,与承培院校一起,实事求是地对所需人才作出科学客观的描述,并向主管部门提出人才培养目标的标准体系,特别是提出紧扣岗位需求的细致、翔实的业务技能方面的要求。三是着眼全面发展,处理好部队骨干与业务技师的关系。在装备设备"会操作、会维护、会管理"的基础上,实现"对人、对事"的管理教育、组织指挥是警士骨干必须具备的基本功。院校的任务主要在于"夯实知技基础",切实把骨干能力素质培养提到日程上来,融入日常管理教育,体现在课程设置和载体活动当中。

(二)教学模式更匹配

教学模式是能力本位人才培养的关键,决定着人才培养的质量水平。目前,虽然院校不断加强实践性教学环节,但多为"增补式""面子式",实质内容并不多;院校与企业并行的"双主体",本质上还需进一步完善。就定向培养警士的教育教学而言,遵循院校教育教学规律、体现职业教育特点和满足战场打赢需求,教学运行主体应由"双主体"调整为"三主体",即院校、企业、部队三家在"分、融、联"内在统一中共同培养。一是突出重点,分工合作。就职责分工看,院校应围绕军事强化、文化传承和知识传授来实施教育教学,企业应立足技术能力、职业素养等组织实训实践,部队应着眼技能提高、专业适岗、实战实训培养军事人才,切实形成"理、实、战"系统化、一体化的专业技术警士人才培养模式。从学制构成看,探索"1.5+0.5+0.5+0.5"(院校+企业+部队+院校)或"1.5+1+0.5"(院校+企业+部队)等学制构成模式,突出实践实训。学制构成应给予院校一定自主权,结合各自学科专业实际论证制定。二是各自评价,综合评定。瞄准岗位、战位的能力需求,院校与部队、企业联手拟制能力评价的标准体系,三个主体各自进行评价,由院校进行综合和最终的成绩评定。三是科学遴选,集约运行。拟制遴选标准要求,在国家、行业范围内精选合作企业,给企业必要的政策支持,地方高职院校与全军警士院校的相同专业可签约同一家企业,便于集约化、规模化运作;谋划好军种训练基地的布局,指定以顶岗实习为核心的部队实践训练基地,顶岗实习期间通过实兵演练、演习进一步加压淬火。定向培养警士可与军队警士院校学员实习共用同一基地。除此之外,还要建立健全相应的制度机制,切实规范运行,良性发展。

(三)课程建设更切合

课程建设是学科专业建设的重要内容。当前院校执行的是具有"小本科"特点的"通识(学历)+专识(职业)"培养模式,课程设置由"公共基础课程+专业基础课程+专业课程"三个模块构成,课程教材以"知识基础—知技结合—能力生成"为主要体例,一些院校"订单式"的课程设置和课程教材等基本停留在"大路货"层面,能力指向性、需求差异性等不够明显。与能力本位培养模式和"三主体"教学模式相适应,课程改革应在课程设置和教材建设中突出能力牵引,探索构建以"能力目标＋专业知识＋基础课程"为逻辑主线,以"多元化"分类订单培养为延伸的"专而精"课程设置,开发建设与之配套的教材等教学资料。一是科学描述能力本位的人才培养目标的标准体系,进行分类和精准的课程设置。联合军队警士院校和军地行业专家学者,深入部队广泛调研,对岗位(群)、战位进行职业能力和工作任务分析,通过典型工作任务分析、行动领域归纳、学习领域转换等步骤和方法,精准描述人才培养目标的标准体系,进而形成某一专业的"能力目标＋专业知识＋基础课程"的课程设置。在共性的课程设置基础上,对军种的不同需求进行"分类描述",结合不同作战条件的主要差异进一步"精准描述",通过必修课和选修课的形式予以解决。二是坚持"要精要管用"原则,加强教材等教学资料建设。树立能力牵引理念和思维加强教材建设,未必能够解决好当前教学资料建设"厚、空、重"等问题。为此,应全力推进以想定(任务驱动)式教材为主体的教学材料建设,大力倡导情况诱导、任务驱动等能力牵引式教案编写,改变过去"逻辑推演式"的知识构建,让能力目标牢牢扎根学员心中,使学员翻开教材就知道"要学习什么、该掌握什么"。三是深刻把握"三位一体"培养体系的内在统一性,形成相互支撑的良性发展。随着"互联网＋""智慧校园"、军事职业教育等教学平台手段广泛运用,传统自学考试等成人教育方式深入人心,在做好个人职业规划的基础上,士兵和学员应通过自学提升层次,对结业的课程,院校该互认的互认、该免修的免修,并引导好选修课程,鼓励拓展和深化知识与技能结构。

(四)军事属性更突出

军事性是军民融合专业技术警士培养的本质属性,因此必须凸显军事属性。从当前实践来看,"军事职业"属性并没有凸显,与聚焦实践、靠拢部队还有一定差距,使得课程体系与教学内容滞后于岗位需求,培训体系与岗位要求没有实现有效对接。一是教育教学理念服务实战化。要以信息化战争和建设现代化武警为背景,着力培养作战意识,既要奠定专业知识技能基础,也要打牢当兵为战的思想基础。尤其需要结合专业特点,将作战意识融入到装备保障任务教学中。课程教学坚持"仗怎么打人才就怎么培养,打仗需要什么就苦练什么",培养学员的实战意识,强化教为战、学为战、练为战思想,实现课程教学与部队保障任务无缝连接,与未来战场紧密对接。二是训练教学内容聚焦实战化。提高实战保障能力是开展专业技术技能教学与训练的必备要素,不但要求具备过硬的军事共同科目方面的训练,还要具备过硬的专业技术技能的培养。须突出装备器材保障重点,重视实践能力和管理组训能力的培养,着重培养专业技术警士理论联系实际、解决实际问题的能力,不断提高实战化运用水平。三是实战实训贴近实战化。加强专业技术警士非战争多样化军事任务能力训练,使他们发挥骨干作用。把服务部队、为战教战作为基本任务,紧贴实战、瞄准战场,注重发挥专业技术警士队伍军事技能强、专业技术精、意志品质高的素质优势,让他们打头阵、当先锋,担当重任。

(五)评价体系更完善

对人才培养的评价评估,发挥着标靶、杠杆的作用,必须瞄准人才培养质量加以完备完善。在继承优良做法的基础上,改革创新发展需要把握以下方面。一是建立科学合理的考评体系。军队院校教育条例中明确指出,毕业联合考核应当重点考核学员的岗位任职能力。为此,须突出学员能力考核,突出教学效益评价,形成一套能够考评院校、部队、企业在人才培养过程中作用成效的教学质量保证体系。二是完善院校、部队、企业三方教学协同评价机制,强化教学过程管理,完善"内外双线"教学质量监控体系,实行院校、部队"双主体"协作考评机制,加强动态监控,及时反馈,注重落实,实行院校、企业、部队"三主体"人才培养体系。实行毕业联合考核,将"院校、部队"需求侧与供给侧有机融合。三是完善警士学员分配制度,采取按需定分配指标、按岗定分配对象、按需定分配单位的方式,加强警士学员分配制度研究,确实把人才用在急需、紧缺的岗位,参照军校生长干部毕业分配方式组织实施,以学校为主,以能力为先,打破能力好坏"同等使用""同等分配",甚至能力倒挂使用、造成人才流失的困局,以此激发学员在校提高能力素质的积极性。

(六)培养层次更丰富

专业技术警士是新型军事人才的重要组成部分,武器装备越先进,技术含量越高,对专业技术警士的能力素质要求也越高。一是深化警士职业军人身份的认识，注重将高技能警士培养岗位任职需要与个人前途发展结合起来，强调体现军人职业生涯的顶层设计理念。在"三位一体"军事人才培养体系下，着眼于军人职业质量提高与个人职业发展需要，在首要满足岗位任职需要的同时，将继续教育融入可持续发展的全过程，将培训培养贯穿警士军事生涯的全过程，激发专业技术警士学习新技术新能力的积极性和进取心，使任职能力在继续学习中得到深化。二是适应警士岗位任职实用性、时效性、针对性较强的要求，在"逢晋必训，训晋合一"原则下，各专业和各层次的警士在职务提升、交叉换岗前，都应接受相应的岗位培训，全面打牢各层次警士的综合素质，满足胜任不同岗位的任职需要。分类逐级细化培养目标的方法，区分专业，按"知""熟""专""通"四个层次细化培训目标和内容，建立逐级培训下教育与晋升相结合的培养机制。三是遴选资质优越、条件满足的签约院校培养本科以上层次的高技能警士人才。贯彻落实《国家职业教育改革实施方案》要求的"完善高层次应用型人才培养体系"，开展本科层次职业教育试点，发展专业学位研究生培养模式，加强专业学位硕士研究生培养，完善学历教育与培训并重的现代职业教育体系，畅通技术技能人才成长渠道，推动地方院校与军队院校有效对接，推动优质职业教育资源向军事人才培养开放。

# 构建"军地融通"的高质量定向士官课程体系实践研究

谢彤 关业伟 刘菲 孙猛 钟未平[①]

为了深入贯彻党中央关于建立和完善军民结合、寓军于民的军队人才培养体系重要思想，以及中央军委《深化士官制度改革方案》和全军大学生士兵工作座谈会精神，原总参谋部、教育部下发通知，要求做好定向培养直招士官试点工作，从2012年起开展依托普通高等学校定向培养直招士官试点工作。到2020年该项工作已经涉及四十多所地方普通高校，涵盖计算机、自动化、机械等64类270余个军地通用专业，计划招生数超过两万人。[1]

士官是被授予士官军衔的志愿兵役制士兵，主要包括从事部队武器装备操纵、维护、管理和维修的知识技能型、技术应用型士官和基层战斗岗位的指挥管理士官。按照国家政策规定和士官岗位的任务要求，在地方高校负责定向士官培养这项工作上，军地双方关注如何培养高端技能型士官。因此，保障士官培养质量是这项工作的核心，而课程体系又是保证培养质量的关键组成部分。

本文以湖北交通职业技术学院（下文简称"湖北交通"）建设高质量"军地融通"定向士官课程体系为例，详细介绍士官生课程体系搭建的步骤和重点。

---

[①] 谢彤，湖北交通职业技术学院副校长、副教授，研究领域：高等教育管理；
关业伟，湖北交通职业技术学院航海学院副院长、副教授，研究领域：航海教育与管理；
刘菲，湖北交通职业技术学院士官管理学院院长、讲师，研究领域：高等教育管理；
孙猛，湖北交通职业技术学院后勤中心主任、助教，研究领域：高等教育管理；
钟未平，北京大学中国教育财政科学研究所助理研究员，研究领域：教育财政研究。

## 一、士官生课程体系构建的研究现状

从学界和实践领域的普遍认识来看,当前我国职业教育的课程设计需要解决的核心问题是理论与实践的关系。具体到地方普通院校培养士官生的课程体系,就是"军地融通"的问题。

总体来看,针对特定专业士官生课程建设,现有研究主要不足如下。(1)宏观层面的"军民融合"讨论较多,跟承担士官生培养工作的地方高校,尤其是各专业的具体业务实践上还有一定距离。(2)对特定课程或新的课堂教学方法的研究,对于构建相关专业的定向士官生课程体系有重要的意义,然而,特定专业的课程体系设计,当前的症结是理论联系实践的问题。具体到地方高校培养士官人才这一具体任务,问题就是如何在课程体系的设计、实施和评价过程中实现"军地融通",切实加强地方高校和士官学校在课程上的衔接,加强地方高校和部队用人单位的衔接,紧密合作,共同打造培养高质量士官人才的课程体系。

## 二、湖北交通培养定向士官生的基本情况

湖北交通自2012年起被确定为全国首批定向培养士官试点院校,先后为海军、空军、武警部队累计培养1300余名定向培养士官生,涵盖航海技术、轮机工程技术、船舶电子电气技术、汽车运用与维修技术、计算机网络技术、物流管理等专业,目前已有八届士官生毕业走上工作岗位。学校的航海学院是交通运输部重点支持和大力发展的特色学院,其轮机工程技术专业是定向士官生首批试点专业之一。截至2021年,该专业已经培养480名毕业生分赴海军部队工作。

学校承担士官生培养工作后,紧密围绕"军地融通"的宗旨,努力打造高质量士官生培养课程体系,从部队对士官岗位的要求出发,从学生的职业发展需要出发,把学生当作"未来的士官"来培养。

学校轮机工程技术专业(以下简称"轮机专业")自承担士官生培养工作以来,重点加强和士官学校、部队用人单位、军方技术专家的协作,不断构建、完善课程体系设计方案。

2012年在没有先例的情况下,轮机专业认真分析自身的优势和劣势。轮机专业属于交通运输大类航海类专业,是湖北交通的优势专业,也是湖北省高等职业教育品牌专业。该专业主要面向船舶和海洋运输企(事)业单位,培养具备机电设备管理、航运管理等方面知识和技能,综合素质好,安全与环保意识强,具有国际竞争力,能胜任国际航运企业现代化船舶机电设备管理与船舶营运管理工作的技术技能人才。一直以来,该专业的培养目标是海船船员。湖北交通依据《1978年海员培训、发证和值班标准国际公约》和《中华人民共和国海船船员适任考试和发证规则》,构建并实施"课证融合"的课程体系。这一课程体系以考取国家海船船员适任证书为目标,结合海船船员考试大纲,将考证要求融入课程。

然而,这种围绕着海船船员职业的课程目标和方案,显然无法适应海军定向培养士官的需要,已有的课程设置及教学内容也不能覆盖士官岗位需求和职业能力需求。正是基于这一现实问题,湖北交通一线教职工结合自身优势,开始了"军地融通"的探索实践工作。

组建军民融合工作小组,确定课程体系目标。学校首先结合海军训练机构提供的士官人才培养方案以及军政训练计划,拟定初步的课程目标和方案,然后联合海军东海舰队训练基地、海军工程大学等部门专家、教员,组成军民融合工作小组,共同开展专业研讨。在此基础上,再深入部队一线开展调研,进一步确定轮机工程技术专业海军定向士官的培养目标,即培养具有良好职业道德和敬业精神,掌握必备的科学文化知识和专业基础理论知识,军事素质高,身心健康,具备舰船机电设备的操作使用、维护保养等能力,"政治合格、打赢需要、上岗顶用、部队欢迎"的合格海军士官。具体来说,轮机工程技术专业海军定向士官应具备以下能力和素质:(1)船舶轮机专业知识和岗位适任能力;(2)舰船机电设备操作与维护能力;(3)军事组织与管理能力;(4)良好的军政素质与身心素质。这对士官生培养提出了很高的要求,为了达到这一目标,必须制定与之适应的课程体系。

组成军地融合的课程开发小组,构建课程体系。围绕轮机工程技术专业海军定向士官的培养目标,湖北交通组织了由轮机工程技术专业教师和海军部队技术专家、一线技术人员组成的专业课程开发设计小组,设计了一套"军地融通"的高质量课程体系。

第一,通过职业岗位分析,确定典型工作任务。专业课程开发设计小组针对海军舰船机电士官岗位,采用访谈、问卷、研讨、论证等方式,通过岗位分析确定本专业对应的典型工作任务。第二,通过对典型工作任务的归纳、整合,确定行动领域。该小组通过研讨、论证等方式,广泛听取各方意见,根据完成典型工作任务所需的不同能力点,将相近工作任务按能力阶次进行归并、分层、分类,归纳出本专业基于能力标准为支点的行动领域。[2][3]第三,通过对知识和能力结构的解构与重构,实现行动领域向学习领域的转化;由专业教学指导委员会汇集部队专家、专业骨干教师和教学专家,对照士官职业标准,重构基于工作过程的课程体系。

### 三、定向士官培养课程体系的具体实施

为了保障这套"军地融通"课程体系的实施,保证定向士官生培养质量,湖北交通轮机工程技术专业开展了基于士官岗位任务驱动的教学改革。改革包括两大任务,一是推进课程体系建设,将"军地融通"课程进一步分解成为可以落地实施的课堂教学,二是保证课堂教学确实是"军地融通"。

(一)制订"军地融通"的课堂教学方案

课堂教学的关键是教师将士官工作中提炼出来的典型项目或者真实的任务,按照"教育性"要求进行"修正",进而成为综合性的学习任务。

1.设计课堂教学方案,包括教学目标、教学内容、教学材料、教学方法等。将士官工作岗位的"过程知识"、学习/教育的基本规律、士官职业能力需求和个人的职业生涯发展规律紧密结合,设计课程教学模式内容,提高教学质量和效率。比如,课堂教学使用的文本、视频影像等各类材料,符合定向士官生毕业后从事实际工作的要求,为教师实施任务引领式学习和项目学习提供支撑。

2.教学具体实施:采用适合学生特点、具有职教特色的教学方式、方法和组织形式,让士官生围绕明确的部队岗位学习目标完成学习任务。比如,轮机工程技术专业教师在教学中充分利用电子教学资源和网络教

学平台，教师和士官生线上和线下双向互动、双向融合，实现"教学做"一体化。

3.课程质量的控制：在课程教学的具体实施过程中，课堂容量和教学形式变得更加多样化，线上线下的结合延长了课堂教学的时间跨度，加大了课堂教学，尤其是教学管理上的难度。为此，湖北交通努力提高内部质量控制能力，即"认清课程运行状况、识别成功潜能、尽早发现问题并及时进行调整"，对所有课程教学进行定期和动态的教学评估，帮助教师和教学管理部门提高教学质量。

4.课堂教学具体实施时，难点仍旧是如何实现"军地融通"，如何真正按照士官工作岗位的实际需求，将课程教学内容进行项目化重组，将教学单元任务化，以具体工作任务作为驱动，引领教学全过程。为此，湖北交通主要做了如下工作：建立为课程教学提供支持和技术指导的"军地融合"的工作小组，打造一支"军地融合"的教师队伍，为课程体系的实施提供人力保障，建设符合课程学习要求的实习实训环境。

学校发挥"军民融合工作小组"和"军地融合课程开发小组"的作用，努力做好军地对接工作，建设"军地融通"的师资团队。学校的教师原来都是从事普通海员教学工作的师资，现在需要转向承担海军士官的培养。为了能高效完成士官培养教师团队的组建，一是直接招聘优秀的退役海军士官，充实到教师队伍中，包括军政教官和专业课程教师，二是加强对现有教师队伍的培训。

（二）建设符合课程要求的实习实训环境

实训基地建设是课程建设的重要内容。落实"军地融合"的课程教学，需要相应的教学媒介和环境。为了创设尽量真实的工作环境，让士官生有机会完成与典型士官岗位较为一致的学习任务，一是在校内建设"军地融合"的专业教室，二是加强和负责0.5年实习的部队士官学校的联系，三是建立和用人部队的定期沟通机制。学校通过这些工作，保证士官生学习资源供给，让"军地融合"的课程体系实施不流于形式。

（三）建设课程体系质量监控与评价体系

课程体系是实现教育目的和目标的手段或工具，是决定教育质量的重要环节。课程监控与评价体系,是能够向学校连续反馈课程运行状况信息、尽早发现问题并保证及时调整的系统,是为了保证课程有效实施并达到预期目标,有关方面达成共识并实现共识的过程。它一般包括两个方面:一是内部监控,由学校及其教师进行;二是外部评价,由外部相关人员开展,如毕业生就业单位、毕业生、外部专家等。

学校从 2012 年成为首批定向士官生培养院校后,除了学校内部的课程考核制度,还建立了一套包括军地双方的外部课程质量监控和评价体系,主要包括对每一届毕业的定向士官生的跟踪调查,以及对士官学校和用人部队的定期回访。

在这个过程中,学校将这些反馈进行分析整理,进而对课程体系和课程模块进行相应调整。比如,当通过追踪调查发现定向士官的军政素质不过硬,就聘用优秀的退役士官担任全职或兼职的军政教官,为轮机工程技术专业海军士官生设立专门的 26 学时的"军政训练"实践课程,严格按照海军的军政训练要求,组织和实施相关课程。当评估发现毕业士官生专业知识结构不全面,学校为该专业海军士官生增设了 52 学时的"海上基本技能"、24 学时的"航海常识与中国海区"、24 学时的"军事法概论",授课内容和方式都参照海军要求执行。面对士官生专业技术能力不够强的问题,学校为该专业海军士官生设置了 42 学时的"物理学"(含 12 学时的实践课),动力设备操作学时也增加了 9 学时。

这些调整和改进都是经过军地双方讨论、交流后完成,极大地提升了士官生教学质量,得到了对口士官学校和海军用人单位的认可。

**四、启示和建议**

第一,要搭建"军地融通"的课题体系,地方高职院校需要积极、主动和士官学校、部队单位保持联系和沟通。这种联系要达到常态化,就需要成立专门的组织,巩固和强化联系,发挥"军地融通"的重要作用。

第二,要保障"军地融通"课程体系落地,需要将课程体系进一步细化为可实施的课堂教学方案。首先,将"军地融通"组织的作用发挥到实处,具体指导士官生日常培养方案和课堂教学工作;其次,实现"军地融通"课程目标需要一支"军地融通"的教师队伍。如何通过招聘新人、培训原有的教师,建设有利于士官生培养的教育教学队伍,是对地方院校的考验。最后,如何同部队士官学校、部队单位共建适合士官生的实习实训环境,需要进一步探索。

第三,要不断完善"军地融通"的课程体系,地方高职院校需要建立一套追踪士官毕业生和部队用人单位反馈意见的质量评估机制,改进不符合岗位任务的教学活动,推动相关课程体系不断完善。

**注释:**

[1] 关业伟,荣伯均.海军直招士官人才培养模式探索[J].航海教育研究,2013(02):67-69.

[2] 关业伟.基于任务驱动的定向培养士官教学模式探索:以湖北交通职业技术学院为例[J].产业与科技论坛,2020(10):183-184.

[3] 孟晓红.高职院校就业指导服务体系构建的对策研究[J].中国大学生就业,2013(20):42-45.

# "军地一体、梯次递进"的定向军士军政素质培养体系构建

刁仁华[①]

依托地方高职院校定向培养军士,已经从早期的借助资源型逐步向融合式发展型转变。融合式发展,就是要求定向培养军士能够契合部队军士人才培养标准,有效深入融合军地教育资源,共建协调培养机制,形成持久育人合力。相关调研发现,定向培养军士的军政素质成为提升培养质量、检验融合式发展成效的关键,也是军队评价定向培养军士素质的重要影响因素。[1]改革和创新定向培养军士军政素质培养体系势在必行。

## 一、加强定向培养军士军政素质培养的重要意义

(一)加强定向培养军士军政素质培养是锻造新时代新征程革命军人的根本要求

2014年,习近平主席在古田全军政治工作会议上提出培养"四有"军人,要求新一代革命军人"有灵魂、有本事、有血性、有品德"。随后,中共中央要求全军必须把坚定官兵理想信念作为固本培元、凝魂聚气的战略工程,努力培养有灵魂、有本事、有血性、有品德的新一代革命军人。定向培养军士必须符合"四有"革命军人的要求,因此须加强定向培养军士军政素质培养。

---

① 刁仁华,海军士官学校副校长兼教育长、副教授,研究领域:军士教育与管理。

（二）加强定向培养军士军政素质培养是补齐定向培养军士能力短板的现实要求

军士是军事人才的重要组成部分，是部队作战训练、教育管理和武器装备操作使用、维护修理的骨干。良好的军政素质是军士的基本要求，是定向培养军士到部队首次任职的基础素质。然而，定向培养军士毕业后即分配到部队工作，实习合格后直接授予下士军衔，成为军士，与部队生长军士相比，缺少2到3年的部队历练时间。虽然分配到部队服役的定向培养军士大部分能较好地适应工作岗位，为部队发展作出了积极贡献，但也存在思想素质薄弱、军事理论欠缺、管理能力偏低、适应周期偏长等问题，严重制约了他们在部队的成长发展。军政素质薄弱已经成为定向培养军士人才的能力短板。为此，必须加强军政素质培养，补齐能力短板，全面造就上岗顶用、部队欢迎的高素质定向培养军士人才。

（三）加强定向培养军士军政素质培养是促进定向培养军士全面发展的客观要求

伴随着科学技术的飞速发展和国家现代化建设的全面推进，人们对现代新型人才应具备的知识能力有了新的理解。国家提出"人才强国"的战略方针，要求大学生成为具有国际视野的高素质人才，除具备扎实的专业知识和精湛的业务技能外，还必须具备过硬的思想政治素质、强健的身心素质、敬业的职业品质等素质。因此加强定向培养军士军政素质培养也是满足他们自我发展成才的客观需要。[2]

## 二、定向培养军士军政素质培养面临的主要问题

依托地方高校定向培养军士，是提高军士培养质量效益、完善军士人才队伍培养体系、加强国防和军队建设的重要举措。但因该类培训尚处于探索阶段，军政素质培养过程中还存在一些问题。

（一）培训标准依据有待统一

根据近几年定向培养军士实践来看，地方院校非常渴望加强定向培养军士军政素质培育，也在师资力量、保障条件建设等方面做出了诸多努力，但是苦于没有明确统一的标准依据，导致发力不准、培养低效的现象

时有发生。比如,学生在地方 2.5 年和部队院校以及训练机构的 0.5 年期间,到底需要开设哪些军政素质课程?学时应该是多少?教学内容的标准是什么?这些目前都没有统一,虽然部分部队训练指导机构已经出台了相关标准,但是还没有上升到军种的高度,各家单位执行起来还存在诸多掣肘。

(二)融合培养机制有待健全

军地双方对军政素质教育课程教学力量统筹、教学资料共享、教学对接指导不够规范,双方定期交流未建立长效机制,一定程度上还存在着地方得不到、部队靠不上的现象,同时在相近专业建设、师资培养、课程教材建设、场地保障、联合考核等方面还未充分做到深度交流、优势互补。

(三)保障条件建设不够配套

由于没有专项经费投入,大部分定向培养军士院校生均训练设施不足,难以保障学生随时随地训练,许多训练项目仅能满足于"训了",但距离"训到位"还有一定距离。部分院校缺少游泳馆、400 米障碍场、旋梯、浪木、损管训练场等训练保障设施,部分科目无法开展实际训练,导致学生到部队后存在能力缺陷。

## 三、合理确立定向培养军士军政素质培养目标体系

培养目标是各级、各类学校或各个学段具体应达到的目标,是根据国家的教育目的和所在学校的性质及任务,对培养对象提出的特殊要求,是教育目的的具体化。[3]培养目标是确立课程设置与训练标准的基础。当前定向培养军士军政素质培养存在的一个突出问题就是培养目标模糊,缺乏明确的目标支撑体系,难以系统、深入地推进军政素质培养工作。定向培养军士分配到部队实习合格后,直接授予下士军衔。从这个意义上讲,其出口关的标准,特别是军政素质培养目标,应该与军队院校军士职业技术教育大专学员基本一致。但由于前 2.5 年主要在地方院校培养,又没有 2—3 年的当兵经历,定向培养军士军政素质训练标准应该介于新兵与军队院校职业技术毕业军士学员之间。对照岗位合格要求,对定向培养军士军政素质培养目标进行分解,大致可分为三个方面。

(一)思想政治素质方面

一是理想信念坚定。军人必须具备坚定的理想信念和思想觉悟,在政治上、思想上、行动上与党中央、中央军委保持高度一致,牢固树立"四个意识",传承红色基因,永葆人民军队的性质、宗旨和本色。为此,要加强人民军队历史与优良传统教育,坚持用马克思主义基本原理、习近平新时代中国特色社会主义思想、习近平强军思想武装头脑,开展经常性思想政治工作,这是培养和造就高素质军士人才的政治基础。同时,军士作为部队基层的思想骨干,还应具备一定的基层政治工作能力。

二是道德品质高尚。作为定向培养军士,必须树立正确的道德观、是非观、荣辱观,知法、懂法、守法,做道德高尚的人、胸怀宽阔的人、严于律己的人。要培养忠厚老实、踏实做事、真诚待人的优良品质,弘扬工匠精神、螺丝钉精神,努力做到扎根基层,干一行、爱一行、专一行。

三是纪律作风优良。军队是执行政治任务的武装集团,令行禁止是对军人的基本要求,服从命令是军人的天职。为此,要加强条令教育,使定向培养军士能够依条令管理自身言行举止,依条令落实各项制度,并严格日常行为规范养成,不断强化纪律观念、内化军人气质。同时,军士作为部队基层管理骨干,还应具备一定的管理带兵能力。作为海军军士,还需了解外事纪律,熟悉外交礼仪,以良好的个人形象展现海军风貌、彰显大国风范。

(二)军事素质方面

一是军事知识全面。作为定向培养军士,必须掌握基本的军事理论基础知识,熟悉我军的力量编成、职责使命、武器装备,了解国际军事形势、前沿军事科技、军事战略思想等。作为海军舰艇军士,还需要学习舰艇常识、海洋知识等内容。

二是队列素养扎实。队列素养,是考察一名军人是否合格的重要尺度。在部队,队列行进贯穿整个部队生活。队列训练从形式上讲就是对军人的排列和构成。实际上,它是通过队列动作、队列队形的载体,在队列指挥与被指挥之间形成应答条件反射,继而使受训者建立服从行为和组织行为,以保障军队成为高度集中统一的整体。因此,队列不仅是兵教之基，更是"组织之母，管理之父"。所以，从某种意义上讲，队列训练看似是军事训练，实际是思想塑造，是解决作风问题的有效途径。对定向培养军士而言，必须熟练掌握单个军人队列动作，同时具备开展班队列指挥的基本能力素质。

三是军事技能精湛。轻武器射击训练和单兵战术训练对于培养单个士兵在各种情况下完成战斗任务的能力具有重要意义，对战斗精神的培育具有重要支撑作用。定向培养军士要能够掌握轻武器的基本知识和基本射击技能，能够完成持枪、卧倒、匍匐前进等基本战术动作，掌握军事地形学基本知识与相关技能，掌握核生化防护与战伤救护的基本知识和技能。如果是海军舰艇军士，还需严格开展舰艇共同科目训练，使定向培养军士具备精湛的船艺、损管与消防、海上求生与救生、舢板等海军职业技能，能够成为大海骄子、舰队脊梁。

（三）身心素质方面

一是体能素质强健。现代战争实践证明，强健的体魄是现代军人的必备素质，是现代军事活动的物质载体。在定向军士培养中，各地方院校往往更注重专业技能的训练，对体能素质培养的重视程度不够，必须引起高度关注。要按照军事体能训练大纲的要求，在力量、速度、韧性、耐力、意志等方面加强训练，特别是要加强3000米跑、100米跑、单杠、400米游泳四个项目的训练，确保达到大纲的标准。

二是心理素质过硬。军队环境艰苦，任务特殊，具有很强的环境封闭性和任务风险性，对军人的心理素质要求很高，因而要求定向培养军士必须具备过硬的心理素质，包括积极的健康心态、稳定的意志品格、顽强的战斗精神、良好的自我调控等。为此，必须抓好定向培养军士心理教育与疏导，加强心理行为训练，并通过高强度的军事训练与比赛，实际锤炼其心理素质。

**四、科学构建定向培养军士军政素质培养体系**

定向培养军士身份的特殊性，要求同时遵循高等教育规律和军事人才培养规律。军政素质培养体系确立要通盘考虑2.5年地方院校教育、暑期部队实践训练、0.5年军队院校或训练机构培养三个环节的清晰定位与衔接贯通。

（一）目标牵引、军地一体，整体设计军政素质课程设置

课程是计划形态的学习活动[4]，是培养目标实现的依托。当前，全国有近五十所高等职业技术教育院校承担定向培养军士培训任务，各高校办学特点、师资质量、教学保障等条件各不相同，开设课程大都因地制宜，采取"看菜吃饭"的方式开设课程，造成培训对象军政素质参差不齐。因此，应对各高校军政课程进行统一和规范。设计定向培养军士军政素质课程体系，要注意跳开2.5年和0.5年的空间与心理分隔，围绕"岗位合格军士"这一培养目标，将3年作为一个整体来统筹考虑。按照前文分析的军政素质培养目标，根据军队院校教学大纲、军队院校军事基础科目教学基本要求、军队军士职业技术教育政治理论课程设置方案以及教育部的相关政策制度，结合时代发展、形势任务、部队实际、学生特点，以及海军对新入伍士兵军事训练要求，设计"思想政治素质""军事素质""身心素质"3个公共模块和"兵种职业技能"1个选修模块。

思想政治素质模块，主要包括"马克思主义基本原理概论""毛泽东思想和中国特色社会主义理论体系概论""习近平强军思想""人民军队历史与优良传统""形势与政策、保密教育""军队基层政治工作""条令学习"等课程，海军定向培养军士还应学习"外交礼仪"课程，目的是使培训对象理想信念坚定、道德品质高尚、纪律作风优良。

军事素质模块，主要包括"军事理论""媒介应用""法理斗争""队列训练""自动步枪操作""手榴弹（手雷）投掷""战术基础""观察、报知与指示目标""核生化防护""战伤救护""战备基础""野战生存""格斗""反恐防暴""刺杀""军队基层管理"等课程，海军定向培养军士还应学习"舰艇常识"课程，主要目的是使学员军事知识全面、队列素质过硬、军事技能扎实。

身心素质模块，主要包括"大学体育""军事体育""大学生（定向培养军士生）心理健康教育""军人心理教育训练"等课程，主要目的是使学员身心素质强健。

兵种职业技能模块,主要开设各军种特有的一些职业技能训练课程。例如,海军水面舰艇专业定向培养军士应开设"海军船艺""损管与消防""海上求生与救生""舢板"等4门课程,主要目的是使学员掌握兵种基本职业技能。

(二)合理分工、优势互补,密切衔接军政素质课程实施

课程实施是把某项课程变革计划付诸实践的具体过程[5]。军政素质课程的实施,既要考虑到人才成长和军政素质能力生成的规律,科学安排实施次序,同时要坚持优势互补、扬长避短的原则,抓好对接协调,科学安排军地两阶段的教学任务[6]。要遵循人才成长和军政素质能力生成规律,充分考虑军队院校不同实施条件,坚持军地院校优势互补。可以将军政类课程分为A、B、C、D四类,统筹在3年6个学期及两个暑假实施。A、B、C类课程在前2.5年实施,D类课程在后0.5年实施。A类为地方院校能够独立承担的课程;B类为地方院校难以独立承担,需采取军地联合、以地方为主实施的课程;C类为纳入地方院校人才培养方案,但由军方为主实施的课程(一般应集中在暑假强化训练期间实施);D类为军方独立实施的课程。各类课程性质可由军地院校根据各自情况,按照优势互补原则协商后确定。军地双方应按照课程性质分类,分别抓好相关课程建设和实施计划牵头工作。

(三)严格标准、分段把关,梯次推进军政素质训练标准落实

前面提到的培养目标是3年的目标,不是2.5年的目标,军地双方需要同心协力,抓好军政素质培养。在某一阶段实施的课程,要按照课程任务分工,严格落实训练考核标准。队列、军事体育、轻武器射击等需要3年全程不间断实施的课程,要合理划分两阶段目标,分段把好考核标准,例如:军事体育,地方2.5年应达到3类人员标准,军方0.5年培训后,应达到2类人员标准;轻武器射击在前2.5年主要是体验性射击,最后0.5年,就必须按照实战化的要求,达到规定的射击精度。在2.5年结束时,军地院校应组织联合考核,考核情况应及时通报相关院校和上级机关。同时,建立淘汰、补充机制,对训练不积极、思想不端正、考核不合格的人员及时淘汰;从在校学习的优秀学生中,选拔有志青年补充到定向培养军

士队伍中,促进训练标准有效落实。

(四)着眼需求、加大投入,配套完善教学保障条件建设

定向培养军士事业处在探索发展阶段,承担培训任务的地方院校数量在增加,而各院校软硬件条件各不相同。必须加快健全完善定向培养军士教育教学的保障条件,力争为军队输出高质量军士人才。一是建立健全标准体系。定向培养军士身份的特殊性,决定了其成长发展必须同时遵循高等教育规律和军事人才培养规律。但因毕业后终将面向部队,因此该类人才的军政素质培养标准应由军队牵头,对各院校进行统一规范。二是完善教学设施。地方高职院校教学设施建设各不相同,应按照军政素质课程实施要求,完善教学设施建设。比如,为海军培养的定向培养军士,游泳技能是学生的必备能力。因此,承担培训任务的院校应加强游泳馆等教学设施建设。三是加强教学及管理队伍建设。日常养成对提高学生军政素质具有重要作用。学生的日常养成情况取决于地方高职院校教学及管理队伍的质量。地方院校应加强教学和管理人员能力素质建设;军队指导单位应主动为地方院校培养教师和管理队伍,并配发相应的训练教材。

**注释:**

[1] 唐建伟,廖勇.高校国防生军政素质三级培养模式的构建与实施探索[J].中北大学学报(社会科学版),2016(02):57-60.

[2] 谭章甫.国防生军政素质培养研究[D].成都:西南财经大学,2012.

[3] 顾明远.教育大辞典(增订合编本)[M].上海:上海教育出版社,1998:1351.

[4] 丁念金.课程论[M].福州:福建教育出版社,2006:24.

[5] 张华.论课程实施的涵义与基本取向[J].全球教育展望,1999(2):28-33.

[6] 吴峰.高职院校定向士官人才培养的探索与实践:以武汉船舶职业技术学院为例[J].山西青年,2021(04):154-155.

# 士官生军事素质养成模式探析

宋建跃 郭强 熊廷芳 林娟[①]

根据解放军原总参谋部、教育部联合下达的文件精神,2012年中央军委对军队院校调整改革进行总体部署,开展军队与地方高校联合培养士官试点工作。从多年运行情况来看,定向培养士官已成为部队士官人才队伍的重要组成部分。国防建设现代化、信息化以及练兵备战水平不断提高,对作战人员的军事素质提出了更高要求,部队对士官人才需求量越来越大,对士官人才的要求也越来越高。培养具有较高军事素质的士官人才,以适应作战和岗位职责需要,已成为各定向高校的当务之急。

## 一、士官生军事素质培养的意义、目标与要求

### (一)士官生军事素质培养的意义

军事素质是指军人在军事方面所具有的知识水平和能力结构,是军人的军事知识素质、军事作风素质和军事技能素质的有机结合,是军人职业所体现的特有素质,是军事人才的标志。定向培养士官不仅要有渊博的科学文化知识和专业技术知识,而且要有良好的军事素质,军事素质培养是各高校士官生素质教育中不可缺少的重要组成部分,是培养合格士官人才的重要途径。

---

[①] 宋建跃,湖南国防工业职业技术学院党委委员、副校长、士官学院政委,研究方向:高职教育与学生管理;
郭强,湖南国防工业职业技术学院士官学院院长,研究方向:士官生培养机制;
熊廷芳,湖南国防工业职业技术学院军士学院副院长,研究方向:士官生训练管理;
林娟,湖南国防工业职业技术学院军士学院辅导员,研究方向:士官生思想政治教育。

## （二）士官生军事素质培养的目标、要求

士官生军事素质培养必须面向未来、面向部队，贯彻从部队需要出发、从难从严训练的方针，按照"需求牵引、确保质量"的原则和"有灵魂、有本事、有血性、有品德"的"四有"军人要求，围绕人才培养的长远战略目标和国防后备力量建设需要，引入部队军事训练标准，坚持部队怎么训，士官生就怎么练，坚持按纲对标施训、灵活科学组训、依法从严治训，全面提高士官生军事理论和军事技能的素质。

## 二、士官生军事素质培养现状

定向培养士官自2012年实施招收以来，各高校都已制定了明确的培养目标，在士官生培养上举全校之力齐抓共管。

目前，各高校士官生培养已经从最初的各显神通，摸着石头过河，到现在培养机制渐趋成熟，培养目标和培养内容相对统一，培养方式基本一致。但地方高校在士官生军事素质培养上"先天不足"，士官生军事素质培养依然存在以下问题。

一是"军人"意识不强，作风素质不过硬。新时代的士官生观念新、思维活、认识前卫、头脑灵活，面对较为宽松的大学环境，部分士官生容易放松对自己的要求，再加上没有就业压力，很容易在思想上产生惰性，不愿意被军人规范约束，缺乏军人那种点滴养成、言出法随、令行禁止、听从指挥的纪律意识，雷厉风行、严谨守时、不畏艰苦的工作作风，敢打必胜、勇猛顽强、愈挫愈奋的拼搏精神。二是军事技能培养力度不够。大部分高校士官生军事训练都安排在早操、体能训练时间和暑假期间，有效训练时间相对较少，再加上受到场地、组织人员和组训方式的影响，士官生军事素质普遍较差，与在校时间不成正比，军事素质不强成为士官生进入基层部队的一个短板。三是教育缺乏针对性，效果不佳。士官生在校期间思想教育系统性和针对性不强，没有把部队教育和地方高校教育有效结合起来，缺乏"军"味。士官生思想根基普遍不牢，缺乏军人应有的价值观和道德观，使命感和责任感不强，不能用正确的思想观念引领行为方式。四是师资力量稳定性不强。军政教官来源渠道较为单一，综合素质不强，部

分军政教官学历偏低,难以在高校长期发展,各院校对军政教官的激励机制不健全,没有强有力的措施吸引优秀的军事人才,致使军政教官整体稳定性不强,不利于士官学院长远发展,不利于士官生军事教学、训练、管理和文化传承。

**三、士官生军事素质培养模式**

自2014年确定为定向培养士官单位以来,湖南国防工业职业技术学院(以下简称"湖南职院")始终坚持以强军目标为统领,按照"四有"革命军人标准,把"铸军魂,锻血性,炼铁纪"贯彻落实到学院士官生人才培养工作之中。

(一)注重教育为先,重塑士官生价值体系,打牢扎根军营、矢志精武的思想根基

"强身先强骨,育人先育心",士官生思想活跃,入校和入伍动机多样,政治意识淡薄,价值观念多元,必须发挥士官学院准军营"大熔炉"的作用,突出教育引导,重塑价值体系,重建政治信仰,重申道德标准,重树是非观念,从士官生入校伊始就牢牢树立起思想的"魂"和"纲"。

一是强化思政教育,着力解决理论匮乏问题。坚持以培养有灵魂、有本事、有血性、有品德的新时代尖兵为出发点,依托学院思政部构建士官生思政课程体系,改进传统课堂教学方式,采取"一课三讲"模式狠抓理论灌输,通过领导"讲"、骨干"引"、分组"议"等方式搞好理论阐述,讲清创新理论中的中国特色,讲清中国梦、强军梦的宏伟蓝图,讲清革命军人应具备的理想抱负、素质本领、精神特质和道德品行。

二是打上红色烙印,着力解决思想姓"军"问题。充分利用驻地红色资源,组织士官生到毛泽东故居、雷锋纪念馆、刘少奇故居等地参观见学,定期组织国防特色主题班会,让士官生了解军营、熟悉军史。坚持将思政教育内容融入日常训练,把教育延伸到训练场,让教育变虚为实、化大为小,真正看得见摸得着,让参训士官生在训练、生活中受到激励和启迪。组织观看爱国影片,举办"强军梦,我的梦"讲座和"我是士官生我自豪"主题演讲比赛等活动,引导士官生牢记历史、感悟成就、坚定信念。开展以

"讲红色故事、讲红色电影、讲红色歌曲、讲红色格言、讲英雄人物"为主要内容的"五讲"活动,让士官生走进历史语境,增强自信自豪,推动红色基因入脑入心、落地生根。

三是突出任务牵引,着力解决使命担当问题。为士官学员建立"知兵档案",记录成长经历,掌握日常点滴,见证成长转变。开展谈心交心活动,把准思想脉搏,对单亲家庭、性格孤僻、训练后进、家庭困难的学员,建立一对一帮带制度,用真心真情帮助他们解除后顾之忧。组织士官生承担学院站岗巡逻和大型活动执勤安保任务,让士官生时时接受军事文化熏陶,坚定士官生携笔从戎、献身国防的思想。每周组织升国旗仪式,激发士官生的军人意识和使命意识。根据国内国际形势变化,及时开展"中美贸易摩擦""台海局势"等形势讲座,邀请共建部队专家来校讲解宣传相关政策。组织士官生自愿参与地方公益活动,广泛开展"五小"活动(小检查、小竞赛、小观摩、小讲评、小培训),设立龙虎榜、搭建点将台,营造"比学赶帮超"的浓厚氛围。

(二)坚持按纲对标,建立士官生训练制度,夯实军地衔接、素质过硬的军事基础

士官生军事训练,在确定士官生就是军人、训练场就是战场、作风就是战斗力的理念下,学院重点突出体系化训练,突出军事理论、军事技能、军事体育训练,突出四会教练员训练,将体能、智能、技能训练融为一体,逐步形成军政训练周训练、日常训练、暑期集训、新生军训、外出带训以及配套的训练考核制度。

一是完善军政教官招聘制度。学院招聘退役军人担任教员和管理骨干,充实士官生师资队伍。规范招聘制度,按照士官生规模和准军事化管理模式,参照部队编制体制管理特点,采取网络招聘报名、简历审查把关、现场试讲和组训、试用期考察的方式,引进一定数量的自主择业干部和退役士官担负训练教学与管理工作。形成较为稳定的教官保留机制。士官生规模快速增长,必须要有与之相匹配的退役军人师资队伍来做支撑,保持退役军人师资队伍整体稳定,有利于士官学院长远发展。各院校积极营造"拴心留人"的良好环境,在政策允许的前提下,在选人用人、福利待

遇、晋升空间等方面适当向退役军人倾斜。如湖南职院除向退役军人提供具有一定吸引力的工资待遇、五险一金外，还为退役士官提供纳编的机会。

二是规范日常训练制度。针对大学生与准军人这两个特征，参照军校与部队训练模式开展日常军事训练。5个学期中，安排相应科目进行共同科目和体能训练，以强化军人体能，规范队列动作；每周自习课时间组织进行队列训练，进一步巩固现有训练成果；坚持以"促尖子、强整体"为主题，以加强士官生军体素质为目标，每年组织召开军体运动会，开展军事技能大比武，通过群众性练兵比武活动，进一步调动士官生训练积极性和创造性，激发士官生爱军习武、岗位练兵的热情，营造"比学赶帮超"的训练氛围。参照部队日常训练模式，每个学期依次开设军政训练周和执勤周，制定军政训练周计划，集中所有军事教官组织施教施训，以增强士官生对部队经常性训练的适应性及站岗值勤的责任感。构建士官生军事训练体系建设，结合部队军事训练大纲制定《士官生军事训练大纲》《士官生军事训练教程》和《士官生军事训练教案》，确保士官生军事科目训练有依据（大纲）、组训有教材（教程）、四会教学有教案。

三是建立暑期集训制度。为提高士官生军政素质，增强士官生组训能力，每年暑假组织开展集训，并从现役部队聘请军事教官充实到教官队伍。集训对象涵盖所有士官生，集训内容包括单个军人队列动作、班队列、分列式、战术、单兵防护、自救互救、军体拳、军事体育、四会教学、拓展科目、军事理论等科目，同时穿插完成队列会操、理论授课、示范教学、集训综合考核等。成立训练教学示范班，统一规范训练动作标准，做到科目训前先观摩再实施，确保集训效果；坚持落实训练检查督导制度，每天检查督导通报训练情况；充分发挥军事民主，定期组织召开军事训练研讨会，对训练形势进行分析，及时发现和研究解决训练瓶颈问题；辅导员全程在集训现场，及时掌握和解决士官生思想问题，加大集训保障力度，协调医护人员全时段在训练场进行现场保障，为训练保驾护航；宣布训练纪律和组训要求，明确训练管理"高压线"，组织开展秩序大检查、大评比、大整顿，加大管理力度，抓好一日生活制度和训练安全防事故措施落实。

四是固化新生军训制度,即入校即入营、入营即受训。积极与省军区协调对接定向培养士官生新训事宜,每年依托省军区综合训练队完成士官生新生军训任务。训练场地在部队一线,带训骨干是现役军人,新训科目是现行军标,确保新生入校即入营、入营即受训,为入校后军事训练打下良好的思想基础与体能基础。

成立前进工作组。学院派出教研室主任、军政教官、辅导员组成前进工作组,协助部队做好新生军训相关保障工作,与部队协调训练相关事宜,配合完成新生的思想工作、后勤保障等。工作组每天收集训练管理和生活保障等视频图片,以微信方式推出新生军训宣传专栏。学院领导训练前期到现场进行动员,训练中期到现场看望慰问,训练后期到现场观看训练展示。

强化思想教育促稳定。坚持以强化思想政治教育作为稳定新训队伍强有力的措施,严格按照政治教育计划组织思想政治教育,积极开展谈心交流,引导学生端正学习、训练态度,增强吃苦耐劳的意识;在生活和举止上给予新生指导,热心为他们排忧解难;端正对新生的态度,不打骂体罚,不简单粗暴,做到严与爱有机统一,依法管兵、文明训兵,以情带兵;坚持每周组织周末休息调整半天,统一发放手机,在督促学生及时与家长联系时,教育学生把自己最好的状态展现给家人;及时跟进疏导,掌握学生思想状况变化,组织对思想出现松动的学生进行谈心,协调学生家长到训练队配合做学生工作,最大可能转化学习思想有波动的学生;对个别思想松懈、去意坚决的学生实行首轮淘汰制度,积极配合家长做好退学转学工作。

坚持按纲施训保提高。所有带训骨干严格落实"以人为本,严格管理、科学施训"的训练方针,充分考虑新生身体素质、适应能力、领会能力,将整个训练计划分为适应期、提高期、巩固期三个阶段来组织实施。训练过程中采取集中示范、分类讲解、分组练习、个人体会、评比竞赛等形式组织训练,做到由简到繁、由易到难,强度由小到大,速度由慢到快,逐步提高。每个阶段组织会操评比和小竞赛活动,利用争夺流动红旗、争当训练标兵等形式,激发学员的训练热情,形成争标兵、夺红旗的良好训练氛围。

五是探索外出带训制度。按照内强素质、外树形象的总体要求,依令挑选士官生骨干赴相关高校完成新生军训和地方武装部门组织的预征生军训任务。外出带训骨干都能坚持严格要求、严格训练,自身要求高,军事素质好,纪律作风硬,骨干形象和作用发挥明显。

层层考核选拔,确保带训骨干质量。学院在组织暑假集训工作时同步推进外派带训骨干训练、考核和选拔工作。结合暑期集训阶段考核,挑选队列、四会教学等综合素质较好的士官生进入梯队强化训练,重点训练士官生组训任教和管理能力;外出带训人员必须通过省军区组织的高校带训骨干四会教学和军事技能资格认证考核。外出带训前由学院进行教育动员,明确带训任务、带训要求和"十二个不准",签订带训工作责任书,做到听招呼、守纪律、学本领、树形象、保安全。及时跟踪指导,掌控带训工作进程。外出带训指定负责人,每天收集汇总当日训练、管理情况,形成带训日工作报告,以微信推送方式上报学院工作群,特殊和紧急情况随时报告;定期推送各受训单位训练视频和相关图片,及时反馈相关信息。学院领导定期走访慰问受训单位,督查检查训练、管理秩序,与学校负责人和学生代表座谈了解带训骨干情况。协调受训单位统一组织对带训骨干进行鉴定考评,填写考评鉴定表并装入学生档案。

科学组织实施,保证带训工作效果。按照高等院校军事训练教学大纲制定训练计划,每天早上明确训练内容、标准和要求,每晚总结,查找训练问题;严格教官示教,从教官自身形象、教学训练等环节严格把关;采取分层次、帮扶相结合的方式组织训练,对检查发现的问题及时进行纠正,保证带训任务按质按量完成。

(三)坚持严字当头,打造士官生铁血纪律,培养严于律己、依法办事的行为习惯

士官生具有学生和准军人的双重角色,他们的个性发展与军人规范存在冲突,在校两年半后将踏入军营,走进部队,必须把训练与日常管理有机结合起来。

一是强化军人理念。军人以服从命令为天职,须严格执行条令条例。学校根据定向培养士官生管理需要,依据条令制定《士官生行为准则》《士

官生管理规定》《士官生请销假规定》《士官生手机使用管理规定》《士官学院岗哨执勤规定》等规章制度,以日常的行为管控与约束强化士官生对待服从的适应能力。定期组织开展作风纪律整顿活动和"严管理、强作风、正秩序"专项活动,坚持从礼节礼貌、军容风纪、集合站队、军人形象、内务卫生等细节方面,一招一式抓训练、一举一动抓规范、一点一滴抓落实。充分利用饭前饭后、集会点名等时机,广泛开展"集合练速度、上课练坐姿、行进练队列、全程练士气"的"四练"活动,使条令要求融入士官生日常工作,形成自觉习惯,切实做到严之有据、严之有度、严之有理。

  二是强化层级管理。严格把部队的按级指挥、逐级汇报的管理体制融入士官生管理之中,实行院、队、排(班级)、班(宿舍)四级行政管理模式,与部队营、连、排、班四级基本一致。实行以老带新制度,各排排长全部由高年级士官生骨干担任。参照部队模式统一设计制作士官生骨干任命状,召开骨干任命大会,提高各级管理骨干责任感和荣誉感。设置党总支、党支部和党小组,与部队营党委、连支部、党小组基本一致。过组织生活,受层级管理,切实让士官生感受到部队纪律的严明、严肃。

  三是强化日常落实。管理中突出"兵味"抓管理,强化"军味"育尖兵,注重平常,注重经常,注重感化,注重同化。每天有点名,每日有查课查寝,天天有要事日志登记,学院领导分批入班,一线骨干同吃同住。管理中注重落实,每周有工作安排,每周有工作评比,当日有工作汇报,次日有工作计划,确保一人一事有人管,时时刻刻抓落实。学院阶段性工作、长线工作在经常抓、抓经常、反复抓、抓反复中得到较好落实。

# 士官生军政素质培养方案设计

王永斌　孙文礼　任爱华　于新国　孟庆波　梁赋　刘建国[①]

**一、国家对士官生军政素质的基本要求**

强军兴军,关键靠人才,基础在教育。培养定向士官人才,不仅是培养士官生精湛的专业技能,更需铸就听党指挥的强军之魂。保证士官生的政治忠诚、信念坚定、意志顽强、作风优良等品质,培养士官生崇尚军营生活、适应军队训练、承受艰苦环境的意志,这些都需要落实到地方高职院校士官学院育人、化人的具体工作上。

士官生军政素质培养是地方高职院校士官学院人才培养"立德树人"的具体内容,是解决"为谁培养人"的具体措施。习近平主席在视察陆军步兵学院时强调,要做到打仗需要什么就教什么、部队需要什么就练什么,使人才培养供给侧同未来战场需求侧精准对接。习近平主席在视察

---

① 王永斌,山东信息职业技术学院士官学院书记兼院长,研究领域:计算机技术应用,职业教育管理,军士教育;
孙文礼,山东信息职业技术学院士官学院军政教员,中校退役军官,研究领域:国防教育,军事训练;
任爱华,山东信息职业技术学院士官学院支部副书记,研究领域:大学生思政教育、职业教育政策、计算机技术应用;
于新国,山东信息职业技术学院士官学院军政教员,中校退役军官,研究领域:国防教育,军事训练;
孟庆波,山东信息职业技术学院士官学院军政教员,中校退役军官,研究领域:国防教育,军事训练;
梁赋,山东信息职业技术学院士官学院军政教员,中校退役军官,研究领域:国防教育,军事训练;
刘建国,山东信息职业技术学院士官学院军政教员,中校退役军官,研究领域:国防教育,军事训练。

驻昆明部队时指出,实现强军目标,基础在基层,活力也在基层。定向培养士官生入伍后主要工作在基层,抓好定向培养士官生的军政素质教育,是抓好军队基层建设的重要保证。

**二、探索士官生军政素养的现实意义**

自 2012 年起,军队为加快培养新型士官人才,依托地方院校专业培养优势开展定向士官培养工作,确定定向培养士官采用"2.5+0.5"的培养模式,即在地方院校培养 2.5 年,再到军队士官学校培养 0.5 年,3 年学制结束后,直接安排到军队担任士官岗位任务。

(一)地方高职院校定向培养士官生教育必须开展军政素质教育

问题关键在于,仅靠在军队士官学校培养 0.5 年,要完成军政素质教育和军事专业技能教育是不可能的。鉴于军队装备和岗位技能的特殊性,士官生入伍前需要进行专业技术技能学习(比如,与空军某学院制定的人才培养方案,士官生入伍前需开设 6 门专业课),以及入伍前 3 个月的军政训练必须保证。面对这一现实困境,地方士官学院需要将军政素质培养前置到 2.5 年开设。

(二)地方高职院校士官生军政素质培养实践中存在的实际问题

地方高职院校定向培养士官教育体系还不健全,特别是士官生军政教育课程还没有标准体系。军政教育课程基本参照军队院校开设,教师资源、教材资源、教案教具参差不齐,多少不一。地方院校与军队院校有着不同的管理模式和教育模式,而培养军队需求的新型士官人才又必须坚持部队需求为导向。在新形势下,地方高职院校亟须建立定向培养士官生军政素质教育体系。

**三、定向士官生军政素质培养实践案例**

山东信息职业技术学院士官学院(以下简称"山东信院")结合自身教学和资源优势特点,切实推动定向培养士官质量不断提升;重点在"创新发展、深度融合、精准对接、训用合一"上下工夫,在"理想信念、军事素养、专业能力、战斗作风"上见实效,把定向培养士官生军政素质能力提升融入教学课程和学科教育。

山东信院定向培养士官工作开始于2014年。初期士官生培养的相关政策和要求不是很具体和详细,特别是在定向培养士官生的军事技能和军政素质方面没有明确标准和要求。为此,学院多次到军队对接交流,经常与入伍士官深度交流反馈,着眼于定向培养士官毕业入伍即任职士官岗位的实际需求,认为定向培养士官入职前就必须具备一定的军事技能和军政素质能力,方能胜任士官岗位,具备基层骨干能力。

当前,定向培养士官采用2.5+0.5年培养模式,前2.5年在地方院校学习,后0.5年在军队训练指导机构完成,基本上是3个月军事训练和3个月专业教学,有的机构军事训练和专业教学不在一个单位完成。单就学习时间看,在紧张的0.5年时间里不可能系统学习军政课程,定向培养士官毕业入营即任职士官岗位,承担士官职责,其军政素质能力存在不足。要解决这一问题,必须在前2.5年嵌入一定基础的军政素质课程。

军政素质培养需要较系统的军政课程体系设计。试编定向培养士官系列军政教材是地方院校的责任担当,在没有规定课程标准、没有系统教材的情况下,山东信院积极主动地做了如下探索。

(一)思路设计

在普通院校大学生思想政治通识课程基础上,士官生增设了系列思政和军政课程,分为军政理论、军政技能和军政实践三个类别,内容包括习近平新时代中国特色社会主义思想、习近平强军思想、军政基本知识、军事体能训练、共同条令学习与实践、士官生心理素质培养与调节、基层思想政治教育工作、军事格斗以及四会教练员等;结合时代需求和军队士官岗位需要,分别从士官生军政理论素养、军政技能素养和军政实践能力三个层面,架构士官生军政素质培养教育体系。

军政素质课程体系建设要坚持实用、可用、好用的原则。坚持实用,就是在教育内容上与军队的实际和发展需求一致,学习的内容就是军队士官岗位实际需要的内容,一切从实际出发;坚持可用,是军政素质课程内容设计不搞高大上,要走平实路线,从士官生自身基本素质和基本能力出发,提高士官生学习兴趣,能学以致用;坚持好用,是通过军政素质培养,入伍士官生具备士官岗位任职能力。军政素质教育课程教材编写既要符合地方院校教学实际,又要满足军队士官岗位需要。

(二)教材编写的难点

与普通教材编写不同,面向士官生培养的军政系列教材编写有一定的实践难度。由于政策规定的关系,现成的军队院校教材无法在地方院校使用,各军种或各士官岗位又有不同的要求。军政课程如何架构?开设哪些课程?课程标准和体系如何构建?理论高度和实操技能的程度如何确定?一系列问题有待解决。

军政课程系列教材编写理念化繁为简。教材编写先不考虑理论高度,就从学生能懂、会做、实用的角度出发,把应该学的、需要做的、可能干的知识编写进来,联系教学指导机构和定向培养士官承担院校,共同讨论、协同商议,发挥职业院校技能培养的特长,编写一套基于基层士官岗位能力、胜任士官岗位职责的军政教材就有了基本思路。

在邀请有关专家召开定向培养士官军政教育教学研讨会的基础上,山东信院确立了校本化教材编写原则。

首先,基础的《人民军队导论和发展史》《军事法概论及案例选编》《定向培养士官军事体育训练教程》《定向培养士官队列训练教程》《共同条令》《定向培养士官心理教育与疏导》《定向培养士官心理行为训练》有必要编写。

其次,基于士官骨干带、训、管的基本能力培养,《定向培养士官军队基层管理》《定向培养士官军队基层政治工作》《定向培养士官战术技能训练》《定向培养士官军事四会教学》等教材也有必要编写。

最后,基于模拟部队编成实施准军事化管理的实践,通过模拟营连班架构士官生的轮值轮训,保证完成军政素质和军事技能教学任务。教材编写分为军政理论、军政技能和军政实践三个类别,按纲编写,军队需要什么编写什么,缺什么教什么,一切从实用出发。

(三)教材编写的两种思路

定向培养士官军政系列教材没有相关规定标准,试编就是一种探索和尝试,行与不行需要实践检验。在编写教材过程中,确实有多种声音。

一是说地方院校教好专业就行,军队看中的是地方院校专业技能培养优势,军政课程不需要教、不用管;二是说地方院校要把军政素质培养好,专业只要打好基础就行,没有过硬的军政素质和军事技能,士官生入职不能胜任士官岗位,不好用;更有甚者,说专业不管,只要思想坚定、军事技能过硬就行,专业技能在设备上操作几个月就行。在编写过程中,编写者一直抱着开放的态度,有不同意见可以讨论、争论,政策允许的情况下就在实践中不断修订完善。

在教学师资方面也需要专门人才,地方院校基本都是聘用退役军人担任军政教学和军事训练教员。山东信院聘用的是曾在军队担任营连主官的退役军人担任教员,教学效果基本能够得到保障,同时,与军队教学指导机构深度对接,强化内培外引,不断提升军政课程教育教学水平。

(四)军政素质培养方案设计

山东信院在高校大学生思想政治课"思想道德修养与法律基础""毛泽东思想和中国特色社会主义理论体系概论""形势与政策""习近平新时代中国特色社会主义思想"基础上,为士官生增设军政理论课程,包括"人民军队导论和发展史""军事法概论及军队保密条例""军队基层管理""军队基层政治工作""习近平强军思想"等5门课程;军政技能课程包括"军事体育训练教程""共同条令(队列)""士兵心理教育与疏导"和"军人心理行为训练"等4门课程;军政技能实践课程包括"战术技能训练""军事四会教学"等2门课程。经与4所军队士官学校专家对接探讨,军政素质教育课程课时量基本控制在总课时量的25%左右。部分课程介绍如下。

1."人民军队导论和发展史"课程简介

从新时代人民军队的目标任务和历史使命开始,介绍人民军队的性质和宗旨、根本制度以及优良传统,充分了解人民军队各军种的建立发展及历史成就,采用讨论法、问答法和案例法等多种授课方式,使士官生能清晰掌握我军的历史和优良传统,具备宣讲军史和国防教育的能力。

2."习近平强军思想"课程简介

习近平强军思想立足于新时代国防和军队鲜活实践,深刻回答了强军兴军的使命任务、目标方向、原则制度、根本指向、战略布局、重要路径等根本性问题,是一个逻辑严密、意蕴深远的科学军事理论体系。士官生必须全面系统学、及时跟进学、深入思考学、联系实际学,结合入伍士官岗位、结合军队工作职责,让士官生真正做到学、思、用贯通,知、信、行统一。

3."军队基层管理"课程简介

"军队基层管理"对军队基层管理的基本范畴、基本理论、基本知识进行了系统的论述,对我军基层管理的丰富经验进行了总结,对新时期带兵治军特点进行了细致的研究,对新形势下基层管理出现的新情况、新问题进行了案例探讨,对当前基层管理面临的重点、难点、热点问题进行对比学习。

4."军队基层政治工作"课程简介

政治工作是我军的看家本领,是我军的最大特色、最大优势。90多年来,靠着强有力的政治工作,我军始终在党的绝对领导下行动和战斗,历经硝烟战火,一路披荆斩棘,取得一个又一个辉煌胜利,为党和人民建立了伟大历史功勋。本课程紧紧抓住"政治工作是我军生命线"和"党对军队的绝对领导是我军永远不变的军魂"这一中心,让士官生真正学会做思想工作,掌握军队政治工作的原理、本质、规律等内容,能胜任带兵、管兵的需要。

5."军事体育训练教程"课程简介

"体能就是战斗力",良好的体能是军人打胜仗的基础,体能训练对于培养军人勇敢顽强的意志品质、树立敢打必胜的信心、时刻保持清醒头脑、确保坚决完成各项任务,具有重要作用。本课程以严格落实部队《军事体育训练大纲》的相关要求为目标,汲取了军事体育领域的训练方式方法,围绕士官生体能训练这一主题,贯穿考核训练科目这条主线,从运动训练学的角度阐述军事体育的训练原理和方法手段,结合教师与士官生实际需要组织制定训练计划,选择适合的体能训练方案,力求形成理论与实践并举、内容较为全面的军事体育训练教程。

6."共同条令(队列)"课程简介

共同条令是开展依法从严治军的根本依据,只有按照共同条令抓落实,做到严之有据,才能确保各项工作真正进入法制化、规范化和制度化的轨道。从严治军并不是盲目的"严",更不是随心所欲的"严",而是有章可循、有法可依的严格要求、严格管理。

为培养和增强士官生的军人身份意识,推进士官学院军事化管理,我们结合士官生学习、训练和生活特点,紧贴部队实际,精选条令规范条目,确保内容的科学性、准确性和操纵性,学用结合,强化士官生军人作风、军人纪律的培养,内强素质、外树形象,把规范内化成行为,把行为培养成习惯,把习惯升华成素质,为培养具有过硬作风纪律的士官生提供了基本依据。

7."士兵心理教育与疏导"课程简介

通过本课程学习,士官生能充分了解自身心理特点,认清各种心理问题产生的基本规律,掌握心理教育与疏导所遵循的原则和方法,从而有效预防各种心理问题,培养健全人格,锻造过硬的心理素质。

8."军人心理行为训练"课程简介

随着现代战争形态的变化,心理行为训练成为当前军人的必训科目。军人心理行为训练重点是加强定向培养士官生心理素质、加强心理教育训练、培育战斗精神和团队协作意识。教学利用简单易得的辅助工具如绳子、木板、油桶等物品构设战场环境,通过情境诱导组织训练,培养官兵的团队精神,开发潜能、提高自信、增强意志、拓展思维,促进相互沟通,同时还能疏导士兵心理、陶冶情操、缓解压力。

本课程包括军人心理行为概述、不良心理行为的诱发因素、心理防护原则、军人团结协作能力训练等内容,同时介绍了相关的心理学知识,为入伍士官开展心理训练、普及心理学知识、提升官兵心理防护水平提供帮助。

9."战术技能训练"课程简介

战术基础动作是军人必备的军事基本技能,了解战术基本知识,熟悉现代战斗的特点和基本原则,掌握战斗指挥的一般办法,是士官生培养不可或缺的基本内容。战术基础训练须通过专业军事教官组织教学,教授战术基本理论,在相应的训练场地对战术动作进行言传身教,并利用必备的战术教具进行辅助练习,如教练用枪、战术沙坑、障碍训练场等。通过系统训练，士官生能掌握基本战斗技能，增强基本战术素养，培养顽强战斗作风，提高组织指挥能力，为下一步进入部队打下良好的军事基础。

战术基础动作主要包括单兵和班战术动作，主要内容包括持枪、卧倒、起立、匍匐前进、战斗准备、利用地形地物、防护、战斗搜索、综合演练等，训练时长约为二周，适合在士官生入伍前期组织训练实施。

10."军事四会教学"课程简介

"军事四会教学"依据地方普通高等学校担负的军政教学任务，结合定向培养士官生组织指挥能力素质需求，充分借鉴部队大纲训练要求，根据部队训练内容、教学手段、组训形式，把四会教学能力对士官的要求细化到各个训练内容，对四会教学能力素质培养进行规范，对四会教学组训方法进行明确和规范。课程概述部分，首先对军事四会教学发展历史、地位作用、重要意义(本质特征)进行总体阐述；其次对军事四会组织实施的内容体系、基本方法手段、组织程序和评定标准进行规范明确；再次对军事四会教学的指挥、思想工作等基本能力训练进行详细讲解；最后按照队列、战术基础动作、轻武器操作、手榴弹使用、防护、卫生与救护、战备基础七个模块，对四会教学的组织与实施进行具体探讨。本课程初步规范了普通高等学校对定向培养士官开展军事四会教学的理论内容和方法体系，为定向培养士官生军事四会教学提供了基本依据。

(五)军政素质培养方案修订

经过三年实践，总结军政课程教学和军士人才军政素质培养的经验，结合多次到军队教学指导机构、基层部队调研和对入伍毕业生调研，学校进一步提升军士人才"一专多能有特长"的目标定位，适当缩减军政课程学时数量，2022年3月开始重新修订军政课程体系，使之更科学、更合理、更实用。

合并"士兵心理教育与疏导"和"军人心理行为训练"为"士兵心理疏导与行为训练"，结合当前部队军人心理卫生健康存在的问题，通过案例分析和心理教育疏导，正面引导、安全教育、思想纠正、心理解疑，培养正确的"三观"认知和军人价值理念，培养不畏困难、不怕挫折、勇于拼搏的奋斗精神。结合军政教员在基层担任营连主官和带兵管兵的经验，辅以相关器材和案例经验,开展更有实效的心理行为训练。

合并"军事法概论及军队保密条例""军队基层管理""军队基层政治工作"课程,创新开设"定向培养军士职业素养"课程。该课程以骨干作用定位、岗位能力需求和职业发展为着力点,教授军士发展沿革、军法实务、国家安全观、基层管理、基层政治工作、军士岗位素养、退役政策及职业发展等内容。

将"共同条令(队列)"修订为"定向培养军士日常规范和养成"。依据共同条令,规定定向培养军士言行举止基本行为规范,开展军人规范教育和日常习惯养成。

提升"军事四会教学"课程层次,融入"战术技能训练"课程。"军事四会教学"课程以部队四会教练员能力为根本,以教育部普通高等学校军事课教学大纲为参照,修订"四会军事教学"课程内容,组织军政教员学习、调整、施训。

## 四、未来探索的方向

一是进一步突出地方职业院校的职业教育特色。地方院校,特别是职业院校一贯重视学生的实操技能培养,突出的是理实一体化教学导向,地方院校在教授军政课程时也需要适应地方院校的教学理念和教学方法,突出发挥地方院校特点,重视军事和军政技能实操内容,不搞高大上的理论,教简单实用的技能,简单表达就是:地方院校教得了、定向培养士官学得会、到了军队基层用得上。

二是与时俱进,持续完善、更新有关教材。近几年来,中央军委陆续更新修订了相关管理规定和文件。山东信院定向培养士官系列教材编写工作将进一步修订更新,未来教材的编写和修订朝着更加有利于教学、有利于实操、有利于军队基层建设的方向发展。

三是在实践中不断修订和迭代,展现课堂教学的实际情况,进一步提高军政素质课堂教学效果。

# 定向培养士官生培养质量考评体系及动态调整机制研究

闵雅婷　曹志刚　都昌兵　张少利
周望平　刘阳　刘雨晴　蔡海鹏①

　　士官的特别身份、特种作用和特定需求决定高职教育定向培养士官的特殊价值。[1]定向培养士官自2012年试点以来，创新了军事人才生成渠道，提高了军事人才培养质量效益，成效明显，成绩突出，成为近年高职教育的一大亮点和特色。为进一步加强和改进定向士官培养工作，更好地发挥高职教育的优势和特色，有必要以军事需求为依据，以现实问题为导向，分析现状，查找不足。针对定向士官人才培养质量还不能满足军事需要、军队需求和士官任职岗位要求的核心问题，关键对策是建立定向培养士官质量生成机制，促进定向培养士官工作高质量发展，为军队培养"留得住、用得上、打得赢"的士官人才。定向培养士官质量生成机制，从院校教育管理层面来看，需要建立定向培养士官生培养质量考评体系；从

---

①　本文系湖南省"十四五"教育科学规划2021年重点资助课题"基于'三个面向'的定向培养士官'五育并举'人才培养模式改革研究"（项目编号：ND210603，主持人：闵雅婷）的阶段性成果。
　　闵雅婷，长沙航空职业技术学院航空服务与管理学院讲师，研究领域：航空安保；
　　曹志刚，长沙航空职业技术学院士官学院党总支副书记、助教，研究领域：定向培养士官；
　　都昌兵，长沙航空职业技术学院航空机电设备维修学院党总支书记、副教授，研究领域：航空发动机维修；
　　张少利，长沙航空职业技术学院政治部副主任、副教授，研究领域：宣传与思政教育；
　　周望平，长沙航空职业技术学院团委书记、副教授，研究领域：思政教育；
　　刘阳，长沙航空职业技术学院发展规划处处长、副教授，研究领域：高职教育；
　　刘雨晴，长沙航空职业技术学院招生办助理、助教，研究领域：高职招生；
　　蔡海鹏，长沙航空职业技术学院原党委副书记、教授，研究领域：定向培养士官。

激励定向培养士官生层面来看,需要建立动态调整机制。

## 一、定向培养士官现状

**(一)部队有需求:人才需求稳定并趋向高质量、高层次**

士官,又称军士,即"职业士兵",处在"兵头将尾",被誉为"军中之母""军中脊梁",是未来作战任务的骨干力量,被军委确定为五类军事人才之一。士官制度改革后,全军建制班班长和武器装备重要操作岗位全部由士官担任,士官人数已占士兵总数的50%以上,在一些高技术部队甚至达到80%。随着新型作战力量快速发展,士官长、士官参谋、士官支委、士官教员等新生岗位相继出现,士官能力素质要求"一专多能、技指兼备"。随着深化国防和军队改革,士官的职能使命、地位作用和发展空间都在发生历史性嬗变。我军建设正加快向质量效能型和科技密集型转变,对士官综合素质的要求越来越高,定向培养复合型士官、本科等高学历士官成为必然需求。

**(二)院校有热情:培养数量快速增长并趋于稳规模、提质量**

试点以来,定向士官培养规模快速增长并趋于稳定。高校定向培养士官,能够抢占军民融合发展战略先机,充分发挥教育资源的边际效益,促进教育教学改革的深化,增强综合办学实力,打造"军"字特色品牌,提升社会美誉度。全国多所高职院校通过定向培养士官,拓宽了招生渠道,提高了学生就业品质,激发了办学活力。2017年起,军队不再从本科高校定向培养国防生,也不再从本科生中考核选拔国防生,由此定向培养士官成为目前高校"订单式"培养军事人才的唯一渠道。

**(三)人才培养有成效:总体向好并趋于精准化、个性化**

定向士官在部队表现突出,缩小了我军士官队伍与发达国家士官素质的差距,逐步受到肯定和欢迎。如到2019年,武警分配到部队的定向士官已有1130余人担任班长骨干,千余人被评为"优秀士官"。定向士官相比院校直招士官,具有所学专业对口、理论基础扎实、学习兴趣浓厚、求知欲望强、生源质量稳定的相对优势;相比军队培养士官,有文化基础好、学习能力强、发展潜力大的明显优势;相比国防生,具备更加专一的从军发展目标。但是，当前士官教育由学历教育向任职教育转变，趋于个性化定制和精准化培养，定向士官培养数量和质量与军队需求和任职岗位要求仍有一定差距。

（四）职教改革有目标：军民融合培养并趋近开放化、共享化

定向培养士官是贯彻我党新时代强军目标和我国军民融合发展战略的重要举措，其实质是军队充分利用优质高职教育资源培养军士人才，这也是开放、共享培养的成功所在。2021年1月1日起施行的《军队军事职业教育条例（试行）》着眼完善网络化、开放式、全覆盖军事职业教育体系。2019年《国家职业教育改革实施方案》明确提出，服务军民融合发展，把军队相关的职业教育纳入国家职业教育大体系，共同做好面向现役军人的教育培训；落实好定向培养直招士官政策，推动地方院校与军队院校有效对接，推动优质职业教育资源向军事人才培养开放，建立军地网络教育资源共享机制。军事职业教育正在全军大力推进，成为"三位一体"新型军事人才培养体系的重要组成部分，军地职业教育开放、共享和职业教育军民融合成为必然趋势。

## 二、定向士官培养质量存在的主要问题

（一）兵源质量问题

1. 生源宣传发动不充分

目前定向士官公开宣传发动还不充分，社会对定向士官的关注度、考生报考的热度与士官招生计划的增长速度还不匹配，其中考生报考热度又不如家长专注热度，甚至不少考生家长逼迫考生填报定向士官志愿。除2020年受疫情影响报考"反弹回升"外，多省市定向士官报考人数偏少，有些省市多年出现录取生源数甚至比招生计划数还少的现象。究其原因，一是没有纳入征兵工作考核，地方征兵部门往往热衷于义务兵，而忽视定向士官。有基层武装部为了完成大学生征兵任务，甚至劝导本有意向报考定向士官的考生报名义务兵征兵。二是各省市定向士官招生计划与其宣传发动情况没有挂钩，考生报考热度明显存在不均衡甚至"冷热反差"现象。有些省市投档线托底，有些高校士官专业比非士官同专业投

档线甚至要低近百分,导致社会上每年都有不法分子和招生中介机构,利用信息不对称之机,以"有关系""有内部指标"为由"指导"低分考生考取定向士官以收取高额费用;也有个别"投机"的低分考生,报考定向士官被录取,报到后即找各种理由申请转出士官班。三是各高校普遍重视属地宣传而忽视外省宣传,很多考生也不愿意出省就读,导致定向士官录取普遍存在"本省热、外省冷"的现象。

2. 资源与规模不相匹配

很多高校一直在争取定向士官培养资格,军方和教育部门也一直围绕高校培养条件和计划规模进行论证和权衡。院校定向士官培养军种太多、专业太杂、规模太大,造成军地多头衔接困难,个性化培养难以实现,兵员质量难以保证。但是,定向培养士官在教学设施、师资培训、生活条件、军营文化等方面需要大量投入,如果不成规模,专业分散,招生计划不稳定,高校就会考虑资金投入风险,不会投入大量人力、物力和财力,难以把定向士官培养作为长远事业谋划。多军种学生在一起,相互切磋竞技,取长补短,本身也是一种军种文化"融合",关键是要有与规模匹配的充足教学资源和科学化管理模式。

3. 学生学习作风不扎实

一是学习基础相对弱。在中学的应试教育体制下,士官生体质体能基础普遍不强。近年,因定向士官录取计划急剧增加,有些院校的士官生考分普遍低于本校普通生。二是思想认识偏差。一些学生认为定向士官就是"保险箱"、入校就等于入伍,没有就业压力,缺乏学习压力,缺少竞争意识、刻苦钻研精神,甚至有在学校"混一阵子",去部队"混一辈子"的思想。三是职业认知不清。很多学生对士官职业认识模糊,从军思想处于迷茫状态,缺乏"携笔从戎,保家卫国"的使命意识、进取精神和爱国激情,入伍目标不明确,训练存在盲目性,学习动力不足,专业理论学习不够深入,技能基础训练不够扎实。四是心理波动明显。部分学生入学入伍动机不纯,心理素质不稳定;培养过程中韧性不够,缺乏足够的恒心;入伍前情绪出现波动,焦虑症状较明显。[2]个别学生看到就业形势好,就找理由退出士官班而选择就业。五是入伍后适应期长。有些士官对入伍准备不足,缺乏吃苦耐劳精神,初始军人作风不过硬,组织纪律观念淡薄,军政素质欠缺,岗位认知能力不强,实际动手能力较弱。个别士官考虑现实利益、个人利益过多,不愿意长久服役,不安心服役,甚至出现自我故意淘汰的情况。

(二)教育管理问题

1.人才培养对接不紧密

院校与部队对接是定向培养士官的关键环节。目前,由于体制机制和理念意识原因,军民融合的体制性障碍没有根本破除,军种机关、兵役机关和教育部门多方协调、配合机制还不完善,导致军地各方衔接容易断层缺位,加上"涉密"原因,军地对接困难成为定向士官培养最大的"瓶颈"。军地联合培养士官是一项系统工程和整体性工作,高校与部队不能有效对接,教师不清楚士官到部队所干工作,单凭分割的"2.5+0.5"模式,就会出现"盲人摸象""囫囵吞枣"的现象,加上各军种对地方高校的要求与标准不明确、不统一,部队教学指导机构对签约院校的指导职责不具体、内容欠细致,导致士官专业"三教"改革困难。

2.教学改革针对性不强

高校培养定向士官的动机不一,不少院校视之为贯彻军民融合发展战略和服务强军目标的历史机遇,对定向士官高看一眼、厚爱一层,按"士官优先"原则组织教育教学。但有些院校还缺乏准确认知,培养目标不清,质量管控不严;还有个别院校缺乏应有重视,缺少专项经费投入,师资和实训条件缺乏。在人才培养目标上,院校认识与部队实际需求还存在明显差异,导致教学"军味"不浓,专业指向性不强,实施差异化、个性化教学不够;涉军专业课程普遍缺乏专长教师、专业教材、专门装备。对士官和定向培养士官的研究,明显存在"军队院校热、地方院校冷"的现象,高职院校的士官研究成果严重滞后于定向培养士官的事业发展,更滞后于部队士官人才队伍建设,导致定向培养士官教学改革理念、模式、思路不清,针对性不强。

3.学生身份管理不明确

试点以来,把定向士官生作为"学生"还是"军人"身份管理,一直是教育界和军方争论的焦点,军地专家对此也持不同观点,由此带来对人才培养定位的争论和"重技能""重军事"两种倾向。实际上,定向士官生具有普通大学生和后备军人的双重属性,既应具有大学生的高素质,又该具备军人的硬作风,这种身份的特殊性,决定了其成长发展必须同时遵循高等教育规律和军事人才培养规律。高校对士官生实施军事化训练和管理,是士官生军事素质养成教育的需要;为士官生配发相应军装和被装,也是军人身份认同教育和军政教育的必要。但是,士官生在校学习期间着军装又属"违法"行为,如果管理不善容易引发"涉军"舆情;如果军事训练养成不正确、不规范的行为习惯,反而造成入伍后纠正困难。

(三)体制机制问题

1. 淘汰补充机制不健全

定向培养士官试点伊始就设计了淘汰补充机制。一方面,补充了兵源,保证了输送数量;建立了竞争机制,激发了兵员活力。另一方面,有些院校没有选拔优质生源予以补充,相对降低了生源质量。实际上,现有淘汰补充机制设计比较科学,在实施中弥补了招收优质生源的两大政策缺陷。一是非定向士官招生地区的优质生源,全国还有15个省份的考生没有报考定向士官的机会,而定向士官培养院校都可在外省招生,当士官生因淘汰出现缺额时,可以从这些生源中选拔补充。二是目前定向士官招生政策,只有普高毕业生才能报考,职高(职中)考生不能报考,但定向培养士官的核心素质是专业技能,而这恰是职高(职中)生源的特长,当士官生因淘汰出现缺额时,可以从这类生源中选拔补充。所以,现有淘汰补充制度,无意中建立了一种"补偿"公平的机制。问题的关键是要从生源质量本身而不是生源"出身"来确定兵源质量,是制度如何公开、公平实施的问题,而不是制度本身出了公平问题。

2. 军地对接制度不严密

目前定向培养士官还属于军地联合培养的基本层次,高校与部队缺乏常态化沟通渠道,军地士官计划对接不精准,军地联教联训缺乏长效机制。一是生源不足影响兵员质量。考生报考越多,选拔余地越大,录取分数越高,生源质量相对越好。2012年以来,士官生生源一直充足并且稳定的地区有山东、湖南、江西、河南等地,个别省市生源不充足导致士官录取线"踩底",省际生源质量差距大。二是士官生计划下达时间滞后。近年来,士官生计划下达时间太晚,影响高校上报分省分专业招生计划。三是士官生培养缺乏军民融合。"2.5+0.5"的两个阶段、两个环节还基本隔离,地方培养院校批次性派学生入部队进行军营体验操作困难,部队教学指导机构到地方培养高校指导少,两者资源和力量融合不够。四是士官生所"学"和所"用"不太一致,士官生分配到部队后存在"学用脱节"现象。军改前,有些士官生入伍后身份、职能与义务兵没有区别,任职岗位与所学专业不太相关,或者工作简单没有技术含量,"就是搞卫生、按按钮",这类片面信息和肤浅认识通过新士官反馈给在校学生,对士官生学风产生一定的不良影响。

3.士官素质结构不清晰

士官素质结构是人才培养目标中的基本问题,不同专家对此也持不同意见。士官生的素质一般可分为政治素质、专业素质和军事素质三大方面。三者间的关系如何处理,成为各高校在探索定向培养士官中需要自行把握的问题。教育理念认识不清、教学目标定位不够清晰、课程设置标准不够明确,导致士官素质缺乏统一标准,出现不同的教育训练管理模式和不同的人才培养效果。政治素质关系到士官生"可不可靠""肯不肯干"的问题,关系到为谁培养人的问题,这是人才培养的首要问题。专业素质关系到士官生"能不能"的问题,关系到士官培养的优势和特色。军事素质关系到士官生"行不行"的问题,身体素质和工作作风不行,有专业本领也是空谈。问题的关键是正确把握士官生三种素质之间的关系,为军队培养德能兼备的军士人才。

(四)质量标准问题

1.体检标准有人为因素影响

定向士官体检按照应征公民体检标准执行。一是招生体检,因多年来青少年身体素质下降,很多省市只有放宽身高、体重、视力等"小风险性"体检标准,才能保证录取生源数量。二是入学体检,各地兵役机关对体检标准把握不一甚至个别把关不严,新生体检复查发现肺结核等传染病,造成学生退学困难或转班被动。三是入伍体检,初查往往有相当部分学生不合格,在复查、再查中再逐步放宽标准,一些非原则性问题的"边界"学生得以通过。四是部队复查,一般是思想、专业、体检复查不合格的予以退兵。定向士官生 2014 年首批入伍以来,最终入伍率在逐年递增。因个体生化指标如谷丙转氨酶、尿蛋白、心电图等是动态变化的,受医学检测技术、仪器精度和人为因素的影响,体检结果存在一定偏差,有些问题需通过医生口头询问病史才得知。

2.教学标准没有深入课程

现有定向士官培养基本停留在军地联合培养协议、专业人才培养方案的宏观层面,尚未根据士官人才培养需求和任职岗位要求制订具体标准。定向士官一般是同一军种、同一专业由多个院校培养,同一院校又同时培养同专业不同军种的士官生。有些院校会定期邀请军方人员修订专业人才培养方案;有些军种会组织修订并统一专业人才培养方案,或者组织制订军政训练计划。但军地双方没有深入到课程层面统一制订各类教学标准,有些军政教师不清楚四会内容、专业教师不熟悉组训要求,很多教师和管理人员难以对同专业士官生和普通生进行区分化教学和管理。整体来看,定向培养士官还没有完全达到"订单式"培养的改革力度和个性化程度,高职教育产教融合、校企合作、工学结合的优势和特色,在定向培养士官中还没有得到充分发挥。

3.考核标准问题:在摸索中改进

士官生到底要达到什么条件才能入伍,一直缺乏具体的考核标准,由各院校自行把握。一般情况是不愿意入伍、违纪受严重处分、毕业补考不及格、体能测试不合格的学生不准入伍,淘汰率很低;或者入伍后思想、身体、技能考核成绩非常差,无法胜任士官岗位的予以退兵,退兵率也很低。参照部队院校毕业分配划档排位的办法,有部队对士官生在入伍前进行综合测试,再根据综合排名顺序让士官生自行选择部队分配去向。这种考核方式最显公平,但最后分配去边疆地区的学生思想不稳定,又成为新的问题,部队还在探索中逐步改进。当前士官生身体素质、学习基础相对偏弱,部队和院校在考核标准上缺乏具体规定,高校一般缺少军事体育专业教师,有些把学生体能混同于军事体育,难以把队列训练、战术基础训练、战备演练与军事体能训练和体检结果有机结合,对基础性力量、耐力、柔韧性、协调性、反应性训练缺乏循序渐进的科学方法,难以把握科学组训、文明组训和安全组训的关系,时常发生学生训练受伤的情况;很多院校缺乏组训考核标准和要求,对士官特点、培养规律特别是课程标准研究不够,导致部分士官生任职能力偏低、组训任教能力缺乏、适应部队周期偏长。

### 三、定向培养士官质量考评体系

分析当前定向培养士官工作最突出的问题,是定向士官培养质量对标"面向战场、面向部队、面向未来"的军队院校军事人才培养方向和"对接军事、对接部队、对接岗位"的士官人才培养目标,尚有明显差距,核心问题是定向士官人才培养质量不能完全满足军事需要、部队需求和士官任职岗位要求。

从定向士官培养院校士官人才培养角度来看,最重要的是建立定向士官人才培养质量生成机制和考评机制,其中考评机制是士官生教育管理的关键"推手",相当于"牛鼻子",也是定向士官培养质量的"抓手",相当于"方向盘"。考评机制包括建立定期诊断、综合测评、入伍考评制度,形成士官生入校复查、在校培养、入伍发展全过程闭环质量监控机制。从教育管理手段来说,建立考评机制量化管理手段,需要建立定向培养士官质量考评体系。

(一)构建士官培养质量考评体系的意义

1. 构建士官培养质量考评体系是实施士官生教育管理的必要手段

定向士官生的考核评价体系直接与评先评优、推优入党、入伍分配挂钩,有利于构建奖惩激励机制,引导士官生在思想、政治、学业、训练等方面实现"比学赶超"氛围。通过全面收集学生各项表现综合数据,可以监测士官生在校期间素质培养及提升情况,提早进行相应预警、研判、干预、监控,全面提升学生的综合素质及能力水平。评价考核借助计算机网络技术和手机APP,有利于提升定向士官生培养模式科学化、管理规范化和手段信息化水平,实现校内各部门和部队教学指导机构对士官生培养信息共享、无缝对接、关口前移和闭环管理,为改进士官生人才培养方案提供一手素材依据,进而提高士官人才培养质量。

2.构建士官培养质量考评体系是保障士官生培养质量的有效措施

定向培养士官考评体系内容主要包括思政素质、专业技能、军事素养三方面。其中政治素质包含士官生参加主题(专题)教育、思政理论课学习、向党组织靠拢、争先创优等情况;专业技能包含士官生学业情况、选课情况、课堂纪律及表现、图书借阅、学业预警、技能竞赛、技能鉴定等反映个体学习、集体学风的相关数据;军事素养包含士官生的军事理论课成绩、军事技能、军事体能、体检结果、心理素质、站岗执勤、军事化管理相关情况。对士官生政治素质、专业技能、军事素养三个方面进行考核,能全过程监测士官生从入校到入伍全周期培养情况,全方位评价士官生的思想、学习、训练和生活情况。

3.构建士官培养质量考评体系是改进定向士官培养体系的科学途径

对士官生在校思想、学习、训练、管理及入伍后表现等方面进行综合考核评价,准确、高效地掌握培养过程和结果,对士官生综合表现予以客观评定,可以达到以考促学、以考促教的目的,为推进教育教学改革提供数据支撑,便于动态调整定向士官培养机制体制,促进定向士官培养体系持续改进,逐步建立科学的定向士官培养体系。

(二)定向士官培养质量考评的主要内容

定向士官培养质量考评,核心是士官生人才质量,即士官生的综合素质。德智体美劳是普通学生素质定位的基本准则,"五育并举"是人才培养的基本模式,也是贯彻党的教育方针的必然要求,对普通大学生的通用评价标准是德智体美劳综合测评标准,而士官作为五类军事人才之一,其综合素质培养最终表现为军政素质,所以定向培养士官质量和标准研究应当有效解决军政素质标准问题,通过普通教育与军事教育相融合,从五育并举、五育生成到五育融合,最终形成定向培养士官生军政素质测评系统。[3]分析部队需求及士官任职岗位要求,定向培养士官的综合素质可以分为思想政治素质、专业技能素质和军事素养三个方面,考评体系围绕这三方面内容,建立关键指标和量化权重进行考评。[4]

1. 思政素质考评

士官生思政素质考评包括思想政治理论课考核和思想政治素养考察。思想政治理论课包括中国特色社会主义理论体系概论、形势与政策、党史军史学习、军人心理健康与疏导、军人思想道德与法律基础等课程,主要考核士官生对党的路线方针政策、党和军队的发展历程等理论知识的掌握情况,帮助士官生系统掌握马克思主义中国化的主要内容和精神实质,从而坚定拥护中国共产党的领导,树立共产主义远大理想和中国特色社会主义共同理想。士官生思想政治素养考察包括对政治品格、道德修养、国防意识、综合素质、作风养成的考察,具体指主动向党组织靠拢、积极参加党团活动,尊敬师长,团结同学,谦恭有礼,坚决维护国家利益,具备健康的身心素质等。

2. 专业素质考评

专业素质考评包含对专业基础知识、专业实训操作、技术应用能力,以及参加技能培训、技能竞赛、技能鉴定等方面情况的考核评价。要求士官生掌握本专业所必需的理论知识、操作技能和技术应用能力,积极参加各类技能竞赛,锤炼专业技能,培养运用理论知识解决实际问题的能力和获取知识的能力,满足武器装备维护和保养专业技师岗位基本要求。同时也考核士官生学习态度是否端正,学习目标是否明确,参加技能竞赛、创新创业是否积极,是否考取相关职业技能鉴定资格证书等,真正培养"部队管用、一生受用"的过硬本领。

3. 军事素养考评

军事素养考评参照相关部队军事训练与考核大纲和共同条令,结合士官岗位履职需求,开展相关内容考核评价。军事理论方面要求对习近平新时代强军思想、军种知识、军队条令条例等理论知识情况进行考核评价。队列基础方面要求加强队列养成,培养良好军姿、严整军容、过硬作风,保持整齐划一和严肃正规的队列生活等。军事体育要求达到新兵入伍体能标准,具备强壮的体力、充沛的精力、坚韧的毅力等。军事技能要求在校期间完成手雷投掷、持枪、卧倒、起立、匍匐前进、卫生与救护等科目训练，掌握动作要领。军事组训要求具备组织指挥能力，能够担负四会组训教学，参加相关组训实践等。站岗执勤要求严格遵守执勤管理规定，认真履行哨兵职责，执勤动作、用语规范。作风养成要求严格遵守三大共同条令，坚持按照条令和学校要求规范行为等。人文素养考评要求广泛参与军事类、拓展类、艺术类社团活动。

（三）定向士官培养质量考评步骤

1. 数据采集

军政素质测评数据由带班教（辅）导员、模拟团主要学生干部依据士官生军政素质测评细则实时录入定向士官生培养质量监测系统。

2. 数据统计

周、月、学期测评数据由军务助理利用定向士官生培养质量监测系统的统计分析功能定期导出。

3. 数据公示

士官生军政素质测评数据由军务助理按周、月、学期定期进行公示。

（四）定向士官培养质量考评方法和结果应用

1. 考核评价的方法

考核评价区分考核课目和考察课目，考核课目包括课程设置必考类课程、军事体能技能等，以学期考核成绩作为评价依据；考察课目包括士官生现实思想、作风纪律、日常管理等，结合士官生日常表现作为评价依据。通过平时考评与定期考评的方式，对士官生"德、智、体、美、劳"五个方面融合而成的三大军政素质项目进行综合量化考评。重点考核思政素养、学业成绩、军事训练及日常综合表现等，采取百分制进行考核，采取优秀（85分以上）、良好（70—84分）、及格（60—69分）、不及格（60分以下）四级制进行评定。定向士官生培养质量考评系统按年度对所有士官生分学年进行考评，详细记录从入校到入伍前所有学生的表现数据和考核记录。

2. 考核评价的权重

定向培养士官考核评价由课程考核和日常考察两部分组成。思想政治素质的思政政治理论课为考核课程，取学期考试平均分，占权重20%；

思想政治素养为考察内容,占权重10%。专业技能的专业知识取学期考试平均分,占权重40%;技能竞赛、学习态度、综合能力、职业技能鉴定,占权重10%。军事素质的军事理论、队列基础、军事体育、军事技能、军事组训、站岗执勤等考核内容,取学期考试平均分,占权重10%;队列基础、军事体育、军事组训、作风养成、人文素养、体格检查等日常情况考察,占权重10%。

3.考核评价结果的应用

对于士官生来说,考核评价结果作为定向培养士官资格审查、推荐入伍、评优评先、推优入党、奖学金和助学金评定的主要依据。士官生各学年测评等级均填入学生档案。

士官生学年思政素质测评等级未达优秀,不能参与学院评先评优、推优入党;学年军政素质测评等级未达优秀,不能获评国家奖学金、国家励志奖学金、优秀大学生标兵和优秀大学生。学期军政素质测评不及格的士官生,须跟班试读一学期;跟班试读期满仍不及格,予以淘汰。

对于培养院校来说,考核评价结果作为教育教学改革的重要参考,有助于掌握士官生在校综合表现,改进教学方法,完善训练管理,优化联教联训机制。

(五)开发定向培养士官生培养质量监控系统

定向士官生培养质量考评系统管理的学生日常信息繁杂、数据量巨大,数据采集和管理牵涉学院多个部门和各级管理人员,考评和管控程序复杂,数据采集和处理工作量大,必须开发计算机系统软件,从根本上减少系统对人力的依赖,解决定向培养士官生教育、训练和管理缺乏信息化手段,人才培养质量缺乏全过程监控,军方对地方院校培养过程不能远程监控等突出问题。该系统以定向士官人才培养质量监控为研究对象,研究改进军民融合定向士官人才培养模式和有效途径,构建定向士官生人才培养质量全过程、全周期监控体系,采用先进计算机、网络和信息技术开发定向士官生培养质量监控系统,全过程管控士官生思想、学习、训练和生活情况,全方位评价士官生思政素质、专业素质、军事素质情况,全员评价士官生培养质量,并能够实现军方远程监控定向士官人才培养过程,推动定向士官培养模式科学化、管理规范化和手段信息化，提高士官人才培养质量，更好地满足部队定向士官人才培养需求和要求。

定向士官生培养质量是教与学互动的过程，也是士官生思想、学习、生活、训练等日常积累的过程。该系统整合原有定向培养士官生月度考核和年度德智体综合素质考核体系，研究定向士官生单项素质、综合素质的评价内容、层级、权重、方法等，形成定向培养士官生军政素质测评体系；基于军政素质测评体系数据，按照设计的规则和个性化的指令进行质量诊断，形成质量诊断系统；加上管理信息系统必备的用户管理系统，形成定向培养士官生培养质量监控系统。

**四、建立定向培养士官生动态调整机制**

军事定向培养士官生是"定向"培养，就是考生经过高考录取，大学毕业后就直接分配至部队，正常情况下不存在"就业"问题，是典型的军队"订单班"，也符合"招生即招兵、毕业即就业"的现代学徒制特点，但其中存在的问题是缺乏竞争机制，士官生没有就业压力，缺乏竞争压力，因此，有必要建立动态淘汰补充制度，形成"优进劣汰"的科学竞争机制和录取公平的补偿机制。

（一）构建动态调整机制的必要性

1.有利于为部队选送合格人才

部队委托地方院校定向培养士官人才，主要是为了适应军队现代化建设的需要，发挥地方院校人才培养的资源与优势，为部队输送高素质专业技术人才。淘汰入伍意愿不坚定且政治表现较差的士官生，将那些入伍意愿强烈、表现优秀、各项条件合格的优秀学生补充进士官队伍，有利于为部队选送优秀人才，既可以提高定向士官培养质量，也能完成部队制定的定向培养士官计数数。

2.有利于形成优进劣汰的竞争机制

有些士官生学习动力不足，以为进了"保险箱"，缺乏学习压力，缺少竞争意识，实施动态调整机制，既能把学习不积极、思想不端正的学员淘汰出去，也为表现优秀、入伍愿望强烈的学员创造携笔从戎、报效祖国的机会,有利于破除部分士官生"守摊子""混日子"的思想,营造优进劣汰的竞争环境。

3. 有利于补偿士官生录取公平

目前定向培养士官只在部分省市招生,同时将职高对口高考考生以及各省实施的自主招生录取考生排除在外,造成部分有强烈入伍意愿的考生无法实现自己的梦想,对部队而言不能真正挑选优秀人才服役,对学生而言则失去携笔从戎、报效祖国的机会,实施淘汰补充的动态调整机制,恰恰可以解决这两方面的问题,为优秀学生提供公平竞争的机会。

(二)定向培养士官生动态调整补充原则

1. 优进劣汰原则

按照教育部和兵役机关招收定向培养士官的规定,定向培养士官生因淘汰或录取不足出缺空缺,每年年底前从同年级本专业符合条件的在校学生中选拔补充。严格淘汰制度,对于那些表现差、成绩差、体能不达标的学生要坚决予以及时淘汰,宁可少送兵,也不输送不合格兵。要严格按照调整补充条件,对补充学生的体格、病史、现实表现和学习情况进行把关,坚持补充政治信念坚定、入伍意愿强烈、学习成绩优秀、作风顽强的人员,坚持通过竞争方式择优补充,确保士官生补充工作合情合理。要坚持公开公平公正原则,建立公示制度和办公会审核制度,确保士官补充工作合法合规。

2. 严格程序原则

士官淘汰、补充是敏感工作,必须严格按程序执行。高校对报名补充的学生体检、病史、政治和学习情况进行初步审查,根据学习成绩、现实表现、入伍意愿等,择优推荐为补充对象。院校要对淘汰、补充的学生严格把关,淘汰学生要有理有据,补充学生要达标择优,建立信息公开制度,所有淘汰、补充的学生必须经过公示和办公会审定后再报兵役机关审定。高校所在地兵役机关组织对补充对象进行体格检查、政治考核和面试,择优确定补充对象。院校、地方兵役机关、招收部队应加强协调配合,确保士官教育管理稳定。

3. 动态补充原则

补充人员的初始目的是当有缺额时进行补充,但淘汰具有必然性和偶发性双重特点,而补充则相对具有滞后性和规律性,在一个相当大的群体中,总有极个别士官生主动或被动被淘汰,补充总是在淘汰后实施且是在每年年底实施,导致补充人员不能有效进行2.5年完整的正规化教育训练管理,严重影响兵源质量。要解决这一矛盾,可以在士官新生班中适当编入符合基本条件、当士官意愿强烈的"预备"士官生,当有淘汰出现缺额时,首先从预备人员中择优补充,从而形成"鲶鱼效应"式的竞争激励机制。

(三)定向培养士官生淘汰补充办法

为规范士官生淘汰补充工作,确保士官人才培养质量,为部队输送合格士官,根据兵役机关和教育部门有关文件精神及要求,结合定向士官培养院校工作实际,有必要制定定向培养士官生淘汰补充办法。

1. 士官生淘汰制度

有下列情况之一者,予以直接淘汰:(1)入学复查和复审不合格;(2)每学年必修课考核(含补考、重修)不及格达3门,或累计有4门课程考试不合格;(3)拒绝入伍经多次教育后无效;(4)违反校纪校规或国家法律受到留校察看以上处分,或在记过处分期限内未能解除处分;(5)量化考评学年累计三次考评分低于60分;(6)身体条件达不到应征公民体格检查标准;(7)兵役机关规定应予淘汰的其他情形。

办理士官生淘汰手续原则上在每学期开学阶段,不在此期间淘汰的可在原班级跟班学习至下学期开学再办理,遇有严重违纪或其他特殊情况需淘汰的可随时报兵役机关办理。士官生被淘汰后,视淘汰原因和高考成绩转入普通班相同或相近专业,不服从专业安排的予以退学处理。

2. 预备士官生制度

既要严格淘汰,又要谨慎淘汰,建立士官生预警制度,形成一种淘汰补充的"缓冲"机制,即士官生即将达到淘汰标准前,转为预备士官生,进行警示教育,防止被淘汰。同时,新生班级适当编入个别符合条件的普通学生作为预备士官生,形成竞争机制。

有下列情况之一者,转为预备士官生:(1)每学年必修课考核(含补考、重修)不及格达2门;(2)量化考评学年累计两次考评分低于60分;(3)受到严重警告处分;(4)第四学期期末体能测试2项(含)以上不合格。

预备士官生的考察期为一学期,考察期内有进步表现的,经本人申请可恢复士官生身份;考察期内综合表现达到淘汰条件的,即予以淘汰。

3.士官生补充制度

因淘汰或录取不足出现缺额时,每学年结束可从预备士官生或同年级同专业符合条件在校生中选拔补充。

士官生补充按以下程序执行:(1)个人申请。同年级同专业入伍意愿强、学习成绩优、现实表现好的学生,可向学院提出申请。(2)人员报备。学院组织申请学生进行体能测试、病史调查和学习成绩核准,择优拟定补充积极分子人选并报兵役机关备案。(3)体检政审。通过兵役机关组织积极分子参加体检和政审。(4)集中面试。报兵役机关组织体检、政审合格人员参加集中面试。(5)公示审定。根据缺额人数,结合体检、政审及面试情况择优拟定补充人员名单,全院公示3天以上,报学院院长办公会审定。(6)兵役机关批准。将审定后的补充人员名单报兵役机关批准。

**注释:**

[1] 蔡海鹏,闵雅婷.我国定向培养士官的现状、问题与高职教育对策研究[J].中国职业技术教育,2020(34):22—28+66.

[2] 蔡海鹏,闵雅婷.定向培养士官政策演进及对高职教育的启示[J].中国职业技术教育,2020(22):53—58.

[3] 闵雅婷,丁上杰,蔡海鹏.管理学视域下定向培养军士研究现状及展望:基于CiteSpace知识图谱分析[J].长沙航空职业技术学院学报,2022(03):43—49.

[4] 蔡海鹏.基于"三个面向"的定向士官培养模式改革研究[J].中国职业技术教育,2021(10):40—48.

# 关于地方士官学院培养体制与军队士官职业教育改革

翟江　孟强　张玉礼　吕井寨①

## 一、士官职业教育改革与发展现状

（一）军队院校士官职业教育发展改革回顾

军队士官职业教育从无到有、从小到大已经历三十多年的发展历程，军队士官教育工作者积极探索士官教育发展的路子，锐意改革、大胆创新，军队士官职业技术教育日趋成熟、不断发展。我们总结认为，军队士官教育发展改革有"三个关键节点""三次教育理论发展飞跃""两大重要事件"。

1. 三个关键节点

第一个关键节点：1986年是士官教育的元年。这一年9月由新成立的两所士官学校（海军士官学校及空军士官学校）开始担负士官教学训练任务。士官教育开办之初，对士官的认识也刚刚起步。"士官"一词是舶来品，从外国军队引进，我国军队一般称为专业军士或军士长，或"志愿兵"。当时士官教育的培训规格定为中专，专业设置及采用的教材、教学方法手段及教学计划、教学大纲等，基本上照搬生长军官中专。学员毕业以后的任职岗位、教学要求也相对模糊，统一提的要求是满足第一任职岗

---

① 翟江，潍坊工程职业学院士官学院原院长、副教授，研究领域：士官教育；
孟强，潍坊工程职业学院学生处处长，研究领域：学生管理；
张玉礼，潍坊工程职业学院士官学院原院长、教授，研究领域：士官管理；
吕井寨，潍坊工程职业学院士官学院大队长，研究领域：士官管理。

位需求。这一年是军委战略方针作出重大调整的一年,从立足大打、早打、打核战争,转移到和平时期经济建设上来。军队裁军百万,部分军官岗位由士官担任。

第二个关键节点:士官高等职业教育的起步。1999年是士官高等职业教育发展的元年,这一年在原第二炮兵青州士官学校试办士官大专班,从当年毕业的优等生及士官学校毕业后工作两年的学生中招收,标志着士官高等职业教育起步。这个阶段,对士官教育的认识已趋于成熟,教学内容、教学方法手段改革不断深化,取得了一批理论与实践成果。全军院校体制编制调整,院校机关由"两部三处"恢复为原来的"三大部"(训练部、政治部、校务部),新增科研部,士官学校增至8所。

第三个关键节点:试办高职本科教育。经过长时间的调研论证及认真准备,2007年9月份招收首届高等职业教育本科班学员。本科班学员来自已毕业大专学员及应届毕业学员优等生。与大专学员的要求相比,本科学员重在深化文化基础及专业技术基础学习,专业课重点是对关键复杂装备原理进行研究学习,多了一些"为什么"。这个时期地方高等职业教育蓬勃发展,基于工作过程的课程开发及教学过程改革、校企结合、工学融合、理实一体的理念正在发酵,预示着新理念支持下的高职教育改革即将到来,高职院校改升为本科院校,实施应用技术本科教育或高职本科教育。

2. 三次教育理论发展飞跃

第一次飞跃:提出文化基础及专业基础在"精"不在"多",专业理论在"专"不在"宽",以"够用为度"和技能培养贯穿教学全过程的理论。在这个理论的指引下,各院校围绕士官教育的专业设置、教学内容、教学方法手段、培养目标等进行了一系列改革。调整专业设置,从"大专业、宽口径"到"小专业、窄口径",突出士官岗位需求。改革教学内容,结合学员文化基础实际降低内容的难度,突出"三基"教学,增强技能培养的内容。改革教学方法手段及教学组织形态,采用形象直观的教学方法手段,加大实物、实装及现场教学力度,同时打破教研室的限制,采用"一条龙"教学,增强教学的针对性。专业课需要什么,基础课就讲什么。这次改革的背景,是海湾战争带来深刻启示,军委提出了新时期战略方针及院校编制体制调整。

第二次飞跃:提出"两线并进、两线并重(理论教学与实践教学并进、理论教学与实践教学同等重要)"理论。"两线并进、两线并重"是对士官教学经验的高度总结,是对士官教学认识的丰富和发展。

第三次飞跃:基于士官任职岗位教学改革,提出"教学做"一体化、"讲演练"一体化理论及"1+X"初步探索。2010年前后全军士官教育进行了基于士官任职岗位的教学改革,以典型任务、典型案件(事件)、典型过程为载体,对教学内容、教学组织形态、实验实训条件进行全方位改革及课程开发。

3. 两大事件

一是1998年军事教育学会士官教育委员会成立。士官教育委员会由士官院校共同发起,旨在加强横向联合,搭建学习交流平台,共同探索士官教育发展之路,共同研究士官政策。

二是2013年成立全军士官教育联席会。士官教育联席会是由原总参军训部发起,并指定院校牵头组织成立,带有半官方性质;在组织横向联合的基础上,受机关委托,承担组织一些教学活动,其职能地位更加突出。

(二)当前军队院校士官职业教育改革情况

当前士官职业院校认真贯彻习近平主席的指示精神,针对军队编制重塑和组织形态改革对作战人员能力素质的新要求,从顶层设计入手,系统设计、推进教育改革。

一是瞄准战斗力标准,对接部队岗位需求,创新制定军队院校教学大纲。为贯彻国防和军队改革战略部署,军委训练管理部主抓,采取部队调研、学校起草、军种审核、军委把关等措施,从2016年开始用3年时间完成了军队院校教学大纲制定任务,规范了士官职业教育的内容结构、教学安排、考核评价和执行要求,明确了各专业培养目标、课程设置、内容标准、方式方法和教学条件。2019年3月开始,军队院校全部按新大纲实施教学。

二是深化研究专业特点,精准定位培养目标,重新制定人才培养方案。军委训练管理部统一部署,贯彻"贴近部队、贴近岗位、贴近装备、贴近实战"的要求,军种负责采取自上而下与自下而上相结合的方式,对各专业培训对象条件要求、培养目标(含总目标与分目标)等进行了明确定位,从思想政治、军事素养、专业业务、组训管理四个维度构建了知识能力素质模型,对课程设置(必修、选修、讲座)、学制及时间分配、课外教育训练、部队实习等进行了系统论证和全面优化,细化了军事基础、政治理论、任职基础、任职岗位四个课程模块,突出了实践教学比重,凸显了技能培养贯穿教学全过程的基本思想,增强了各门课程教学的目的指向性,并组织全军专家对各专业人才培养方案进行审核把关,为教学大纲在院校教学中贯彻落实奠定基础。

三是对接专业目标,突出课程特点,精心制定课程教学计划。根据军委要求,各院校组织力量制定了课程教学计划(取代原课程标准)。课程教学计划内容包括课程教学目标(总目标、分目标)、学情分析、课程设计思路、内容要求、时间分配、教学方法、考核评价、教学保障等,对课程内容、理论讲课、实验实作等进行了详细设计,使得各门课程教学目标明确具体,内容结构脉络清晰,教学指向更加明确,重点难点与教学方法更加精准。由此,形成了新一轮教学改革配套落地机制,为实现人才培养与部队战斗岗位能力需求的精准对接提供了基本依据。

四是适应学习需要,突出职业教育特点,加速编(修)配套教材。教材是教员教和学员学的基本依据,也是教学改革落地扎根的关键所在。为把课程教学计划落实到具体教学过程之中,目前士官职业教育采取立项与任务下达相结合的方式,按照教材配套建设计划,加速编写配套教材,构建新型课程教学内容。为适应士官职业教育教学特点,课程内容体系构建注重突出教学内容的岗位指向性、理论应用性和实践针对性,针对课程教学目标要求,突出"精、新、实"特征,删繁就简,把课程教学计划要求的知识、能力、素质进行分解,细化到具体章节、具体内容和具体教学环节之中,把学员岗位任职最直接、最必需的内容作为课程体系的核心,力求在有限时间内为学员提供最为有效、最富价值的知识,赋予最有用、最过硬的能力。

五是加强检查监督,推进科学管理,形成配套的质量管理体系。为确保士官职业教育改革落地生根,从军委机关到军种部门和学校主管业务处(办),逐级建立了检查问效机制。军委训练管理部监察局把教学大纲制定情况与贯彻落实状况、人才培养方案制定、课程教学计划质量与落实效果等作为训练监察的内容之一,采取问题导向、追责问责和实施新体制下院校教学评价等方法,使教学改革层层推进、项项落地、件件生根见效。各军种和院校采取分类立项、定期检查、主审验收、专项监察等方法,筹划教材配套建设;各院校采取教案检查、课堂督导、毕业联考、专业评估等措施办法,加速推进教学改革落地生根,新型士官人才培养质量全面提升。

总之,士官职业技术教育正以"双重"建设为牵引,在继承成功经验的基础上,将在更高起点上统筹谋划院校人才培养与部队战斗力需求精准对接,通过体系设计、综合施策,加快推进教学大纲落地改革,努力提升士官人才培养质量和效益,加速培养适应部队作战需要的新型高素质士官人才。

(三)地方院校定向培养士官教育发展现状

士官作为部队作战训练、教育管理的重要骨干,是战斗力建设的主体。随着武器装备现代化发展,士官在部队建设中的地位作用凸显。

一是培训院校数量大幅增加,培养员额、规模逐步扩大。目前院校的数量、规模及培训员额基本趋于稳定。

二是教学管理体制机制日趋完善。相关高职院校紧紧围绕高素质士官人才培养,全面深化教学改革,凸显军味、兵味,根据培训规格要求实行军事化或半军事化管理,在学校内部成立士官学院(系)或大队,对士官进行管理。基本上分为三种类型。一种是教管一体的内设士官学院(系),下辖相关的专业教研室及管理机构,承担军事教学训练、政治教育、日常管理及专业教学任务,教管相互协调、互相配合、共同努力、平衡发展。一种是教管分离的内设士官学院(系),仅承担军事教学训练、政治教育、日常管理任务,专业教学由相关院系担任,有利于分工合作、集中精力、各司其职,专心致力于各项工作。一种是虚设士官学院(系),既没有教研室,也没有管理机构,仅对士官教学训练、政治教育、日常管理及专业教学进行计划组织、检查指导、考核验收等工作,士官教学与管理均由相关院系担任,有利于各院系之间相互比较、相互竞争,形成良性循环。

三是教学内容、培训规格与要求进一步与部队接轨,军事训练科目日趋规范统一。各军种指定部队或院校成立了相应的联教联训指导训练机构,积极与地方高职院校进行对接,有的军种院校还成立了专家指导咨询委员会,进行专业对接,明确标准及训练科目,专业适应性进一步增强。

四是培训质量受到部队高度关注与肯定。2019年5月郑州召开的火箭军定向培养士官工作军地联席会议上公布,火箭军士官定向培养院校共20所,7年累计招收士官人才1.2万余人,5批5700余名士官补入一线部队,分布在19个专业领域;先后有500多人担任班长骨干,800余人被评为"优秀士官",20余人立功和考学提干。定向培养士官在部队很受欢迎,在备战打仗、国防施工和演训发射一线发挥了生力军作用。

目前存在的主要问题,一是定向培养士官工作缺乏政策法规支撑。定向培养士官作为新生事物,从试点到目前已有11年的时间,8届学生毕业分配到部队工作。但是,定向培养士官在校学习期间的身份性质、学习训练、生活保障、教学训练条件建设及培训体制机制等方面,均没有出台相关的法规政策。二是定向培养士官教学训练、人员配置、条件建设、督导督查、教学评价考核等缺少统一的制度标准支持。各承担院校参照相关要求,制定了一些相关标准,缺乏系统性、权威性,致使教学管理体制、训练科目、考核标准等多样化。三是军地院校职责模糊,责任不够清晰。需求侧对"2.5+0.5"规划研究把握还不够明确,供给侧"2.5"集中发力,没有突出地方院校自身特色,发挥好特长,两"侧"衔接对接不够精准精确,存在相互推诿、相互指责的现象。

## 二、地方士官学院内涵

地方士官学院是指地方高等职业院校为完成定向培养士官教学管理任务,实现预定的人才培养目标,根据学校实际情况而成立的二级学院。由于各院校培养数量规模相差较大,学校内部运行体制千差万别,各院校赋予士官学院的职能也各不相同。地方士官学院主要有以下几个特点。

士官学院政治要求严。定向士官作为未来部队岗位的技术中坚、核心骨干,政治标准极高、要求很严,士官学院必须突出忠诚品格塑造,强化"四个意识"。

士官学院相对独立。士官学院在学校党委及行政领导下,独立开展工作,完成相应的教学训练管理任务,其运行体制能够较好地达成人才培养目标。

士官学院职能任务特殊,使命光荣,直接为国防与军队建设培养人才服务,既有鲜明的军事特色,又具备一般院系的特点。

士官学院工作标准高。一是体现在培训对象上。培训对象录取分数相对较高,文化基础相对较好,学习进取心、上进心非常强,思想上积极要求进步,自觉性、主动性较高。二是体现在人才培养目标上。一般院系的人才目标以就业为导向(兼顾升学),士官培训要求德、智、体、美、劳、军全面发展。三是体现在教育管理要求上。定向培养士官生职业生涯路径畅通,待遇相对较高,社会认可度相对较好,相较于其他大学生在较长时间内避开了就业压力。从这一点讲,定向培养士官生这个群体比普通高职学生更愿意接受管理者的严格训练管理,有利于培养学生吃苦耐劳、无私奉献的精神,养成踏实肯干、兢兢业业、求真务实的工作作风。

### 三、关于地方士官学院培养体制的研究建议

地方士官学院的培养体制包含两个部分,一是士官学院的外部运行机制,包括领导机制、军队相关政策制度、军队督导督察及教学评价标准体系等;二是士官学院内部的运行体制,包括编制、领导体制、管理机制、教学训练体制等,其中包含检查的规定制度等。

(一)关于地方士官学院外部运行体制建设

明确地方士官学院的上级领导管理体制及部门职责。地方士官学院通常接受双重领导,一是国家相应教育部门的领导,二是军委机关及军种机关的领导(如政治工作部、军训管理部、国防动员部),应尽快研究确定主管部门,明确各部门工作职责与分工,理顺工作关系。

建立健全定向培养士官的政策法规体系。政策法规是地方士官学院

实施正规化教学管理的依据。应尽快明确定向培养士官教学任务的地位作用，明确士官生在地方入学训练时期的身份性质，合理确定教学、训练、生活等保障标准，同时研究对地方士官学院教学条件建设的保障标准。

建立教学训练督导评价体系。对院校士官教学情况进行教学评价是深入贯彻党的教育方针、坚持正确的办学方向、积极推动教学改革不断深化、全面提高办学能力水平和教学质量的有效举措。上级主管部门应充分发挥督导督察、质量考核、教学评价的杠杆作用，建立定向培养士官教学标准体系，定期开展教学训练督导督察，定期开展定向培养士官教学评价，开展教学质量评估考核，实行末位院校、专业淘汰制度及有效补充机制，推动定向士官教学训练工作规范开展、有效推进、扎实落实，形成院校专业建设良性竞争局面。

建立健全联教联训联考机制。建立联教联训联考体制能促使供需双方共同商定"教什么、训什么""怎么教、怎么训""考什么、怎么考"，使教学训练内容与教学训练方法、手段相对接，地方院校人才培养规格与部队需求相一致，教学训练质量有保障，有效破解供需双方"两张皮"的现象，进一步增强定向士官人才培养的针对性、有效性。

组建定向士官教育联盟及军种定向士官教育联席会。军委机关或教育部牵头组织，委托某一学院承办，全国承担定向士官培养任务院校参与，组建定向士官教育联盟，旨在互相交流经验，制定行业发展规划，进行行业自律及相关标准要求研究，设立相关制度机制，形成办学优势品牌，提高培训质量。承担某军种定向士官培养任务的院校，可由军种机关牵头，委托某一院校承办，组建定向士官教育联席会，加强横向联络，形成特色优势，提高质量效益。

（二）关于地方士官学院内部运行体制建设

地方士官学院的编制问题。上级主管部门参照地方及军队教学训练相关标准，参考军队士官学校的体制编制，遵循定向培养士官人才成长规律及特点，从有利于提高定向士官人才培养质量、有利于发挥地方士官学院职能作用、有利于形成地方士官学院办学特色及提升教学能力水平的原则出发，科学合理地研究地方士官学院的编制构成，明确士官学院的编制等级、领导职级编制标准、内部管理体制、编制架构及人员数量编制标准。例如军政教官与学生比的问题,定向培养士官管理要求凸显"军味",因此与普通生相比开设了较多的军政课程,如果像普通生配备辅导员一样的比例设置军政教官的数量,则很难完成好任务。

建议:(1)稳定各地方高职院校的招生计划,培训数量保持一定的规模,有一定的社会效益和经济效益,保护地方院校承担定向士官培养任务的积极性。广泛汲取国防生教育管理经验,参照部队士官学校的体制编制,组建地方院校士官学院。(2)士官学院的编制等级问题。大部分公办高职院校为副厅级单位,建议士官学院设为正处级,略高于其他院系,彰显其职能任务的特殊性,配备院长、政委各1人,副院长2人,下设相应教研室(组)、学生管理机构(如大队、营、连)及教学训练办公室。(3)人员编制比例问题。建议师生比为1:15(普通生为1:18),军政教官与学生比为1:100(普通生辅导员为1:200)。

关于士官学院工作制度体系。地方士官学院要参考军队院校管理模式,健全各类教学训练、教育管理工作制度,突出军事特色。比如,要结合单位工作实际,设立教学训练形势分析会、安全形势分析会、教学日、教学督导督察、办公会等制度,确保教学效果。

关于士官学院管理制度体系。类比《中国人民解放军内务条令》,按照"统一、规范、实效、创新"的原则,统一制度构架,规范内容标准,明确职责要求,全面抓好着装、军容风纪、一日生活制度、礼节、行政会议、请假销假、内务设置等方面的制度规定,打造"校园军营"。

# 军民融合校企合作中的角色与协同互动研究与实践[1]

张希跃　闵雅婷　都昌兵　曹志刚　王俊
徐乐　李祥　陈波　周勇波[2]

军民融合是世界经验,也是世界趋势。2015年3月,习近平主席第一次明确提出把军民融合发展上升为国家战略;2017年党的十九大报告中提出形成军民融合深度发展格局,构建一体化的国家战略体系和能力。军民融合发展全面提速,在专业技能与产业技术相融合、科研服务与军事需求相切合、人才培养与军事教育相联合等方面,给高职教育特别是定向培养士官带来重大历史机遇。[1]

定向培养士官是贯彻军民融合发展战略的重要举措。长沙航空职业技术学院的实践证明,军民融合定向培养士官工作必须走协同育人、开放育人、融合育人的路子,才能打牢定向士官思想、专业和军事基础,全面提升定向士官培养质量,加快定向士官生从"校中兵"到"军中匠"的角色转换。

---

① 本文系2018年湖南省哲学社会科学基金项目"军民融合定向培养士官'三为'育人模式构建研究"(项目编号:18YBG002;项目主持人:张希跃)的阶段性成果。
② 张希跃,长沙航空职业技术学院副院长、副教授,研究领域:定向培养士官;
闵雅婷,长沙航空职业技术学院航空服务与管理学院讲师,研究领域:航空安保;
都昌兵,长沙航空职业技术学院航空机电设备维修学院党总支书记、副教授,研究领域:航空发动机维修;
曹志刚,长沙航空职业技术学院士官学院党总支副书记、助教,研究领域:定向培养士官;
王俊,长沙航空职业技术学院学生工作部部长、副教授,研究领域:大学生思政教育;
徐乐,长沙航空职业技术学院科研处助理、副教授,研究领域:科研项目管理;
李祥,长沙航空职业技术学院士官学院副院长、助教,研究领域:定向培养士官;
陈波,长沙航空职业技术学院人事处助理、副教授,研究领域:人力资源管理;
周勇波,长沙航空职业技术学院士官学院助理、助教,研究领域:定向培养士官。

**一、定向培养士官中的校企协同互动**

高职院校能够担负培养定向士官的重任,最大优势是职业教育的产教融合、校企合作基础和优势。利用高职院校专业教学优势培养定向士官,保持对接产业的紧密优势,关键是走产教融合这条路,对接产业、对接行业、对接市场办好专业,激发专业技术领域最有活力的因素,更好地面向战场定向培养士官。

定向士官培养要面向市场保持优势产业群与优质专业群,面向军队保持军地对接和军民融合,通过"前台"的"学校+企业"的理念更新、技术同步、资源共享和项目拓展,建立"地方产业—士官专业"的技术通路,来强化"后台"的"学校+部队"的信息互动、标准更新、模式优化和项目合作,打通"军事行业—军士职业"的信息回路,使定向士官培养一直处于"开放"体系之中,促进定向培养士官专业健康发展。

(一)对接产业办专业,依托行业建专业,办好专业服务定向士官培养

"对接产业办专业、依托行业建专业"已成为现代高职教育的一大特征,这也是提升院校专业建设的必由之路,必须要持续不断地发扬壮大。

瞄准市场需求。目前我国已成为世界第二大经济体,正处在经济大国向经济强国迈进的历史新阶段,产业发展转方式、调结构、促升级成为经济工作的关键词。高职院校开设专业必须服务产业调整,产业代表现在趋势、未来方向,不紧跟产业调专业,专业不可能有发展,甚至面临被淘汰的危险。因此,必须实时跟踪市场产业调整变化,深入行业企业学习调研,根据产业转型升级、快速发展的需要,及时新增与地方高新技术产业紧密对接的专业,让专业始终保持品牌的热度、技术的新度、发展的高度。

注重调查论证。高职院校应建立市场产业大数据库,进行实时保鲜更新,通过数据分析,第一时间了解、掌握最新经济产业结构、发展趋势。特别是对新兴产业要加强跟踪调查,进行新旧比照,既不能盲目跟风、一哄而上,也不能坐等观望、错失良机,始终在掌握当前形势、发展趋势、明知方向、对接需求上占得先机。

抓住行业龙头。各行业的龙头企业实力雄厚,专业技术人才众多,能

够引领该领域的发展方向。高职院校应凝聚各方力量,依托院校自身优势,积极走出去,深入行业企业,特别是与各行业的龙头企业开展合作,利用它们的专业人才优势、实践平台优势、前沿技术优势,通过调整专业结构、课程设置来发展壮大自身专业。

打造特色专业。紧密对接产业,按照"专业基础相通、技术领域相近、职业岗位相关、教学资源共享"的原则,以国家、省级重点专业为牵引,充分利用行业优势,推进专业集群发展,打造引领发展的特色专业品牌,构建一批国家级骨干专业群,形成面向军队定向培养专业技术士官、服务地方经济建设的人才培养格局。

(二)产教融合,协同创新,提升定向培养士官专业发展活力

高职院校与行业企业跨界融合,院校与企业在资源技术、岗位培训、师资培养、科研活动和学生就业等方面广泛开展合作,这是现代社会合作共赢的一种人才培养模式。现代学徒制模式改变了先学校育人后企业实践的传统模式,开启了校企分段轮换交替培养的新模式,实现了校企育人形式从泾渭分明到相互衔接、融合的转变,现代学徒制模式对于定向培养士官来说更有协同创新活力。[2]

搭建战略合作平台。坚持"合作交流、资源共享、互利互惠、共赢发展"的原则,由高职院校牵头,建好"军、政、行、企、校"五方联动的高端合作平台,共同推进职业教育与地方产业深度融合,协同培育高素质技术技能人才,并在实践探索中形成多种形式的校企合作模式。[3]长沙航空职业技术学院在这方面做了大胆尝试。2013年10月,在湖南省教育厅、省经信委、民航中南地区管理局以及空军装备部机关大力支持下,学院牵头联合军队装备修理企业、地方航空企业、科研院所和院校等57家单位,成立"航空职业教育与技术协同创新中心",学院与理事单位积极开展深度合作,取得了良好工作成效,形成了"株洲331""长沙5712""哈飞""贵飞""深航"等多种形式的校企合作模式。

明确合作重点。校企双方在人才培养、学员下厂实习、员工培训、产学研基地共建、课程体系开发、教学团队共建、科技开发与服务、产教联合精准扶贫、服务"一带一路"等重点领域广泛开展合作,推进产教融合向纵

深发展。校企共建专业(群)建设指导委员会,共同制定人才培养方案,开发课程体系、教材,共建实训基地,开展人才订单培养、定向培养、现代学徒改革试点等,形成"产教融合、校企合作、协同创新"的办学机制。

推进专业内涵建设。共建特色专业群。坚持"对接产业办专业、依托行业建专业、建好专业助产业"的发展思路,大力调整专业设置,优化专业结构,形成覆盖行业产业链的特色专业体系。[4]依托行业企业共建专业,合作开发课程体系和课程标准,企校共建分层教学、"闯关"等特色教改课程。

共建实习实训基地。积极协调各行业企业捐赠教学装备,与行业企业共建各种校内校外实训基地,改善实习实训条件,提升实习实训的针对性、实效性。借鉴企业生产现场管理先进经验,结合中国质量协会现场管理星级评价标准,全面推行基于6S的实践教学星级评价体系与标准,实现学生技术技能与职业素养培养高度融合。

协同开展科技攻关。企业参与校企合作的目的是追求利益最大化,企业只有从合作中获利,才会主动支持教育。因此,院校应发挥自身专业科研优势,依托战略合作平台,发挥资源聚合优势,协同企业开展科研攻关、技术应用与推广,让企业在与院校合作中享受红利,从而更加愿意投入人力物力、提供实践场地支持校企合作、产教融合。

(三)校企联合共建"双师型"教师队伍,打造士官专业教学团队

牢固树立教师是教育事业发展第一资源的理念,培养"上得了讲台、下得了车间"的"双师型"专业教师,打造懂专业、懂企业、懂教学的士官教学团队。[5]

1.五方协同,共建双师培养平台

搭建"军、政、行、企、校"五方协同培养平台,建立协同运行机制,将企业顶岗、政府培训、国际交流、校本培训、高校进修等不同培养途径有机结合,协同参与培养方案制定与培养实施全过程,形成"五位一体、五培合一"联合培养机制(图1)。

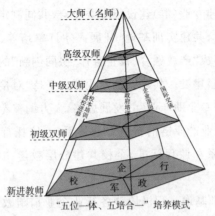

图1 "五位一体、五培合一"专业技能培养模式

针对教师不同情况,采取先测评技能、后培训考核、再评定等级的螺旋式程序,融入"五位一体、五培合一"联合培养机制,为专业教师创设递进式的成长路径,也为高职教师职业发展探索新的方式。一名新教师,可以通过递进式培养,逐步成长为初、中、高级"双师型"教师,甚至技能大师(图2)。

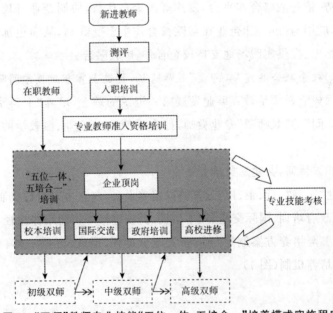

图2 "双师"教师专业技能"五位一体、五培合一"培养模式实施程序

## 2. 企业练兵，提升双师专业技能

专业技能是"双师型"教师专业能力的核心指标，而企业顶岗实践是提升教师专业技能最直接有效的途径。为此应制定《教师企业顶岗培训管理办法》，全面推行专业教师企业顶岗轮训制度，并依托五方协同培养平台开展企业练兵，将教师企业顶岗制度化、常态化。

全员参与，五年一轮。所有新进教师上岗前需到企业一线岗位顶岗实践锻炼一到两年，以企业车间作为自己专业技能培养的"第一课堂"，经过企业和学院双重考核合格后方能上讲台授课；其他老教师每五年至少到企业顶岗锻炼半年以上，以企业车间作为自己专业技能大练兵的主战场，通过企业和学院双重考核合格后方能返校继续任教。

分级实施，有的放矢。"双师型"教师级别不同，企业顶岗实践内容也有区别。初级双师在企业专业技术人员指导下完成生产、服务一线操作层面的典型工作任务，参与项目开发、实施与技术革新工作，了解企业生产实际，提高职业岗位认知，增强专业实践技能；中级双师进行生产、服务一线操作层面的典型工作任务，参与行业企业标准、技术规范、岗位技能要求等技术文件编制，承担项目开发、实施与技术革新工作，提高综合专业技能；高级双师指导企业一线员工高效完成生产、服务与管理一线的主要工作任务，开展工艺革新，承担企业的技术标准、技术规范、岗位技能要求等技术文件编制，主持行业企业的技术攻关和工程开发工作，提高解决技术难题、开发高技术产品和组织大型工程技术项目的能力。

齐抓共管，提高实效。校企签订协议，建立共同考核评价机制，加强培养过程监管，确保培训质量，培养"真能手、真双师"。一是校企共同制定培训方案。校企双方根据受训教师个人实际情况和专业发展需求量身定制培训方案，并由企业指派技能专家担任导师，全程负责指导受训教师的顶岗实践。二是校企共同管理培训过程。教师顶岗实践期间要按计划完成培训任务并撰写学习日志，按月提交给企业导师和学院相关部门审阅，若未能及时完成相关培训任务则当即返工重修。培训期间校方还采取电话巡访或派专员到企业进行实地巡查的方式，检查培训实施情况。三是校企共同组织考核。培训结束后，由企业和校方共同组织实操考核，并签署考核意见。

3. 考核评价，激励双师自我突破

为打破原来教师单纯依靠学历、职称晋升来实现自我价值的传统模式，应通过完善健全考核机制、严格实施考核程序、强化考核结果运用等方式，激励专业教师在双师分级认定这一新的晋升通道中脱颖而出。

完善健全考核机制。一是制定《"双师素质"教师认定与考核管理办法》和《"双师素质"教师专业技能考核暂行办法》，明确"双师型"教师考核内容和考核结果运用。二是强化组织领导，学院成立由主管教学的副院长任组长，人事处、教务处、科研处和各专业二级学院负责人为主要成员的"双师型"教师认定与考核工作领导小组，全面负责"双师型"教师的认定与考核工作；领导小组下设"双师型"教师专业技能考核工作小组，专项负责"双师型"教师专业技能考核工作；分专业组建由企业专家、职教专家和骨干教师组成的"双师型"教师考核专家库，成员资质要求为：本专业副高以上职称或中、高级双师教师，企业高级工程师或高级技师。在专业技能考核中，分专业从专家库中随机抽取考官实行技能考核，确保公平公正。

开展专业技能考核与年度考核。学院每年上半年组织双师教师资格申报认定。凡符合初级双师教师任职资格标准的，直接予以认定；初级或中级双师教师申报高一级资格时，在满足基本任职资格条件下，必须通过所申报等级的专业技能考核。中高级双师教师资格聘期为5年，聘期内每学年按管理办法对教学考评、教研教改、资源建设、企业实践、技能竞赛、技术服务等方面进行年度考核。考核结论分为合格与不合格。对于在教育教学改革、应用技术研究和专业技能竞赛等方面取得突出成绩的，直接认定为合格。

强化考核结果运用。学院应将教师专业技能考核结果纳入"双师型"教师等级认定指标，只有考核结果达到相关要求，才具备申请认定相应级别"双师型"教师的资格。在绩效工资改革方案中设立"双师型"教师、技术能手等专项津贴，激励教师提高专业技能，自觉提高培训实效。对于双师型教师年度考核不合格的，予以降等甚至取消其双师教师资格。将双师教师资格和年度考核结果纳入高校教师系列职称评审标准中,作为量化加分条件之一,凸显专业技能的重要性。

4.共建共享,合作开发教学资源

由长沙航空职业技术学院牵头,联合航空职业教育与技术协同创新中心37个理事成员单位共同参与建设的飞行器维修技术专业国家教学资源库,2018年被教育部立项为国家职业教育专业教学资源库。飞行器维修技术专业教学资源库覆盖飞行器维修技术、飞机机电设备维修、飞机结构修理、飞机部件修理等专业,面向飞机机体结构修理、航线维护与定检等工作领域,为航空类院校和企业开展人才培养、员工培训、科研攻关和技术革新提供优质教学资源支撑,辐射带动全国相关职业院校和行业企业发展,助推航空产业转型升级。

## 二、院校定向士官培养工作内部协同互动

定向培养士官工作自2012年试点以来,已经成为通过高职教育为部队定向培养军事人才的主要渠道,成为高职教育的一大亮点和特色。定向培养士官是军队士官的主力军,高职院校是定向培养士官的主力军。作为定向培养士官的主体单位,高职院校建立内部协同互动机制是开展定向士官培养工作的基础工程、重要工作和关键因素。定向士官培养院校通过建立士官学院,齐抓共管、紧密协作,通过联动机制盘活院校内部管理潜力和教育活力,按照"士官优先"原则组织教育教学,调动一切积极因素,保障定向士官招收、培养和选送工作顺利开展。

(一)建立定向士官协同培养体系,发挥士官学院组织协同效应

1.士官培养体系的协同互动

定向培养士官是为党育人、为国育才、为军育匠,是贯彻军民融合发展战略的重要举措。在学院党委领导下,制定出台关于加强定向培养士官工作的相关制度,统筹建立"党委领导,士官学院协调,各专业学院分工负责,其他部门密切配合"的齐抓共管机制。一是专门成立士官学院。长沙航空职院2014年成立士官学院,主要负责士官生的军事训练、思想教育和日常管理,统筹协调机关各部门和其他二级学院参与士官生培养工

作,其他二级学院负责士官生通识教学和专业教学工作。按 1:200 师生比选强配足,优先引进军队院校教员(干部)、带兵组训经验丰富的优秀士官担任教导员。教导员除负责思想教育、日常管理等职责外,还需发挥自身优势,担任军体教员,负责军事体能技能训练。二是健全教育教学协同机制。定期召开定向士官教育教学联席会议,明确机关职能部门和各二级学院的责任区分,对教育训练管理、专业教学及改革、人才培养方案修订及教学标准制定、士官招生计划对接和编制、教研教改激励政策制定、师资力量调配补充等职能进行细化,形成齐抓共管、各负其责的培养格局。三是完善教学保障机制。按照"士官生优先"原则,开辟士官培养"绿色通道",优质资源向士官培养倾斜,配强教学力量,配齐管理队伍,建立师资培训、文化建设、下厂实习等保障机制。制定教学设施设备硬件建设规划,纳入年度采购计划。分军种、按规模科学配置教学实训设施,购置和开发模拟训练系统,建设战场声像模拟训练室。建立相对独立的定向士官教学体系,开发一批士官专业教材,满足专业教学需求。四是健全后勤保障机制。加大训练场地建设,建立 400 米障碍和单兵战术训练场和投弹场,增设营区器械训练场,建设户外军事素质拓展训练场和战术技术综合训练场;拓展校园活动区域功能,开辟军事体能训练场。加大部队调研培训、野外行军拉练、"军事夏令营"、下厂实训等训练经费保障,确保训练实效。五是健全考核评价机制。将士官培养工作纳入学院日常考核和年终绩效指标,对业绩突出的单位和个人给予通报表彰,对工作落实不力、士官培养质量反馈不达标的单位和个人予以问责。

2. 士官学院积极发挥组织协同效应

士官学院积极发挥对内、对外组织、协调作用,逐步形成以士官学院为主导的"三圈协同"效应。

内圈协同,职能内聚。这是指士官学院内部协同互动。士官学院建立两支学工队伍和两支教师队伍。学工队伍包括教导员和学生助理两支力量,聘请部队优秀退役军人担任教导员,即政治辅导员兼军事教练员,按军种对士官生实施军事化管理;助理分工负责日常管理,包括党务、军训、军务、武装、文艺、学生、教务等工作。士官学院直接负责建立军事理论、军事体育两个教研室,军事课程与课程军事相结合,促进军事化管理、军事化教育和军事化训练职能整合和力量融合。

中圈协同,任务驱动。这是指士官学院在定向士官培养体系中的互动,即士官学院与学院相关职能部门协同,士官学院主导,招生、学生、教务等部门密切配合,按定向士官培养任务协调建立两支辅助力量:一是政治理论课教师兼职政治辅导员,思政课部派出思政教师担任士官班政治辅导员,指导教导员开展思想政治工作,直接参加班会等思想政治教育活动,负责党课教学和学生思想政治理论培养,促进思政课程与课程思政相结合;二是教学名师兼任各班级学业导师,分专业安排优秀专业课教学名师担任各班级学业导师,指导专业课程学习,辅导参加学习竞赛活动。同时,成立定向培养士官研究所,组织相关教学专业人员分专业、分项目开展定向培养士官研究,培育项目成果,按照军队和地方两条线,组织定向士官培养方向的项目创建与申报工作。

外圈协同,功能外延。这是指士官学院与兵役机关、各军种机关建立密切合作关系,对外协调部队与专业学院开展日常协同互动教学活动,按照"就近、就便"原则与部队联合开展联教联训活动,与军种部队合作建立"军训骨干培养共同体",培养"四会"学生军训教官;与地方兵役机关合作建立"学生军训共同体",在校内和校外承担大、中、小学生军训任务,在军训实践中提升士官生军事素养。

(二)健全"三全育人"体系,严格军事化管理,实施定向士官人才质量协同培养

1. 健全"三全育人"体系

构建"三全育人"大格局,充分挖掘专业课教师、思想政治理论课教师、哲学社会科学课教师、辅导员、班主任、管理干部等多个岗位的育人要素,将育人职能贯穿其工作始终,实现"教"与"育"、"管"与"育"、"服"与"育"的融会贯通。在育人过程上从"条块分割"转向"协同配合",将育人工作贯穿到学生从入学到毕业入伍的各阶段,融入学生学习生活各方面。推进教学、管理、服务等部门协同联动,挖掘育人元素、建立责任清单、强化工作举措,共唱育人"合奏曲"。推进思想政治教育与专业知识体系教

育有机结合、思想政治教育向各专业学科有机渗透,让思政课程和各类课程同向同行;建立网上网下正向互动的工作格局,促进网上网下两个教育场的衔接整合;大力推进学校、社会、家庭一体化育人,充分利用社会教育资源,达到多方位合力育人的效果。

2. 严格实施"军事化"管理

强化军人作风培养,纠"三手"、练"三声"、正"三相",锤炼坚强意志;强化军事基础、体能训练,组织暑期强化集训,开展军事体能群众性大比武大练兵活动;加强军事组训、军事技能、入伍科目训练,建立考核评判标准,夯实四会教学组训能力和军事技能基础;开展野外行军拉练,磨炼"走打吃住藏"本领;承接大中小学军事组训实践,提升综合素质;组织暑期军事夏令营活动,走进军营体验部队生活,增强身份认同。

3. 实施"五育并举"人才培养模式

随着国家周边安全形势越来越复杂、严峻,国防和军队现代化建设对士官综合素质特别是军政素质的要求越来越高、越来越严,定向士官经过规模扩张的外延式发展,培养工作存在"重思政,轻军政""重体育,轻智育""重劳育,轻美育"等突出问题。2019 年,习近平主席指示军队院校教育要面向战场、面向部队、面向未来,"三个面向"对军事人才的综合素质培养提出了更高要求,也为高职教育培养"五育并举"军事人才指明了方向。实施五育并举,使定向培养士官生德智体美劳全面发展,"五育"相互影响、共同促进,形成"五育并举—五育生成—五育融合"的改革递进模式,促进定向培养士官军事化管理模式特色化、个性化,促进定向培养士官工作协调发展、全面发展和长远发展。

4. 健全质量跟踪评价机制

构建校内定向士官培养质量保障体系,建立定向士官军政素质测评体系,包括测评标准、测评办法、测评程序、测评技术,整合日常教育训练管理系统,改进考核评价机制,开发士官生军政素质测评系统,实现日常管理信息化、质量生成数据化、考核评价科学化。落实技能抽查和学业导师制度,开展专业课程月度比武竞赛和技能运动会,组建创新创业竞赛团队,完善补训补差,严格学业预警、淘汰补充和考核制度。建立入学初查、定期核查、综合测评、入伍考评、入伍跟踪评价制度,形成士官生在校培养、入伍发展全过程闭环质量监控机制。

(三)构建"三融·魂育"体系,开展校园文化育人协同互动

针对士官生理想信念不牢、忠诚血性不足、职业精神不强等突出问题,长沙航空职院经过两年专题研究和五年深化研究与实践,培育了传统文化塑造国魂、国防文化铸造战魂、技能文化锻造匠魂的高职院校"三融·魂育"体系,开展校园文化育人协同互动,文化育人与思政教育相结合,军事素养培育与职业素养培育相融合,提高军政教育水平,提升定向士官生培养质量。

1.构建多元性、系统性、时代性的"三融·魂育"模式

育人先育德,育德重育魂。文化是大学的灵魂,具有最新活力、最强动力和最大魅力,是高校最深刻、最持久、最具个性的内涵特征。顶层设计"三融·魂育"体系,把中华优秀传统文化、社会主义先进文化、湖湘文化融入理想信念教育,塑造以航空报国、航空强国为特征的爱国主义"国魂";完善实施军事化管理,把革命文化、军队文化、国防文化融入国防教育,锻造以"尚武"精神、斗争精神为特征的革命英雄主义"战魂";把装备文化、航空文化、技能文化融入教育教学全过程,培养学生"三敬""零无"职业素养,铸造以严谨专注、精益求精为特征的实干主义"匠魂"。

2.搭建全体系、全时域、全媒体的"三融·魂育"平台

全面推进"三融"文化"进制度、进课堂、进环境、进网络",搭建文化思政融合平台,以航空报国为主题,把航空文化、军队文化纳入人才培养方案,融入课程教学体系;搭建文明创建平台,深化校园"理念文化、制度文化、环境文化、行为文化"四位一体建设,推进文化育人与文明创建全面结合、全线贯通;构建网络思政平台,联动航空 E 馆、3 个国家教学资源库、易班优课、"梦之蓝"官微,通过 PC 端、手机 APP、VR 体验,让"魂育"像空气一样浸润师生。[6]

3.推进渐入式、循环式、递进式的"三融·魂育"实践

遵循教育规律和人才成长规律,按"感性—理性—实践"分年级、分对象、分阶段开展思政教育,大一开展"学习航空、热爱航空、奉献航空"教

育,大二开展"一新五红"和红色逐梦之旅教育,大三开展野外行军拉练、创新创业实践教育,常态化开展"一梦三观四史"教育,以公心塑造德艺,以忠心铸造武艺,以匠心锻造技艺,内化于心、外化于形,促进魂育体系由浅到深、由表及里发挥育人实效。[7]

### 三、定向培养士官院校间协同互动

由各军种兵文机关、省级兵役机关协调,分军种或者省域成立定向士官培养院校联盟,打造定向士官培养院校之间沟通协作、互助共赢的平台,开展军种、部队或省级区域内的定向士官培养院校合作,利用各自优势,形成专业资源共享、重点项目共建、重大课题共研、教学成果共育局面,实现定向士官培养资源效益最大化。

(一)联盟合作内容

推动军民融合、军地协作,深化与部队联教联培联训培养机制;共同探索课程改革,制定人才培养方案,完善军政教育管理标准,构建定向士官人才培养质量标准体系;推动联盟成员优质资源共享,分享士官人才教育教学、管理训练改革经验;分军种、专业联合开发定向培养士官教学标准、教材、题库;联合举办学术会议、出版学术丛书,联盟每年支持立项定向士官培养科研项目;组织教育教学、训练管理人员到部队参观学习;常态化开展士官生技能竞赛、教师教学比武活动;联盟成员共同议定开展其他形式的交流与合作。

(二)联盟成员权利

联盟成员主要享有以下权利:所有成员法律地位一律平等,有平等的选举权、被选举权和表决权;优先享用联盟内各种人力、技术、信息、设备、教学等资源的权利;根据本单位士官人才培养实际,有权向理事会提出议案,优先采用联盟成员单位的相关成果;建议修改本章程的权利;参与联盟各种活动的权利;对联盟工作的批评建议权和监督权;入会自愿、退会自由的权利。

(三)联盟成员义务

联盟成员主要享有以下义务:遵守国家法律、法规和政策,遵守本章程;执行理事大会的决议;加强交流、沟通、团结和协作,自觉维护联盟信誉;向联盟通报工作,反映情况,提供资料;树立联盟良好形象,保守工作秘密,维护合法权益;完成联盟赋予的任务,并承担实质性工作。

(四)成立理事会

联盟设立理事会和秘书处,理事会是最高权力机构。联盟理事会由成员单位各推荐1名代表组成,各理事单位应指定部门和人员对接理事会工作。明确理事会职责:制定和修改章程;选举和罢免领导机构成员;制定年度工作方案;审议联盟年度工作报告;审议通过理事提出的议案;审议批准财务预决算方案;研讨成员单位有关士官人才培养方案;制定联盟基本规章制度;管理联盟出资建设的项目。

(五)开展院校合作

充分利用联盟这个公共平台,在招生宣传、交流活动和课题攻关上开展重点合作。一是加大招生宣传力度,定期在国家、军级、省级等媒体报道定向士官培育成果,在征兵季、入伍季、重大活动期间统一组织对外宣传,不断扩大定向士官培养工作的知名度和影响力。二是开展交流互动活动,每年可协调各军种、省级兵役机关,组织相关院校召开会议,交流经验,也可以围绕军事训练、专业技能、综合素质开展比武竞赛,促进相互交流,取长补短,共同提升定向士官培养质量。三是组织重大课题攻关,针对定向培养士官工作存在的问题,重点加强思想政治、军事训练、技能培训、信息化管理等领域的合作研究,发表一批高质量论文,联合展示定向培养士官教学成果。

**四、定向培养士官军地联教联训**

打通用人部队、军种教学指导机构联教联训渠道,签订联合培养战略协议,联合制定士官人才培养方案、教学和考核标准,加强课程建设,开展课题研究,共享教学资源;按照"就近、就便"原则开展日常活动,实现"2.5"和"0.5"两个环节无缝衔接。

(一)明确联教联训目标

通过联教联训,准确把握士官培养特点规律,着力培养具有高等职业技术教育大专学历和士官基本素质,德、智、军、体全面发展,能够完成一般技术工作,具有一定组织和管理能力,适应部队士官岗位工作的初级士官。

(二)建立联教联训机制

高职院校应与各军种部队建立健全联教联训相关机制,推动校军合作依法落实。一是跟踪督导制度,各军种部队兵文机关每年定期或结合招生面试、士官生入伍等时机,对高职院校工作进行指导、督导和工作对接,积极主动为高职院校提供必要的教学指导和支持帮助。二是教学评估制度,各军种部队兵文机关应专门从部队、院校和科研机构聘请专业教学督导员,定期对高职院校教学情况进行评估,共同商定人才培养方案和专业课程设置。三是联席会议制度,各军种部队兵文机关依托高职院校每年轮流组织召开定向培养士官联席会议,总结部署工作,研究解决问题,交流经验做法,促进共同提高。

(三)完善联教联训方式及内容

应按照"就近、就便"原则开展联教联训活动,实现"2.5"和"0.5"两个环节无缝衔接。一是深化思想共"育",各军种部队选派优秀政治教员、基层指导员担任院校定向培养士官生政治教育教员,以"传承红色基因,担当强军重任""不忘初心、牢记使命"两项主题教育为主题,结合士官生学员规律特点,设置专题政治教育,组织政治教育教员定期到地方院校授课;定期组织先进士官典型到院校作报告,并将有关事迹汇编成册下发院校开展思想教育。二是强化专业共"建",完善部队、教学指导机构与地方院校对接联系制度;共建专业教学资源共享、教学团队;共同开发专业课程标准、教材;共同开展士官培养重大课题研究;选送地方院校教师到部队顶岗锻炼。三是拓展军事共"训",利用暑假,各军种选派军事素质过硬、懂军事教学的士官骨干到院校担任定向培养士官军事训练教练员,以军事训练大纲规定的必训科目为重点,在部队训练指导机构的指导下,采取循序渐进、确保实效的方法,设置军事训练课程安排表,由军事训练教练员按照课程表确定的训练内容组织教学;协调部队进一步加大军营对地方院校开放力度,采取举办寒暑假"军事夏令营""军事冬令营"的方式,让士官学员入伍前能够有更多机会到部队去进行适应性训练。四是狠抓日常共"管",由各军种依据相关条令条例,指导院校研究制定士官生管理规定,定期深入院校开展相关条令条例知识讲座,对士官生制度落实、内务设置、行为规范等进行不定期检查督导,确保养成严格的条令意识和行为自觉,真正有"兵的样子"。五是开展师资共"培",每年高职院校选派专业教师和辅导员到部队进行下连见学、顶岗实习;各军种部队兵文机关应依托部队或军校,每年组织一期军事教员集训。

**注释:**

[1] 蔡海鹏,闵雅婷.定向培养士官政策演进及对高职教育的启示[J].中国职业技术教育,2020(22):53-58.

[2] 朱厚望,谢盈盈.航空工匠人才培育困境:基于现代学徒制的审视与突围[J].中国职业技术教育,2021(05):93-96.

[3] 何婕妤.校企命运共同体下航空职业院校高技能人才培养模式探究[J].机械职业教育,2020(03):7-9.

[4] 朱厚望,高树平,杨虹.高职院校服务战略性新兴产业的作用机制与保障策略:以服务湖南航空产业为例[J].中国职业技术教育,2020(24):83-88.

[5] 朱厚望,侯雪梅.1+X证书制度背景下高职院校现代学徒制的新诉求与路径选择[J].职教通讯,2020(07):24-29.

[6] 刘喜宾.以"三全育人"改革开创思想政治工作新局面[J].湖南教育(C版),2022(09):23-25.

[7] 闵雅婷,张少利,都昌兵.高职"三敬"民航文化育人研究与实践[J].对外经贸,2022(07):118-121.

# 地方高校预备役技能人才培养模式简介
## ——以天津现代职业技术学院、北京科技大学天津学院为例

殷华 孔祥蕊 张素杰[①]

预备役部队是国防军队的重要组成部分,是打赢未来高科技局部战争的重要力量,责任重大。随着国家对预备役部队体制编制的合理调整、武器装备的不断更新,预备役部队由过去单一军种模式向各军种高度合成模式过渡,对科技知识型人才尤其是新兴技术人才的需求急剧增加。国家对预备役动员集结能力、遂行作战和综合保障能力要求也在不断提高。然而,预备役部队人才单一,高技能人才缺乏,训练保障条件不够完善,无法满足国家对预备役部队的需要,是令人担忧的问题。

2011年国家修改了《兵役法》,大学生不属于"免"或"不"服兵役范围。而且,兵役法还规定了登记服预备役的时间与对象,其中"年满十八岁""男性"是重要指标,"地方与军事对口的专业技术人员"是登记服兵役的重点。从此,地方高校大学生编组预备役,定期参加军事训练,执行军事任务,并随时准备应征现役,是法律规定的义务。

随后,很多地方高校在编组预备役上做了一些有意义的探索和实践,如中北大学、深圳大学、成都大学、长春科技学院,以及中职学校海南轻工业学校等。其中天津地区尤为突出,从2009年起,天津科技大学、海运职业学院、天津电子技校、天津现代职业技术学院、北京科技大学天津学院

---

[①] 殷华,北京科技大学天津学院无人机系主任、研究员,主要研究领域:无人系统、职业教育、战术研究、党史研究;
孔祥蕊,天津现代职业技术学院无人机应用技术专业教研室主任,主要研究领域:无人系统、职业教育、课程思政;
张素杰,北京科技大学天津学院无人机系副主任,主要研究领域:高等教育、人工智能。

都陆续编组预备役。其中天津现代职业技术学院、北京科技大学天津学院以无人机专业为基础编组预备役,具有典型意义。

**一、地方高校预备役建设的优势和意义**

大学生相对来说具有良好的科学文化素质,能较好满足对新型军事高素质人才的迫切需求。在高校建设高素质预备役部队,将大学生纳入预备役部队,可以有效提高预备役部队整体科技文化素质、信息化作战能力,迅速实现预备役的专业化、年轻化、多样化,有效解决预备役队伍建设问题,提高预备役部队快速反应能力和应急保障水平。

地方高校的专业技术人才作为预备役队伍的重要兵源,具有多重优势。

一是人数多,素质高。近年高校大学生新生规模约为700万,属于高学历、高素质、高智能的人才群体,可以为预备役队伍提供充足的高素质兵源。一所地方高校平均在校生人数在一万人左右,其中本科院校人数相对较多,高职院校人数相对较少。

二是专业类型多,涉及面广。高校大学生能为预备役部队提供各领域的专业人才,适应多样化军事任务需求。高校大学生都是经过层层选拔上来的优秀生源,即将从事某一专业或学科的理论学习和实践,涉及的知识和技术基本涵盖所有的新兴技术领域,代表了未来各行各业所能招聘到的现代科技人才。其中,高校中的高职院校和应用技术大学的学生动手能力强,实用技能是强项。

三是年轻化,观念新。高校学生年龄构成主要跨度是18—21岁(高职高专)或者18—22岁(本科)。在高校开展预备役建设,意味着每年都有新生进入预备役队伍,每年的毕业生又能成为预备役储备人才。而且大学生对新生事物接受快,有较强的开拓精神和进取意识。这将为预备役部队提供新鲜的血液,降低预备役整体服役年龄。

四是管理集中,便于快速动员。首先,高校学生具有集中性,不仅学习环境集中,而且个人生活空间也相对集中。其次,校园半封闭,有围墙、教学楼和宿舍,而且有相对严格的作息管理制度。最后,管理上具有层级性、由班委会、辅导员、团支部、学生会、各级团组织、院系、学校学工部等组成了相对集中的学生管理体系。这三大特点，使得在高校组建预备役队伍反应更加迅速，容易快速动员。

**二、地方高校编组预备役对国防教育、思政教育的促进作用**

在地方高校编组预备役，对于落实国家国防教育法律和政策、促进高校和部队思政教育沟通和交流，有着巨大的促进作用。

目前，高校常规的国防教育主要是新生军训、军事理论课程和讲座等形式。依托高校进行大学生预备役队伍建设，可以不断丰富国防教育的手段。[1]

（一）拓展高校军事教育的空间和时间

将国防教育从新生军训延伸到高校整体空间和时间，可以提高大学生的军事技能，强化大学生的体能。将军事理论学习从听讲座或者修课拿学分，通过大学生预备役队伍建设，扩展成为大学生日常学习和生活的有机组成部分。

（二）强化军事训练力度

每年的新生军训中，学校从大学生预备役连队中抽调优秀战士担任助理教官，协同配合部队教官共同完成军训任务，强化了军训指导的力度，使军事教育的客体转变为参与军事教育的主体，实现训管结合，保障了训练的质量。

（三）丰富军事理论教学内容

一是参加预备役队伍的军事教育理论课教师，结合连队建设的实践，开展教学研究和学术研究，充实军事理论教学内容，提高军事教育研究水平。二是现役军官或者退役士官直接向预备役队伍提供相关课程。比如，成都大学成立军事教研室，为全校学生开设选修课程"预备役军事理论与实践"。

（四）发挥大学生预备役队伍的先锋模范作用

强化军队的精英形象。高校预备役队伍是生于高校、长于高校的优秀军事后备力量。一方面，在专业技术方面，他们是现代高科技、专业化的体现,有独特的军事战略地位,是全校榜样;另一方面,在组织性、纪律性、军事体能方面,他们也领先全校。目前,相关高校主要的做法,一是用预备役连队学生先进典型事迹教育全校学生,比如长春科技学院预备役学生就参加了当地的抗洪抢险工作,发挥了积极作用。成都大学预备役队伍协助学校武装部和保卫处完成学校国防教育工作和各种大型活动、集会的安保工作,同时积极参加校内外各种文化活动,如担任军训教官等。二是可以通过大学生预备役连队开展各项活动,促进大学生文明行为养成,形成文明、团结、积极向上的校风、学风,打造国防教育特色校园文化。[2]如组织预备役连队优秀战士举办主题宣讲会,激发同学们艰苦奋斗的精神和献身国防建设的热情;拓展大学生社会实践的时间,加强大学生学军活动的力度,深化大学生学军活动,进一步丰富地方高校军政教育的内容和形式。

(五)地方高校和军队相互促进,提升思想政治教育职能

高校组建预备役队伍有利于发挥军队思想政治教育优势,丰富高校思想政治教育载体。参加预备役连队的思想政治教育理论课教师,可以结合连队建设的实践,开展教学研究和学术研究,充实军事理论教学内容,提高学校思想政治教育研究水平。同时,预备役部队也可以学习、借鉴高校思想政治教育多元、活泼的形式。

### 三、地方高校编组预备役的方法总结

(一)关于地方高校编组预备役的策略

一是预备役干部编组策略。第一原则就是选择党性强、热爱国防事业的领导干部和教职工。具体人员主要由高校在职的负责学生管理、学生工作的领导和教职工构成。如深圳大学和成都大学优先选择学生处和团委干部、学校武装部人员、退役军人教职工、思政干部教师、班级辅导员等。长春科技学院是学生工作部门负责人、各分院党总支副书记以及辅导员组成预备役工作小组。天津轻工职业技术学院是由现役军人担任预备役军官,指导员由本校教师担任,排长和班长由预备役的优秀学生担任。

二是预备役士兵编组策略。深圳大学是要求专业对口部队需求（主要是汽车班、炊事班），然后是录取一至三年级学生，由于四年级是毕业年级，因此不纳入预备役。并且统筹男女比例，招收少量女生班。成都大学的标准是选择大一和大二学生，其中党员优先、退伍大学生优先、专业人员优先、有从军意愿的学生优先。长春科技学院是所有一年级新生都成为预备役士兵。天津轻工职业技术学院要求预备役士兵思想端正、身体强健、成绩良好；全校各个专业都可以进入预备役，但是主要招募非毕业年级，注重吸纳退役复员学生。

（二）高校编组预备役的职能

高校预备役编组后，不同的学校有不同的定位，主要有如下几种职能。

一是技术服务职能。这是高职院校预备役分队编组的常见形式。主要是组建具有本院校专业特色的技术分队，如汽车维修排、通信保障排、医疗救护排、信息技术排等。这些分队的主要任务是为部队提供相应的专业服务，如机动车、通信工具、医疗器材保养维修或现场救护、软件编程升级等；平时的训练以本专业训练为主，是典型的专业服务型分队。[3]

二是校园防暴职能。组建的预备役分队担任学校的防暴队，主要职责是重要时机或重要场所站岗放哨、维持校园秩序稳定、协助保安或保卫人员处理日常纠纷等；平时的训练以处置突发性事件、体能、防暴技能等为主，是典型的军地结合型分队。

三是校园国旗护卫职能。这个分队在挑选队员时比较注重身体条件，任务较单一，主要是校园国旗的升降；平时的训练主要是队列与升降国旗，分队士兵身材匀称形象标致，与国旗为伍，是典型的观赏型分队。

四是艺术宣传职能。这个分队主要由学校的艺术团体组成，如合唱队、乐队等，主要任务是为预备役部队官兵或学校师生进行文艺演出，通过艺术形式宣传国防思想等；平时的训练以艺术基本功、节目排练等为主，是典型的艺术宣传型分队。

各个学校因为专业不同，预备与编组的职能也不同。如深圳大学是汽车班、炊事班。成都大学结合学校学科特色及队员专业特点，将预备役队伍分别设置了国旗护卫、网络攻防、心理作战、新闻宣传、医疗救护和后勤保障六个小组。

(三)地方高校编组预备役的管理

一是采取部队和学校双重管理。很多高校还是采用军事化组织,统一住宿、训练等。在学校内部,不同学校会选择不同的行政部门负责。比如,成都大学是党委武装部主抓,深圳大学和长春科技学院由学生处领导负责。

二是将预备役建设工作纳入学校学生教育体系,设置课程,分配学时学分。各高校都将训练内容和专业学习相结合,训练方法和课程教育相结合,训练时间和学校作息时间相结合,同时增加军事训练课程。成都大学就将预备役建设的体能训练纳入学校学生教育体系。[4]

三是预备役学生的立功受奖纳入学校评优体系。深圳大学将预任士兵在部队学习训练的表现和立功受奖情况纳入学校奖学金评价体系。

(四)地方高校编组预备役的训练问题

成都大学编组预备役,开展了反恐防暴训练、应急救援训练、急救员培训等相关培训。

长春科技学院训练由吉林陆军预备役炮兵师组织进行。训练内容包括队列、轻武器射击、高炮操作、军事理论、实弹射击、野营拉练和内务整理等。[5]

天津轻工职业技术学院预备役连队利用早晚和假期集中接受正规军事训练,标准是现役部队标准,包括队列、军事理论、野外拉练等。

**四、典型案例:天津高校实践**

2010年在天津现代职业技术学院无人机专业编组了天津陆军预备役高射炮兵师第一团指挥连。2019年,天津现代职业技术学院无人机专业在原有预备役连队的基础上进行扩编,编组了预备役营。同时,北京科技大学天津学院无人机专业也编组中国人民解放军预备役高射炮兵师第一团三营。

两所高校在编组预备役队伍的过程中探索出创新的高技能预备役队

伍建设的道路。第一,在编组策略上更注重专业技能,有利于发挥地方高校的优势。在预备役士兵选拔上,一般高校都会在全校一至三年级学生中选择;在预备役军官选择上,一般高校会偏重学生管理系统的党政干部和辅导员等。但是,天津两高校以专业为重点,仅在无人机专业师生中编组预备役,即完全按照预备役对专业技能人才的需求,定制化地编组预备役。第二,人才培养过程中更注重"军地合作"。天津两校在预备役人才培养中,更加注重打造包括军队、地方高校、军工企业三方军政人才和专业人才的教师队伍;同时,在预备役配备训练设施设备问题上,充分挖掘部队现有资源潜力,利用部队的设施设备和场地。这使得天津两高校的预备役人才培养一开始完全按照部队对预备役专业技能人才的要求来培养。第三,天津高校编组预备役不仅局限于一校的探索,还打通了高职院校和应用技术本科院校之间的通道,有利于更好地整合高技能人才培养的资源,形成整体联动效应,推动高技能预备役人才的培养向更高层次发展。

随着我军现代化装备不断列装,提升军队战斗力迫切需要各种先进的应用技术型人才。他们的培养质量直接影响到我国国防力量的发挥。高校预备役编组需要充分考虑到部队的需求和专业对口问题,以便能尽快形成战斗力,降低预备役形成战斗力成本,提高预备役遂行作战能力。如何使用无人机等现代化准军事设备,如何让无人机专业学生服务于预备役部队建设和国防事业,天津高校选择无人机专业是对这些问题的正面回答。

(一)预备役学员选拔

预备役每年从无人机专业新生中进行征兵,由无人机系相关教师负责考察,从身体素质、思想政治、家庭背景、知识体系等方面进行综评,选出各方面符合要求的学生加入预备役部队。

(二)预备役学员日常管理

一是实行学生和预备役士兵双重身份管理的理念。天津高校非常注重从生活内务、学习秩序、实习操作、军事训练等日常点滴抓起,努力培养学生严谨细致的工作作风、一切行动听指挥的执行力、顾全大局的团队意识、吃苦耐劳的奋斗精神和乐于奉献的军人品德,将社会主义核心价值观融入学生的学习生活。[6]

二是编组预备役的教师队伍建设。两校无人机专业编组预备役,是由该专业教师担任预备役军官,同时联合部队、航空军工企业的军政训练人员、技术指导人员,共同构造了一套无人机工作系统化课程与训练体系,实施"模拟＋实战"教学模式及"学生和预备役士兵双重身份"教育模式,培养从事无人机组装、调试、维护、维修、操控、地勤、航拍航测等适合军民两用工作的技术技能型人才。

(三)整合军地训练资源,切实解决设备匮乏、训练开展难的问题

为了解决两高校预备役训练设备和场地的问题,天津警备区将预备役列装的无人机全部用于学生训练,并提供训练营地。空军为两所高校的无人机专业提供了独立飞行训练空域及专用机场。两校的合作军工企业,如世界500强企业中国航天科工集团、中国航天科技集团,也提供昂贵的实训设备。另外,除了校内的日常规范早操、内务训练和假期军训,两校的预备役大学生还可以在天津陆军预备役高炮师训练基地接受短期的正规军事训练,提高军政训练的专业化程度。

(四)参与真实的预备役演习任务,完成政府交派的任务

自编组预备役以来,天津两高校都积极参与了预备役演习任务。其中天津现代职业技术学院无人机专业师生参加了多项军事演习活动,多次出色完成任务,被天津警备区连续三年授予"先进预备役连队"。

(五)部队对预备役提出了严格的训练要求

军队单位会不定期到学校预备役部队训练点检验,这对学生平时的训练提出了更高的要求。预备役大学生一方面加强专业学习,另一方面,无人机专业教师依据课程体系(该课程体系是由军队、学校和军工企业三方共同设计),帮助学生掌握扎实的飞行技能,了解和熟练无人机在战场上的运用技能。比如,不管严寒酷暑,每周进行操场拉练,提高了学生适应环境的能力,锻炼了他们的意志。

## 五、总结

地方高校预备役立足于高校,有强大的专业、技术力量支撑。加入预

备役的学生都是成绩优异的学生,他们除了拥有健康的体魄外,还有很好的学习能力。高校预备役可以结合学校的专业优势和军队对高技能人才的需求,组建技术性、专业化预备役连排分队——如天津高校的无人机专业预备役,对现役部队起到优势互补甚至填补空白的作用,使预备役拥有独特的军事属性,让预备役的发展有真正的发力点,最终拥有稳定的军事战略位置,提升存在价值。

**注释:**

[1] 王泓,谢朝晖.试论大学生预备役连队建设在思想政治教育中的作用[J].长江师范学院学报,2012(06):44-46.

[2] 文军.论大学生预备役建设的思想政治教育意义[J].长江师范学院学报,2013(01):77-80.

[3] 胡先鸿.论高职院校环境下的预备役分队建设[J].时代教育,2015(11):36-37.

[4] 龚振华,李诗芯,李弘.高职院校预备役部队专业化建设的探索实践[J].才智,2020(17):97-98.

[5] 王东红.高职院校学生管理与大学生预备役建设的探讨[J].现代交际,2014(04):183.

[6] 程宇.天津现代职业技术学院军民融合人才培养模式[J].职业技术教育,2015(29):1.

# 地方士官学院与国防教育基地的协同建设

任爱华　钱胤嘉　于新国　徐坚[①]

党的十九大报告中指出,要加强全民国防教育,巩固军民团结,为实现中国梦、强军梦凝聚强大力量。2014年经国务院、中央军委批准,国家国防动员委员会印发了新修订的《全民国防教育大纲》,指出全民国防教育的基本任务是普及国防知识,培训军事技能,培育国防后备人才,激发爱国热情,强化国防观念,提高全体公民履行国防义务的自觉性。2018年修订的《中华人民共和国国防教育法》指出国防教育是建设和巩固国防的基础,是增强民族凝聚力、提高全民素质的重要途径。2020年发布的《大中小学国家安全教育指导纲要》要求通过国家安全教育,使学生深入理解和准确把握总体国家安全观,牢固树立国家利益至上的观念,增强自觉维护国家安全的意识,具备维护国家安全的能力。

2022年,中共中央、国务院、中央军委联合颁发了《关于加强和改进新时代全民国防教育工作的意见》,为地方院校在国防教育领域发展提供了新思路、新契机。该意见系统阐述了加强和改进新时代全民国防教育工作的新要求,指出要使关心国防、热爱国防、建设国防、保卫国防成为全社会的思想共识和自觉行动,要求将国防教育融入普通高等学校考试内容,并纳入学校绩效考评体系。国防教育基地是全民国防教育的重要阵

---

[①] 任爱华,山东信息职业技术学院士官学院党支部副书记,研究领域:大学生教育、职业教育政策、计算机应用;
钱胤嘉,南京信息职业技术学院军士学院党总支副书记、院长,研究领域:士官教育;
于新国,山东信息职业技术学院军教教员,中校退役军官,研究领域:国防教育、军事训练;
徐坚,南京信息职业技术学院讲师,研究领域:职业教育理论、职业教育政策、职业教育领导管理、职业教育信息化。

地,尤其是在高校建设国防教育基地,对于加强大学生国防教育,增强大学生国家安全观念,强化大学生忧患危机意识,具有深远的战略意义。[1]其中,地方高职院校的士官学院,后备士官规模大,军事教官队伍力量强,具有较好的军事基础和组织军训的能力,因此,将地方士官学院同国防教育基地协同建设,既能促进国防教育基地整体建设,又能为定向培养士官生提供实践平台。

**一、当前高校国防教育现状**

目前高校国防教育主要形成了"军事课教学+军事训练+日常性国防教育活动"三位一体的国防教育模式,主要有如下特点。

在军事课教学方面,确定了国际战略环境、军事思想、中国国防军事高技术、信息化战争五大模块教学内容体系,确定了军事课的学时、学分、考核办法及课程评价方案,明确了课程性质和课程目标。

在军事训练内容上,确定了条令条例教育与训练、轻武器射击、战术、军事地形学、综合训练五部分训练科目的内容体系,形成了进部队训练、赴军训基地训练、在校内训练三种基本训练方式,明确了军事训练的时间、目的及考核办法。

在日常性国防教育活动方面,形成了重要节日、纪念日定期举办国防教育活动与日常学习生活中不定期举办国防教育活动相结合的形式。

目前高校这套三位一体的国防教育模式在培养大学生的国家安全观念、现代国防意识方面取得了显著成效。[2]但是,随着国家对国防教育的新要求,高校国防教育面临着进一步提升水平和效果的压力。

**二、当前高校国防教育的主要问题**

(一)国防教育中军训成本高低不一

一直以来开展学生军训的师资力量主要来自驻地部队或军事院校。依托驻地军队院校和部分部队承担具体学生军训任务是当地政府和普通高校一直以来的传统做法。但是,随着国防和军队改革全面推进,教育领域综合改革不断深化,军队大部分院校教学压力大,部队实战化建设任务越来越重,需要军训的学生数量多与军训骨干派遣渠道少的矛盾越来越突出。

这样的结果就是,高校军训实际上是以预备役部队和民兵训练基地人员为递补师资队伍。从山东信息职业技术学院和南京信息职业技术学院的实际情况看,驻地民兵预备役部队可承担一部分学生军训任务,但参与人数极少。有的依托民兵训练基地来承担野外拓展训练,如打靶;有的民兵训练基地从社会上招聘复退军人担任军训教官;有的是从现有民兵教练员队伍中挑选人武干部、专武干部和复退军人担任军训教官。但不论是哪一种形式,由于预备役官兵和民兵都是从社会上招募的复员退伍军人,受训学校都要支付一定的费用用于这部分人的工资或补贴。补贴多少,国家和各省都没有具体规定,给多给少全凭学校与承训单位的关系而定,学校之间差别较大。

中小学国防教育大部分依靠外聘军训拓展公司来完成。这些机构从社会上临时招募复员退伍军人,有任务时提供学生军训,无任务时解散,受训学校不但支付较多费用,而且国防教育教学质量根本得不到保障。

(二)国防教育中军训师资素质参差不齐

现实中,军训骨干的来源基本上是从社会上招聘的复员退伍军人,学生军训前集中强化训练,然后承担学生军训任务。这中间缺少当地政府、教育行政部门和军事机关的监管,没有从业标准,在学生军训过程中缺少监督检查和考核评估,训练时间、内容不规范,基本上是放任自流,无法保障国防教育进学校、进教案、进课堂、进学生头脑。参与国防基地建设的教师队伍中,很大比例的教师有从军服役的经历,但不能与高职院校现有的教师发展机制顺利接轨,造成这批教师在高职院校职业发展的困境。

(三)国防教育中课程体系不科学

国防教育课程体系建设是保障国防教育教学改革、夯实国防教育学科基础建设的需要。长期以来,大中小学国防教育课程设置主要是军训期间的军事队列训练和日常安全教育工作,未形成科学规范丰富的国防教育课程体系,使得国防教育缺乏吸引力和感染力。具体表现如下。

一是国防教育课程质量建设问题。课程质量是课程体系建设的生命线,国防教育课程长期得不到相关职能部门的重视,其质量与其他课程相比有较大差距,加强国防教育课程质量建设,已成为亟须重视和解决的问题。

二是国防教育课程融合发展问题。国防教育内容的广泛性、对象的全民性和领域的多样性使得国防教育课程内容丰富,涉及政治、经济、教育、文化和历史等诸多领域,因此促进国防教育课程与相关课程融合发展,是构建科学规范的国防教育课程体系的有效途径。[3]

三是国防教育课程实施保障问题。构建科学的国防教育课程体系,必须先解决国防教育课程实施保障问题,如法律制度保障、组织机构保障、师资队伍保障、场地经费保障、学科平台保障和教师福利待遇保障等,都是保障国防教育课程实施的重要方面。

### (四)国防教育内容和形式都不能适应时代需求

国防教育的目标是提升全民军事素质、培塑民族精神。但是,当前我国国防教育内容仍然以"传统安全观""传统国防观念"教育教学为人才培养目标导向,因此亟须丰富和完善。

一是内容上不能紧跟时代步伐,"顺时而动"。很多高校的军事课程内容侧重军事知识介绍和军事技能培养,未增设总体安全观体系下的内容讲授和新军事变革下军事素养的培育,缺乏从"国防观念"到"国家安全观念"、从"国家安全意识"到"国家安全发展意识"、从"军事知识的战术思维"到"国家利益的战略思维"三个层面内容的提升,进而无法实现课程本身的教育功效。[4]

二是内容上未将传承我党我军红色基因血脉作为主线。调研发现,在全社会开展"传承红色基因、汇聚强军力量"的主题教育活动中,大中小学学生大多数是在校园里坐在课堂里通过图片、视频等形式接受教育,缺乏多层面立体性的教育。

三是国防教育基地建设牵头单位较多,亟待协调统一。国防教育基地的建设不仅需要部队参与,还需要教育行政部门参与,造成参与管理部门较多。以江苏高校南京信息职业技术学院为例,江苏省全民国防教育的牵头单位是江苏省委宣传部,与教育行政管理相关的部门包括江苏省教育厅体卫艺处、江苏省军事课教指委、江苏省高教学会国防教育研究会等,与部队相关的部门为江苏省军区战备建设局等。高校对接省内国防教育相关单位的渠道不够畅通,亟待相关管理部门协调,建立统一管理的机制。

### 三、地方高职院校国防教育基地建设提升策略

地方高职院校士官学院承担国防教育基地建设具有巨大的优势。根据2011年国家国防教育办公室颁布的《国防教育基地命名管理办法》,国防教育基地是具备国防教育功能,经省、自治区、直辖市人民政府命名的国防教育场所。2009年、2012年、2015年国家国防教育委员会先后评选了三批共计320家国家国防教育示范基地,2019年达到了473家。目前国家国防教育示范基地多数是以烈士纪念馆、烈士陵园、军事历史博览馆、抗战纪念馆等为载体。同时各省市也根据实际情况建设了省级和市级的国防教育基地。

地方高职院校较早开始参与部队士官人才的培养,在探索培养"向战而行"的高技能军事人才的道路上不断前进。一是构建了较为完善的军政教学体系,包括思政教育、军事理论、军事技能等课程。二是和部队、军工企业构建了较为通畅的军地交流、协作机制,体现了职业院校"理论实践一体化"教育特色。三是建立了适合士官生人才培养的教师队伍,聘用大量理论实践能力兼备的退役军人担任军政教师,还有一些兼职的现役军人来学校担任指导教师。四是打造了国防教育文化和环境。士官学院普遍采用准军事化管理方式,在环境布置、士官生日常作息等方面体现了校园即军营的教育特征。在此基础上,高职院校国防教育基地的建设可以从以下三个方面持续完善和提高。

(一)不断完善国防教育基地质量保障措施

建立国防教育专业师资队伍。国防教育基地的质量基础是建立高质量的军事师资队伍。建议从部队选聘综合素质高、管理能力强、具有丰富带兵经验的复转军人担任军事辅导员,专门从事士官生的日常教育管理,完成军事化管理制度下士官生的军人思想教育、军人意识养成、军人作风

纪律养成工作。山东信息职业技术学院坚持高标准配备军事辅导员,军事辅导员师生比优于普通辅导员,按1∶150标准实施军事辅导员制度,营团级军事主官的退役军官比例大于70%;制定军事辅导员能力提升计划,定期组织培训、交流学习,打造一支军官和士官互补、年龄结构梯队合理、部队管理经验丰富的军事辅导员队伍,保障定向士官生军政素质培养,满足准军事化管理的需求。南京信息职业技术学院实施"军政双重属性"专兼职师资队伍建设思路,积极从部队院校引进军政教师,负责军政类课程教学与教研工作。

以赛促育,通过实践提升教师业务水平。山东信息职业技术学院组织国防教育基地教师参加各级各类军事课教学能力、微课大赛,通过比赛促进教学能力的提升;组织教师指导学生参加国防素养大赛,提高学生学习国防知识的积极性;通过开设"国防大讲坛",培育国防教育青年讲师团。南京信息职业技术学院积极组织国防教育教师进行授课竞赛,与学校马克思主义学院联合参加江苏省教学能力大赛,获得二等奖;通过士官生思政授课竞赛项目遴选产生"星火"宣讲团,开展线上线下宣讲30余场。

定向士官生承担辖区内部分国防教育和大学生军训工作,具有较好的军事背景,具备学生军训的组织管理基础。但是,要达到部队的高要求,还需要进一步的努力。

一是在定向士官培养院校建立学生军训指导中心,把定向士官生编入所在辖区的后备力量,由当地军事机关实行统一领导,这既体现了上级机关对学生军训的组织领导,又可对学生军训力量统一调配,满足当地学校国防教育和军训工作的需要。

二是建立军训教官职业资格鉴定站和训练基地资格鉴定中心,实行"双准入制"。建议由定向士官培养院校所在地的省军区(军分区)来认证,建立军训教官职业资格鉴定站和训练基地资格鉴定中心,加强对军训教官的培训考核,扩大军训教官队伍,提高军训教官水平。

三是加强对士官生国防教育的考核评价,保证承训人员具备相应资质,改善学生军训的条件,从根本上提高学生军训的质量。建立大数据考核评价系统,运用大数据分析技术,以"思想动态评价系统、体能动态评价系统、体检数据动态系统、专业考核评价系统、受训单位评价系统"五大评价系统为依据,结合学校质量诊断体系,建立全过程的定向培养士官数据评价系统,将"零差错、无缺陷"的职业素养内化为士官生的行为自觉,锻造士官生对自我成才负责、对受训单位负责、对国防建设负责的精神,同时落实不合格淘汰制度,保障优质士官人才培养。

(二)不断提升高职院校国防教育基地质量

参加国防教育基地的地方高职院校要在习近平新时代中国特色社会主义思想指引和强军思想指导下,密切联系中央军委政治工作部、国防动员部、各军种和承训对接单位,遵照部队的要求和部署,坚持部队士官人才需求为导向,在充分调研的基础上科学构建士官生国防教育课程体系。

加强士官生综合能力,服务国防教育需求。国防教育的目的是使受教者了解掌握军事基础知识和基本军事技能,增强国防观念、国家安全意识和忧患危机意识,弘扬爱国主义精神,传承红色基因,提高综合国防素质,服务军民融合发展战略实施和国防后备力量建设。目前普遍存在国防安全意识淡薄、国防教育机构不健全、国防教育课程教学欠规范、高校对开展国防教育重要性认识不够、国防教育师资力量不能满足发展要求、国防教育教学设施不完善等问题,这就要求我们在全面培育士官生军政素质的同时努力提高教、训、管能力,为担负国防教育及学生军训工作奠定扎实基础。

加强国防教育课程体系的系统性。2019年1月,教育部和中央军委国防动员部联合下发《普通高等学校军事课教学大纲》,对军事课程进行了细致明确的规定,定向培养士官生国防教育课程体系可在该大纲的基础上进一步拓展优化调整。课程体系的建设要在"统"字上下功夫,思想统一到国家战略、工作统一到强军目标、专业统一到部队岗位、素质统一到"四有"军人;在"融"字上做文章,融合军种把握部队岗位需求、融合承训单位制定人才培养方案、融合驻地部队协同培养实操实训;在"新"字上求突破,创新机制体制、创新管理模式、创新融合措施、创新思想教育、创新训练方法;在"深"字上见实效,深化军民融合措施、深入政治忠诚教育、深训军事体能技能、深抓军人作风纪律。

国防教育课程体系建设是提升国防教育质量层次和实现国防教育培养目标的有力措施。一是研究规范军政课程体系。如山东信息职业技术学院增加大学生国防教育课程内容设置，在大学生思政课程基础上，依据教育部和中央军委国防动员部联合颁发的军事课大纲，增设"人民军队导论和发展史""军事法概论及军队保密条例""军队基层管理"等军事理论课和"共同条令""队列指挥"等军事训练课。南京信息职业技术学院实施"课程思政"教学改革，制定士官生专业课程建设要求，明确专业课程的思政教育导向，突出党建工作的针对性；组织实施思政课程教学改革，编写出版士官生思想政治教育教材，将士官文化、工匠精神、职业认可融入课堂教学各环节，促进"思政课程"和"课程思政"双轮驱动、隐性教育和显性教育相辅相成。

二是实施国防教育课程改革。参照军事课教学大纲等相关国防教育文件，制定课程标准，明确课程教学的范围和内容，实行课程改革，探索课程开设模式、教法改革。通过成立军事课程研究室，专门研究军政课程教学，开发军政课程教学课件，编写军政课程教材，发表研究论文成果，打造定向培养士官军政课程教育样本；定期举办定向培养士官军政课程研讨会，把握部队改革方向，贴近部队实战需求，强化思想政治引领。南京信息职业技术学院对"军事体能与技能"课程进行改革，修订课程大纲，增加训练学时，完善考核标准；同时，依托"军队基层管理"课程，开展士官生四会能力培养。

三是开发国防教育教学资源。发掘利用、开放共享国防教育数字资源，建设国防教育虚拟仿真平台；合理运用自媒体平台，打造国防教育自媒体品牌。"上云用数赋能"，发挥数字技术在国防教育中的放大、叠加、倍增作用；有针对性地开发国防教育系列教材，建设在线教学平台，积累教学资源；依托国防教育馆展陈内容，编写国防教育知识读本。如南京信息职业技术学院依托国防教育馆，开展"讲好国防故事，传承时代精神"首届国防教育馆讲解员评选活动。在比赛过程中，参赛选手依托国防教育馆，从"悠久历史""苦难历程""走向辉煌""逐梦复兴""启示展望"五大篇章自由选题，将国防故事形象地呈现出来。

### (三)不断丰富国防教育教学育人实践载体

一是开展国防教育文化主题教育活动。围绕实现中国梦和党在新形势下的强军目标,依据国防和军队现代化建设的理论和方针原则,以传承红色基因工程为引领,建设具有高职院校特色的红色主题教育。如山东信息职业技术学院开展"传承红色基因、担当强军责任"主题教育,从办好"军旅人生"励志大讲堂入手,邀请优秀现役和退役军官来校开展励志宣讲活动,充分发挥烈士陵园、博物馆、纪念馆等红色场所的教育功能,常态化组织士官生瞻仰学习;传唱红色歌曲,观看红色电影,利用饭前一支歌、军旅大合唱、每周一部电影等活动,强化日常红色革命文化教育。如南京信息职业技术学院邀请雷锋生前战友赵明才、天安门原国旗班班长赵新风等开展思想政治教育宣讲;组织师生观看校园党史剧目演出;微信公众平台开设"百年党史"学习教育专栏;结合"国家安全教育日",推出"松林观天下"军事时政评论栏目;等等。

二是利用现有定向士官生为学校学生和入伍新兵提供军训服务。按照部队军区军训办、省级教育部门军训办统一规划,统一调配学生军训力量,对普通高等学校和高中学生的军训实施统一领导、统一谋划、统一管理;构建以地方士官学院力量为主体,以社会力量为补充,以驻地部队为骨干的学生军训力量体系;制定学生军训从业人员、国防教育教师、承训基地资格认证标准和军训质量监督与评估条件标准,建立学生军训监察机制。

比如,山东信息职业技术学院与潍坊市奎文区武装部建立军民融合共建单位,2018年12名优秀士官生担任教官,训练新兵120余人。又如南京信息职业技术学院,连续几年承担江苏省部分高职院校的军事技能承训工作,2021年完成了江苏医药职业学院、江苏卫生健康职业学院、常州信息职业技术学院等高校2021级共14300名新生的军事技能训练任务。

三是积极向社会提供国防教育服务。士官生依托志愿活动平台,义务外出承担军训任务,是学院充分发挥办学优势、服务地方社会的新路径。如山东信息职业技术学院的士官生外出义务承担军训任务,有效提高了士官生四会教学能力和组训实践能力，检验了学院四会教学、基层管理和思政教学等军政教学效果，开创了学生军事训练工作新格局，为高职教育反哺基础教育、实践检验德育效果积累了宝贵经验。南京信息职业技术学院通过"立亮"青年之家实践服务团队组织国防志愿服务活动，激发学生爱国热情，强化学生国防观念，培育国防后备人才。

四是建设国防教育师资队伍培训基地。围绕新颁布的军事课教学大纲、国防教育大纲、大中小学国家安全教育指导纲要等教学指导文件，面向军事课教师群体，组织开展军事课教学师资培训，打造军事课教师培训基地。依托士官学院设立学生军训指导中心，落实军训教官资格认证制度，规范军训教官职业资格和训练基地资格鉴定，加强对军训教官的培训考核、对训练基地的考核评价，打造军训教官培训基地。

五是开展强化国防技能活动。与军工企业合作，培养学生仪器设备操作、维护保养、排除故障等技能；开展国防体育运动赛事、军事项目对抗赛、内务比赛、队列比赛等"精武"系列活动，开展国防竞技比武、无线电台组网操作、无人机操作等"精技"系列活动，帮助学生提高军事技能；打造军事技能承训基地，制定学生军训承训管理规定；推进军事技能与体能、组训方法课程改革，强化"教案编写、计划制定、组训施教、总结讲评"能力培养。

总之，地方高职院校士官学院是当前国防教育新的着力点。随着地方高职院校培养定向军士工作稳步、扎实推进，可以进一步发挥士官学院的国防育人功能，为有序推进国防教育工作添砖加瓦。

**注释：**

[1] 沙业青."准军事化"高校国防教育基地建设探究[J].清远职业技术学院学报，2022(02):72—77.

[2] 李科.我国普通高校国防教育主要成就与基本经验:30年的回顾与总结[J].国防,2016(02):31—34.

[3] 王群立.普通高校国防教育课程体系建设[J].吉首大学学报（自然科学版）,2019(02):93—96.

[4] 王磊，宋跃良.国家战略视野下的高校国防教育课程教学改革研究[J].常州信息职业技术学院学报,2015(06):57—59.

# 为部队服务的不同人才培养模式探索
## ——河北科技工程职业技术大学"军地双栖、人才双育"的探索实践

马东霄 冯旭敏[①]

河北科技工程职业技术大学1979年建校,原为中国人民解放军军需工业学院,隶属于中国人民解放军原总后勤部,拥有多年的军队办学历史。

该校从面向军队服务到培养军地两用人才,一直以服务军地融合发展为宗旨,坚持"技术立校,军风育人""学历教育与培训并举"的办学理念,不断进行军地两用人才培养模式探索与实践,形成了"军人作风+职业素养"的人才培养特色,为国防建设人才培养作出了贡献。

## 一、在职在岗人员育训模式

该校多次荣获原总后勤部科技成果奖,为军队保障性企业培养了两万多名专业技术人才和管理人才,形成了较为成熟的人才育训模式和完善的培训服务体系。

### (一)需求导向、规划培训

该校隶属原总后勤部期间,由原总后生产管理部根据各军工企业、后勤保障型企业的生产及发展对人才的需求,评估在职员工培养培训目标,统筹规划培训项目,制定培训计划,然后向各企业下达培训指标,企业根据整体需要和要求选派人员到校参加培训。

归属地方后,该校和企业积极对接,与企业人力资源部门共同评估人

---

① 马东霄,河北科技工程职业技术大学党委副书记、校长、教授,研究方向:职业教育管理;冯旭敏,河北科技工程职业技术大学继续教育部主任、教授,研究方向:继续教育与培训。

才与企业发展匹配度,进行人力资源再开发规划,根据企业人才需要设计培训项目、制定培训计划,学校按要求设计培训方案,并落实实施。

(二)精准施教、学为所用

对接需求目标制定培训方案,以终为始,精准施教。对应厂(矿)长、车间主任、生产调度、班组长等管理类培训班,以及生产技术员班、市场营销班、财会班等,分别设计开发培训课程,把岗位工作标准设为课程标准,力求供需精准对接,有的放矢,用以致学、学为所用,提高了人才培养质量。

(三)校企融合、重在实效

基于受众群体来自企业,培训过程更注重理论与实践相结合,用理论解读实践,强调理论水平的提升及实际能力的强化培养。管理类人才的培训,由学校教师＋企业管理型专家共同完成,管理理论与实践经验、案例融合,构建新的理论与能力结构;生产技术及各类技能提升班,由学校老师提供理论课教学和校内实训指导,构建"把已拥有的实践经验上升为理论、再实践"的良性循环,聘请企业技术专家,跟踪技术发展前沿进行专题实践教学,在技术技能方面获得适应产业发展的突破性提升,校企融合,育训一体,实现岗位技能和综合职业素养的全面提升。

(四)"一站式"系统、服务人力资源再开发

聚焦企业转型升级对人才培养的需要,以员工职业生涯与企业共同发展为目标,构建"一站式"人力资源规划服务体系。培训链精准对接岗位链,开设"学历＋技能培训"企业定制班,开发学历继续教育与技术技能"双课程",为企业人力资源再开发提供整体解决方案。

## 二、退役军人育训模式

该校以军工情怀、匠心精神,服务退役军人就业创业,充分发挥职业教育优势,积极开展退役军人继续教育培训,为退役军人就业创业转型发展提供支撑。

(一)打造退役军人教育基地,构建退役军人职业发展服务联盟共同体

该校退役军人教育培训服务始于2008年,2018年成为邢台市首批

"退役军人教育培训基地"和"河北省退役军人培训机构",基于政府支持,发挥学校专业优势,利用学校强大的原军队保障性企业资源体系,协同当地就业创业服务系统,搭建支撑性拓展性协同培训、就业、创业平台。

学校着力顶层设计,建立多部门统筹协调机制,省、市退役军人事务部门对退役军人培训就业创业服务进行宏观统筹规划,政府引导学校积极响应,与邢台市自主择业军转干部就业创业服务中心、信都区军融信息科技有限公司、县域军创园区等构建协同培训、协同推进就业、助力创业的战略合作框架,校企优势互补、资源共享,学校为培训主体,政校企互为支撑,协同完成培训、就业创业服务,致力于打造政校企共建、资源共享、能力共育、就业共推、创业共助的退役军人职业发展服务联盟共同体。

(二)"承包式"精准化培训,服务退役军人转型

学校以服务退役军人满意就业或创业及职业可持续发展为目标,为退役军人提供人本化"承包式"和"一站式"培训服务。

一是学校开发退役军人"继续教育与培训"服务菜单,退役军人均可自主选择学历教育或菜单中的培训项目。学校帮助有需求的学员进行职业生涯规划指导,帮助他们评估适合的从业目标,引导学员根据从业意向和就业或创业技能需要,在技能培训菜单中挑选培训课程或选学历继续教育,开展"菜单"模式的继续教育与培训。

二是根据参训者特殊需求,以"定制"模式开展个性化培训。参训者所选择的项目属于个性化需求时,根据其个人需求开发个性化课程,进行个性化培训与指导。

三是先推荐就业,再根据岗位需要以"对接"模式开展校企合作培训。根据退役军人具体需求,培训前进行就业推荐,录用后精准对接岗位,与接收企业合作开展技能和企业文化等综合性培训,实现技能培训与岗位技能零对接,身份转换零对接。

"菜单式、定制式、对接式"三种模式,因材施教、因需施训,训后跟踪推荐就业或创业,承载起精准服务退役军人的任务。在退役军人职业发展服务联盟共同体的共同努力下,基本实现训后就业率90%以上。

### 三、定向培养士官育训模式

该校发挥"根植军工、服务军地"的传统优势,坚持"技术立校、军风铸魂育人",从为军工企业培育人才,为部队培养输送高技能士官、士兵,到为退役军人继续教育服务,不断延伸和挖掘军地两用人才培养潜力。围绕合作育人这个核心,学校积极发起成立军民融合职业教育产学研协同发展联盟,成立军民融合学院,开设10余个特色军民通用技术专业,合作共建产业学院,积极开展学徒制合作办学(国家级现代学徒制试点)、订单班定制培养、产学研合作育人等多元化人才培养模式的创新实践,探索合作共建人才培养体系。

(一)传承军队文化基因,打牢军人精神底色

学校借助20余年军校文化底蕴,坚持经常性思想工作,军风铸魂,把牢思想政治教育关口,强化理想信念,培育和践行社会主义核心价值观;坚持一日生活制度、5S精细化管理制度等准军事化管理,传承军队文化基因,培养学生坚韧不拔的意志,雷厉风行、纪律严明的军人作风,打牢军人精神底色;开展国防教育,营造作风严谨优良的军营文化,与校园文化相融合,把军队文化、军工精神嵌入人才培养方案,形成"军人作风+职业素养"的特色育人模式。

(二)强化军民通用专业建设,助力国防建设人才培养

学校自2007年开始向部队输送士官,鼓励学生走向军营,积极与本地武装部对接,了解国防建设对技能型人才的需求,以现有专业为基础,遴选各专业优秀学生,推荐应征士官或士兵入伍。

学校加大军民通用技术专业建设力度,逐渐形成由机电一体化技术(军工设备维护维修)、汽车制造与装备技术(特种车辆改装)、应用电子技术(智能传感器)、服装设计工艺(军旅户外服装)等专业构成的军民通用技术特色专业体系,导向性地开展国防建设人才培养,并基于日臻完善的专业体系构建,成立军民融合学院,整合优质教育教学资源,搭建人才培养平台。

学生入学后国防教育与专业介绍同时进行,重点介绍国防建设相关

专业,引导学生对士官人才的认知,对有意向应征士官的学生,加强技能及综合素质培养。学校虽然不是定向士官培养学校,依然坚持为部队培养输送士官,先后有近千名学生应征士官入伍,千余名学生应征士兵入伍。

(三)产教融合育训一体,创新人才培养模式

坚持产教融合,与军工企业合作共建产业学院,开展现代学徒制教育、产学研用合作等多元化产教融合、育训一体人才培养。校企共同进行需求分析,制定人才培养目标,研发军民通用技术技能人才培养方案,协同实施教学,学校以专业理论教学和通用技能培养为重点,企业聚焦岗位实践教学,实现校企融合、产教零对接,协同育人。

实行现代学徒制合作办学,校企联合招生、联合培养,双主体育人。目前学校与军队后勤保障企业际华集团联合成立际华服装学院,同际华职业装有限公司开展现代学徒制合作办学,成为国家首批现代学徒制试点。

(四)订单定制,定向培养高技能人才

学校识别职业需求,精准对接需求,培养和输送高技能人才。根据军工企业或后勤保障型企业提出的用人需求,组建订单班,校企合作制定人才培养方案,实现专业与职业需求对接、课程内容与职业标准对接,把岗位职业标准作为人才培养标准,把岗位技能标准作为课程标准,校企合作育训一体,岗位实践环节进入企业完成,"量身定制"式培养,实现育人精准对接。

学校与北京中科航天人才服务有限公司、际华集团等企业签订校企合作协议,挂牌设立人才培养基地,校企合作开展"订单班"人才培养,提高了育人成效。

(五)创建省级军民融合产学研用示范基地,建立协同育人机制

学校不断加大军民融合产学研用平台建设力度,拓展融合渠道,与军工大学、军工研究所等开展产学研用合作,建立产学研用协同育人机制,2018年获批成为"河北省军民融合产学研用示范基地"。学校依托基地,联合北京空间飞行器总设计部等军工研究所、北京航空航天大学等,高质

量完成了科研项目 11 项,孵化高水平军民两用技术发明专利 9 项;与 20 余家当地军地融合保障型企业开展项目合作,开展技术服务项目 25 项。

师生共同参与产学研用项目,在促进军民技术相互融合、转化,推进国防科技军地融合深度发展的同时,教师科研创新水平与实践指导能力显著提升;学生融入产、学、研、实践运用的系统工作过程,直接获取经验与实践能力,提升了创新意识和技术创新能力,应对技能大赛等高难度挑战能力明显增强。

产学研用服务合作,让学生进入军工企业潜移默化感受"军工报国、甘于奉献、为国争光"的军工精神,以"职业人"的身份参与专业相关岗位工作,提高了综合职业素质。

**四、总结与展望**

军地融合育人既是军队办学基因传承,也是学校发展壮大的立校之基。经过多年实践,学校逐渐形成了军地双栖、两用人才双育的办学格局,培育了 8 万余名具备军人作风和军工素养的高素质技术技能人才。

未来,学校将继续发挥自身优势,申办四年制本科定向培养士官定点学校,探索建立"部队＋高校"融合人才培养和"订单、定制式"人才育训协作机制,推进高质量国防高技能人才培养;基于多年来为部队和军工企业培养输送技能型人才的实践经验,拟与部队和军工企业联合招生,组建"协议"订单班,"在校专业学习＋就业岗位跟岗实训",校企双导师"交互式"定向培养,提升人才就业或入伍的适应性,实现人才培养与就业岗位的零对接,真正提升人才培养质量,为教育服务国防建设发挥良好的支撑作用。

# 关于完善高职院校定向培养士官招录工作的报告

李祖刚　徐坚①

由非军事部门招收定向培养士官,是依托国民教育培养军事人才的重要举措,也是建立服务现代化军队的高素质士官队伍的重要渠道。因此,定向培养士官招录工作决定了定向培养士官人才培养的起点。当前招录工作在取得较多成绩的基础上,也存在一定问题。

北京大学中国教育财政科学研究所和南京信息职业技术学院围绕"完善定向培养士官体制机制"的主题,在南京信息职业技术学院及南京师范大学(2018年11月24—25日)、北京大学(2019年1月12—13日)分别召开了两次研讨会。两次会议的参会单位包括国防大学、空军指挥学院、陆军防化学院、火箭军士官学校、海军士官学校、空军通讯士官学校、18所地方高职院校及其所属士官学院、北京大学、北京理工大学、上海财经大学、新疆石河子大学、国蓉科技有限公司等。本调研报告来自会议中与会代表的集中讨论。

## 一、定向培养士官招录现状

定向培养士官招录工作起始于2010年。2010年3月,为落实中央军委文件精神,原总参谋部、教育部等部门联合下发了直接从非军事部门

---

① 李祖刚,南京信息职业技术学院讲师,研究领域:职业教育理论、职业教育政策、职业教育管理、职业教育信息化;

徐坚,南京信息职业技术学院讲师,研究领域:职业教育理论、职业教育政策、职业教育管理、职业教育信息化。

招收士官工作的规定,开始启动地方院校参与士官培养工作。2012年5月,原总参谋部、教育部联合下发通知,要求做好定向培养直招士官试点工作,正式启动地方高校定向士官培养工作。

直接从非军事部门招收士官,是当前部队士官人才招收和培养的重要渠道之一。目前,部队从非军事部门招收士官主要有两类渠道,一类是从地方院校的大学应届毕业生中直接招收士官,补充部队的士官人才队伍;另一类是由地方院校按照部队要求,定向培养部队所需的各类士官人才。这类定向士官需要经全国普通高校招生统一考试选拔,依托地方高校定向培养,毕业后直接补充到部队相应专业技术士官岗位服役。也就是说,定向培养士官在入学时就确定了毕业后要到部队以士官身份服役,高校也依此目标展开人才培养工作。

(一)定向培养士官招生规模快速扩大

从2012年到2022年全国定向培养士官招生规模来看,每年都在增加定向培养士官招生名额,经过十年的发展,每年全国高校招收定向培养士官的计划数已超万人;招收定向培养士官的高职院校由最初的11所学校,扩大至2018年的47所;参与省市也由2014年的12个增加至17个;下达定向培养士官招生计划的军种也由个别军种(种类)扩大至多个军种(种类),包括火箭军、武警、海军、空军、陆军、战略支援部队、省军区等。

(二)定向培养士官录取流程管理严格规范

当前,定向培养士官招录工作由各地教育主管部门和征兵办公室共同协作完成,录取流程规范、严格。

第一,定向培养士官的招生宣传。高考结束之后,地方的教育考试院会同当地的征兵办公室共同发布定向培养士官报考通知,协同进行定向培养士官招生宣传工作。

第二,有意向的考生在网络报名系统中,进行定向培养士官招考报名,目前已有多个省市的教育考试院或征兵办公室面向定向培养士官开通网络报名系统,如江苏、河南、山东等。

第三,定向培养士官的政治考核和体检。针对有意向报考定向培养士官的考生,进行政治考核,部分省市由教育部门根据成绩由高分至低分确定体格检查学生名单,并报相应的兵役机关,由兵役机关组织体格检查;部分省市由征兵办公室组织所有报名考生进行体检。待学生统一体检结束后,兵役机关及时整理并向地方教育考试院呈报政治考核和体检双合格的考生名单。

第四,定向培养士官的录取。各地教育考试院依据体检、政治考核合格名单,按照招生高校提调档比例要求,向有关地方高校顺序投档,由有关高校按照招生章程中公布的既定录取规则完成录取,按规定发放录取通知书。在录取过程中,同等条件下,中共党员、优秀学生干部、军人子女、英模烈士子女优先录取。当上线的合格考生数量不足时,从体格检查、政治考核和面试合格的考生中补征志愿录取。

第五,定向培养士官的补录。由于定向培养士官项目的特殊性,地方院校会存在因淘汰或录取不足出现的名额空缺。因此,每年年底前地方高校会从同年级本专业符合条件的在校学生中选拔补充,通过对报名学生体格、病史、实际表现和学习情况等进行初步审查,择优推荐,并报相应兵役机关。地方高校所在地市级兵役机关根据上级通知,会同招收部队按照前述招生办法,组织体格检查、政治考核,根据其学习成绩、现实表现、入伍意愿等,择优确定补录对象。根据教育部、军委政治工作部、军委国防动员部的要求,2022年定向培养士官(军士)出现缺额不再开展补录工作。

(三)生源数量和质量呈现逐年上升的趋势

定向培养士官招录要求相比普通高校招录严格,经过政治考核和体检后的合格考生数会比报名数大大减少,但仍不影响考生报考定向培养士官的热情。特别是近三年,宣传力度较2018年之前有较大提升,报名人数逐年提升。以江苏为例,定向培养士官报名人数由2015年的300人,到2022年的5000人,生源数量和质量较几年前有很大提升。

生源数量大幅度提升、录取分数线逐年升高的主要原因,一是宣传力度加大,宣传形式和内容新颖,定向培养士官项目渐渐为社会和考生所接受,有更多考生愿意从军报国,服务国防;二是报名信息化,减少了中间环节,消除了很多人为干扰因素。

## 二、定向培养士官招录瓶颈

一是招生计划缺乏灵活性。地方院校招生必须严格按照招生计划进行,招生计划由上级教育主管部门根据生源数量、院校办学条件等核定下达,定向培养士官的招生计划包含在院校招生总计划中。由于地方高校人才培养的生均财政拨款与招生计划完成情况紧密相关,按照录取后最终报到的学生数下拨,因此定向培养士官招录完成情况直接关系到地方高校总招生计划的完成和生均财政拨款的获得。

首先,定向培养士官招生计划下达偏迟。地方高校在高考招生过程中,必须按照教育部门下达的招生计划(含招生总数、分专业人数、分省份人数等信息)开展工作。地方高校所有的招生计划(含定向培养士官的招生计划),都要编入教育部全国普通高校招生来源计划网上管理系统,其中定向培养士官的计划类别是"直招士官生";同时,还要按照军种、性别、专业、省份等要求逐一填报并通过教育管理部门的审核后方可招生。地方高校面向不同省市的定向培养士官招生计划也需录入该计划系统。

高校在教育主管部门核定全年招生总计划后,会根据办学条件、专业发展规划等编制分专业计划,涉及定向培养士官计划和普通类计划的协调编排,如果定向培养士官计划不能提前明确,会导致分专业计划编制无法进行。

每年高考时间是6月7—9日,因此,全国招生计划录入管理系统的时间是5月中下旬。然而,由于定向培养士官的招生计划需要国防动员部根据当年部队对士官的需求制定相应的招生计划,一般在6月下达计划,招生计划下达的时间相对滞后,给地方高校的计划编制和信息填报工作带来困难。

其次,招生计划调整不灵活。地方院校定向培养士官的生源来自全国多个省(自治区、直辖市),各地报名人数差距较大,例如湖南、山东等传统兵源大省报名总人数可超过8000人,而有些省市报名人数不足,特别是地方院校首次招生的省份,考生由于对学校不了解,又无上一年度的参考分数,往往报考人数少于计划数。同时,由于种种原因,各地教育考试院对于地方高校可否按照报录情况跨省、跨类别调转招生计划的指导意见并不一致,导致地方高校定向培养士官的招生名额未录满且不能调转而造成了浪费。

二是招录工作仍需与兵役部门紧密协调。按照当前的政策文件规定,各军区将体检、政审、面试合格的考生名单提交教育主管部门,教育主管部门向各录取院校投档。在理想状态下,当招生院校在某省招收生源不足时,可向其他有生源的省份调转计划。但是,由于不同省份的士官生招生宣传、报名、体检、政治考核、面试等环节没有统一的细则规定,加之军地之间没有建立起常规的协调沟通机制,地方院校跨省调转招生计划只能逐一沟通。例如,有的地区体检只分合格和不合格,有的地区体检分为陆勤合格和水兵合格,还有一些地区体检合格分得更细,在录取上就带来了一定的困难,特别是招录水兵的学校,学生在完成海军相关专业学习后,在入伍前体检发现不符合水兵体检的标准,不能入伍。

另一方面,高校招生宣传也需要兵役部门的协助。对于义务兵的征兵宣传,国防动员部门已有专门的宣传手册,其中包括学费代偿、发展路径以及退役后的安置政策等详细介绍。当前定向培养士官的招生宣传主要还是依靠地方招生院校的自行宣传,兵役机关、新闻媒体和社会层面的宣传力度还不够。近几年各级兵役机关加强了定向培养士官招生宣传工作,招生宣传资料中也主要是介绍学费代偿的信息,并未同征兵宣传手册一样,包含关于"士官"的全面详细的官方介绍,同时由于该项工作并没有像征收义务兵一样明确纳入工作要求和工作考核中,地方兵役部门协同招生的积极性总体不高。对定向培养士官项目的宣传在主流媒体上还几乎未见,造成定向培养士官招生宣传的权威性不够。

三是招录体检流程缺乏标准。不同地区定向培养士官招录流程中的体检在形式、标准和结论上并不统一。

首先,体检的组织并不一致。部分省份采取统一安排体检的形式,部分省份则下放至各个市县独立体检。

其次,体检的严格程度也存在一定差异。针对定向培养士官录取前的体检,不同省份和不同市县体检要求尺度不完全一致,以至于地方高校招录进校的学生在校期间和入伍前就发现身体不达标,特别是到了临近毕业时,难以符合入伍体检要求。

最后,体检结论未按照军种要求分类核定。部分省份的体检结论分类比较详细,会明确究竟符合哪一类军种的要求,但有的省份结论比较含糊。有的省份的考生是先填志愿再体检,体检结论出来后才知道体检结果是否匹配所填报的军种和志愿,而此时考生填报的志愿已经无法更改,导致部分考生体检结果虽然没有满足其填报志愿的军种体检要求,如果其体检结果满足另一军种要求,却会由于未填报该军种的志愿,而失去录取的机会。如一名体检结果只符合"陆勤合格"的考生,前期填报志愿时只填报了海军,他就失去了选择军士的机会,也让学校失去了部分生源。海军招录的考生基本上都是要求"水兵合格",如果体检结论仅分"合格"和"不合格",学生录取进来就可能会面临入伍时体检不符合要求的情况,更加难以处理。

### 三、定向培养士官招录政策建议

**(一)加强部际沟通,协同做好招录工作**

建议通过国务院职业教育工作部际联席会议制度,协调各相关部门顺利实施招录工作。建议军地各方提前沟通,将定向培养士官的年度招生计划以文件形式在每年5月前下达,便于省级教育主管部门和地方院校计划的统筹、分解和上报;建议军方相关部门提前科学制定年度招生计划,并发布未来三至五年定向培养士官招生数量预测,以便职业院校提前进行专业建设和师资队伍培训;建议定向培养士官招录过程中,适时允许地方院校依据实际生源情况调整招生计划。

建议高校招生工作由省级教育主管部门主导负责,各地征兵办公室协助参与,做好业务指导工作;建议定向培养士官招生工作成绩纳入各级征兵办公室的工作考核,激发征兵办公室参与积极性,帮助高校推荐优秀生源。

**(二)规范招录流程,提高录取科学性**

当前定向培养士官招录时间紧,要求高,国防动员部与教育部门还存在诸多协调工作,因此,为提高招录科学性,对于招录流程的各个环节需要明确主要责任方,其他相关方要积极配合主要责任方做好招录工作。

建议加强招生阶段的招生宣传。国防动员部门和教育行政主管部门要加强联动、统一步骤,加大宣传工作力度,吸引优质生源。建议由各省军区联合地方院校制作统一的宣传册,将招生院校、招生计划、报名条件、招录流程、学费代偿、入伍待遇、个人发展、体检要求等信息统一发布,增加权威性。

建议省级教育考试院(招办)在编印年度招生计划册时把定向培养士官单独编列,以强调项目的特殊性,避免混编在普通专业中不被注意;统一各省市的不同标准和流程,将定向培养士官的录取批次明确为"专科提前批",和体育类、艺术类等同,提高其社会地位和考生认同。

建议严格统一士官生体检的方式及标准,在招生宣传阶段就向考生明确各军种的详细体检要求。建议由省级征兵部门统一承担学生的报名、体检和政治考核等工作,建立全国统一的工作要求和标准,建立复查制度,对于复查不合格案例进行追查,若牵涉到招生阶段玩忽职守、弄虚作假的情况,应严肃查处。建议设立政治考核、体检和志愿填报的标准化流程,细化体检的结论判断,避免因不同军种的体检标准不一,造成部队、高校和学生共输的情况出现。

(三)统招补录并重,动态优化生源结构

2020年,中共中央、国务院印发《深化新时代教育评价改革总体方案》,对考试招生制度改革进行了部署,全国多地均已形成分类考试、综合评价、多元录取的考试招生模式。对于高职院校来说,分类考试的规模、比例和重要性在某种程度上已经超过了普通高考,提前招生、职教高考(各省市称谓不完全一致)的比重已经很大,且生源质量较好。目前,从非军事部门招收定向培养士官仅面向参加普通高考的高中生,这大大收窄了生源来源,建议在此途径之外,将参加职教高考后录取的中职考生和参加分类招生录取的高中学生逐步纳入定向培养士官招生范围,以扩大生源范围。

定向培养士官应建立严格的动态淘汰机制,淘汰后空缺的名额,建议增加补录计划名额。每年年底前,地方高校从同年级、同专业符合条件的在校学生中选拔优秀学生,报送征兵办公室审核、体检和面试后,进行补录。补录要参照应征体系,但可以延长应征时间,变现有集中补录为长期征召,集中体检、政审和面试,相关流程要制定标准并纳入征兵办公室统一安排。

(四)打造精品项目,提升人才培养质量

定向培养士官的培养应树立精品意识,优选培养院校、严把培养质量关。

一是建立培养院校准入机制,提高定向培养士官招收院校准入的透明度,建立招生院校动态调整机制,吸引中国特色高水平高职院校和国家级、省级优质高职院校及专业积极参与定向培养士官项目,提高项目的含金量和质量。二是加强对现有联合培养项目的考核,不仅制定课程标准、学生毕业标准,还要制定项目执行标准,对参与高校进行考核、评级,对表现优秀的高校予以肯定和倾斜性支持,打造精品典范项目,提高高校参与的积极性。三是积极响应本科层次职业教育推广工作,积极争取将定向士官人才培养作为本科层次职业院校评定的加分项,并在评定后的本科层次职业院校中招收和培养一定比例的学生,提高定向培养士官的学历层次和技能水平,提高职业教育对定向培养士官生源的吸引力。

# 关于完善定向培养士官生经费保障机制的报告

刘铭　曾莉　褚云峰　李继文　孟强　孙衍训　熊隆友　许磊[①]

在地方高等职业技术学院培养定向士官生,相同专业的培养经费相比普通学生培养经费要高出不少。为了尽可能清晰、准确地反映定向培养士官生培养成本与普通学生培养成本之间的差异,本调研组选取8所参与定向培养士官生的高等职业技术学院,多次进行了数据调研、书面调研。调研组经过三次集中讨论,形成以下报告。

## 一、定向培养士官生增量经费当前情况

### (一)定向培养士官生增项成本的内涵

定向培养士官生与普通生的培养成本构成存在一定差异。定向士官生培养的增量成本变化直接影响到高校普通生培养成本。这一增项成本的内涵包括四个方面,分别是直接增量成本、间接增量成本、保障性增量成本、其他增量成本。这里阐释的增项成本最重要的特征是排他性,即该

---

① 刘铭,南京信息职业技术学院财务处处长,研究领域:财务会计;
曾莉,四川邮电职业技术学院计划财务处副处长,研究领域:财务会计;
褚云峰,滨州职业士官学院学生科副科长、军民融合办公室主任,研究领域:职业教育、军士教育、思政教育;
李继文,武昌职业技术学院党委书记、副校长,研究领域:职业教育、军士教育;
孟强,潍坊工程职业学院学生处处长,研究领域:职业教育;
孙衍训,泰山职业技术学院计划财务处处长,研究领域:财务会计;
熊隆友,张家界航空工业职业技术学院科技产业处处长,研究领域:职业教育、财务管理;
许磊,现就职于深圳职业技术大学组织人事处,曾任西安航空职业技术学院士官学院教学管理办公室主任,研究领域:职业教育。

增项成本仅为士官生培养服务，以区别于普通生培养成本，尽可能排除普通生培养成本影响因素。

（1）直接增量成本。直接增量成本指的是在士官培养过程中专门的军事教师、军事管训人员、行政管理人员的工资福利费用，学生轮训费用，士官入伍前政审、体检、差旅等直接费用，士官教学环节中投入的实验房屋、实验设备的折旧与摊销费用等。

（2）间接增量成本。间接增量成本指的是教学大纲中同一课程因士官培养的需要增加教学内容造成的军事教学人员和专业教学人员的课时费用，增加教学内容实验材料的投入、实验场所的折旧费用等。

（3）保障性增量成本。保障性增量成本指的是专项助学费用、营房环境建设折旧和摊销费用，教学改革与军地对接过程中产生的会议、差旅、专家咨询费用，士官学院的公用费用等。

（4）其他增量成本。其他增量成本指的是上述成本以外的其他增量成本，它具有特殊性，是在士官培养过程中某一院校发生的特色成本。

（二）定向培养士官生增项成本的会计核算办法

将以上四类成本进行核算与归集，计算的原则是当年实际发生的人员费用和公用费用按收付实现制进行直接归集，固定资产购置及修理费用按相应会计制度规定的年限进行折旧与摊销。

1. 直接增量成本的归集。在归集直接增量成本时，将士官培养过程中专门的军事管训人员年工资福利费用总和，减去按学生人数 1∶200 规定配备的普通辅导员年工资福利总和，计算出培养士官生当年的军事管训人员费用总和，根据士官生人数进行平均，得出生均值。

军事教学人员、军事管理人员费用均按照当年实际发生的人员费用成本与士官生人数平均，求出生均成本。士官生轮训费用反映的是当年士官生到轮训部队参加轮训的总费用开支，按当年士官生在校人数进行平均，得出生均值。

士官生入伍费用指是当年士官生在入伍前政审、差旅及体检费用总和，按在校士官生人数平均，得出生均值。士官生教学环节中单独投入的房屋、设备及训练场所的成本，为便于不同院校计算成本时折旧与摊销的一致、简便与可操作性,在本次测算中,统一将房屋的折旧年限按50年计提折旧,实验仪器等设备类资产按10年计提折旧,实验场所(训练场地)按建筑构筑物8年的规定计提折旧。将计算出的年折旧额按在校士官生总人数进行平均,求出生均值。以上各项生均值相加后为生均直接增量成本。

2.间接增量成本的归集。间接增量成本中教学人员与军事教学人员的人员费用,计算原则是根据同一课程中由于士官生培养的需要而增加相应课时数所需投入的人员成本,通常以课时费用来体现,当年此类成本之和按在校士官生人数求出生均值,同理求出实验材料及实验设备等间接生均增加成本。以上几项生均值之和构成生均间接增量成本。

3.保障性增量成本的归集。保障性增量成本中学生专项助学费用指在士官生培养过程中当年专门拨付的学生活动费用、被服费用、伙食补助费用总和,并求出生均值。教学改革与军地对接费用是当年士官生培养过程中所有教学研讨会议、差旅、专家咨询费用之和,并求出生均值。士官学院公用费用的归集,指当年士官学院运行过程中公用费用总和,并求出生均值。营房环境建设费用指为了让士官生适应今后的军旅生活,将普通宿舍进行装修改造及军事文化环境布置的相关费用,营房环境建设(房屋修缮、装修)费用按5年进行摊销。每年的摊销值按士官生人数求出生均值,以上几项生均值加总,求出士官生当年生均保障性增量成本。

4.其他增量成本。各院校按实际情况将未在以上三类归集的费用进行核算归集,求出生均值。

(三)各院校计算的士官生增量成本数据分析

通过相关分析,以东部某地方高职院校定向士官生培养成本为样本案例,经过实地调研,对士官生培养增量成本进行了统一分类和归集,并就相关方法与参与数据收集的地方高职院校进行研讨,在达成共识后,获得相关地方高职院校数据进行分析研究。结果表明,各个院校在士官生培养过程中,投入的增量成本大体相当,年生均培养成本在趋势线4000—6000元这一区间内(见图1)。

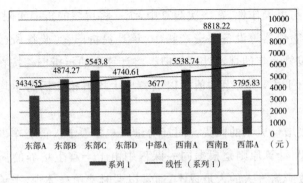

**图1 定向培养士官生增量培养成本**

统计结果表明,在士官生培养成本增量中,直接增量成本和保障性增量成本占比较高,间接增量成本占比较低。而直接增量成本中占比最高的是人员费用、房屋设备折旧费用,保障性增量成本中营房环境建设费用、被服费用占比较高(见图2)。

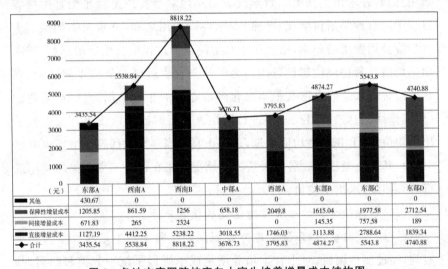

**图2 各地方高职院校定向士官生培养增量成本结构图**

以东部某地方高职院校为例。该校地处东部经济发达地区,学校硬件设施较好,举办士官生学历教育时间不长。该校现有士官生1376名,军种涉及火箭军、空军、海军,专业有电子、计算机和通信。该校测算的士官生总增量成本为4874.27元/年/生。

直接增量成本。该校直接增量成本中,2018年军事管训人员费用

302.64万元,管训人员数13人,士官生总规模1376人,每100名学生配备一名军事管训人员,减计1:200配备的辅导员7名,得出军事管训人员费用净增量成本为139.68万元。另该校军事教学人员4名,主要教授军事文化理论课程,包括军事技能、军队基层管理、组训能力实训、军队基层政治工作、组训方法等课程。4名专业军事教师的人员费用为93.12万元,3名军事管理人员负责该校士官学院的正常运行,费用为69.84万元。以上人员直接费用2199.42元/年/生,占总增量成本的45.12%,可见士官培养过程中该校在人员配备上投入较大,直接增量成本中训练场地和设备折旧费为376.09元/年/生,占总增量成本的7.72%。学生轮训费用,该校学生轮训通常安排在入学后第二年的暑期,且因为轮训地点不同,各军种轮训费用也稍有不同,2018年轮训总费用为55.08万元,生均轮训成本为400.29元/年/生,占总增量成本的8.21%。当年2016级士官生入伍前费用,主要是体检、送兵差旅费用、入伍前教育等费用,实际支出19万元。2016级该校入伍士官356名,如以后学年入伍学生不断增加,此项费用也会逐步增高,按人均计为138.08元/年/生,占总增量成本的2.83%。直接增量成本中其他费用暂无发生。

当前,直接增量成本占总增量成本的比重相对较大,而直接增量成本中,人员费用占直接增量成本的2/3,约占到总增量成本的一半,设备房屋的直接投入较少。这些数据说明几个问题。

一是如果院校按系统化模式培养士官生,对于军事管训人员、军事教学人员及管理人员的总体需求很大,且培养质量的优劣与军事培养人员的投入密切相关。二是士官培养过程中,如考虑到投入产出最大化,必须考虑到士官培养院校自身硬件设施和基础环境问题,一定要充分利用院校的专业优势条件。以这所东部院校为例,通信、计算机、电子专业均为该校骨干院校建设中的骨干专业,2012—2015年,各专业实验室投入均超过千万元。2016—2018年,电子、通信专业又作为省品牌建设专业,专业建设费用2000余万元。充裕的资金投入后,该校在士官培养过程中,除极特殊的实验设备外,其他均不需再次投入,只是对士官培养训练场地进行一次性投入。这部分投入较少充分说明选择士官培养院校时,一定要选择国内基础条件较好、专业优势处于全国前列的院校,可以起到事半功倍的效果。三是士官培养过程中的学生轮训环节,是提前让士官生适应军营生活的重要环节,类似于普通院校学生社会实践、工学结合或毕业实习环节,费用支出十分必要。四是士官入伍前的环节,这一环节类似于普通学生毕业设计答辩环节,是士官生从学校到军营的最后一站,体检费用、政审费用、入伍交通费用、入伍前教育费用等,都十分必要。

间接增量成本。该校间接增量费用总体较少,原因主要是士官培养过程中,间接增量成本产生的原因只是由于在教学环节中增加部分教学内容、实践环节而产生的一些增量费用,这种间接增量费用在计算时存在一定难度,只能根据教学大纲、教学课表及实验课程安排来进行测算。间接增量成本对于各院校都存在,费用占比总体较小,且不便准确计算。以该校2016级电子信息工程技术专业(火箭军)和普通电子信息工程技术专业人才培养方案和教学大纲中所示课程对比发现,总课时数相当,隐性差异课程存在间接增量成本是实验设备投入增加及增加课程内容带来的实验材料增加、师资培养费用递增。显性差异课程存在的增量成本是新聘军事教师人员费用和新增课程实验场所和设备投入(见图3)。

**图3 定向培养士官生间接增量成本中的差异课程**

该校由于隐性差异课程带来的间接增量成本为军事教学人员费用10万元,主要是部分军事教育课程中增加了大量士官生培养的专业军事内容产生的课时数增加费用。专业教学人员和实验材料费用各5万元,主要是隐性差异课程中增加的专业课内容产生的课时费用和实验材料的损耗费用。以上军事教学人员费用的成本在直接和间接增量成本中均有体现,人员总体费用支出核算比较全面且相对准确。教学人员费用,我们仅考虑课时费用,忽视其他人力成本,相对来说成本计征考虑不够全面。且该校在实验环节中隐性差异课程增加只计算了实验材料的耗费,未计算实验设备的损耗,相对来说也不够全面,所以说间接增量成本并未完全代表增量情况,这也是由于测算复杂度较高。间接增量成本145.35元/年/生,占总增量成本比重不到3%,总体来说对于总增量成本影响较小。这一结果说明高校学生培养总课时数在2600至2800之间,士官生与普通生教学课时数总体差异不大,所以总体来说隐性差异课程也代表着士官生培养方案的调整方向。

保障性增量成本。该校保障性增量成本为1615.04元/年/生,其中专项助学费用157.42万元,生均约1144.04元/年/生,占保障性增量成本的70.84%。专项助学费用主要是学生的被服费用,按2300元/人的标准配发的三季军装及床上用品,生均年开支767元,占保障性增量成本的47.5%,可以说被服费用是保障性增量成本的重要构成部分。该校士官生活动费用生均增拨定额75元/年/生,约占保障性增量成本的4.64%。其他学生爱国主题教育活动及学生伙食补助费用约为302元/年/生,占保障性增量成本的18.7%。营房环境改造费用按5年摊销,每年约计40万元,生均约290.7元/年/生,占保障性增量成本的18%。军地改革对接费用,这其中包括外出差旅费、军地协调会会议费、外请专家指导费,每年约计20万元,生均145.35元/年/生,占保障性增量成本的9%。另士官学院作为该校新组建的二级分院,根据该校的人均公用经费配备标准,对净增加的13人,按3700元/年/生,增加公用费用4.81万元,生均34.96元,占保障性增量成本的2.16%。

其他增量成本。该校无其他增量成本。

## 二、定向培养士官生增量经费不足造成的办学制约

由于地方财政并没有专门针对定向培养士官生的拨款机制,因此其办学经费主要来源于学费收入和常规性的财政拨款,但是同专业的士官

生与普通生在这两方面所对应的经费来源标准是一致的,这导致士官生培养成本的增项部分缺乏经费保障,地方院校不得不通过挤占、挪用普通生培养经费的办法来弥补资金缺口。

一是定向士官生财政补偿渠道界限不清的制约。士官生培养过程中,两年半在地方,半年在军事部门士官学校,两类学校的财力来自各自的渠道,包括军事部门和财政部门,有的民办地方高职院校则完全依赖学生学费进行定向士官生培养。目前现状是地方高职院校只能挤占普通生拨款,以普通生拨款来培养成本较高的士官生。因此如何对地方高职院校进行财力补偿,如何建立民办院校的经费渠道,都是进一步完善非军事部门定向培养士官生经费保障机制亟待解决的问题。

二是定向士官生招生宣传及体检增项的制约。士官生招生工作主要由地方院校承担,院校需要委派专人前往各省进行招生宣传,由此产生了一定的宣传及人员差旅费。新生入学后的体检复检费用不能向学生收费,只能由院校自行负担。这些费用的增加对于士官培养也产生了一定的制约。

三是定向士官生军政素质课程及训练增项的制约。军政素质课程教学及训练是士官生迥异于普通学生的培养环节,涉及多项投入。首先是军政素质培养相关的基础设施、设备器材的投入,包括为士官生建设专门的、具有军营文化特点的宿舍、训练场地,购买相应的训练器材、图书、教材等。

四是定向士官生师资队伍建设投入增项的制约。定向士官生的师资需求包括:为了完成军事管训、轮训两项教学任务,地方院校引进专业军事课程教师、军事管理教员、士官学院管理人员的经费;为了开设规定的思政课程,地方院校需要新聘专业教师,或者增加现任教师的工作时间,进而带来一定的人员性经费支出;聘用学生辅导员的费用。一般来说,地方院校的辅导员和学生的比例是1:200,但考虑到士官生培养的特殊性,很多学校将此比例提高到1:120或者1:150。

五是定向士官生专业技术课程增项的制约。原则上,士官生与同专业普通学生共用实训场所、实验实训设备,但某些情况下也会为士官生建设专用的实训场所、购置专用的实验实训设备。同时,为了提升现任专业课教师的教学能力,更加符合部队对技能人才培养的要求,需要让专业课教师参加军地联合的培训、教学研讨会议,以及开发相关教材、开展教研活动等,都需要地方院校额外负担一定的费用。

六是定向士官生被服投入增项的制约。地方院校普遍要承担士官生被服的费用开支。地方院校无法购置符合部队要求的被服,因为军人被服不会在市场上买卖流通。依靠地方院校自行解决被服,导致不同学校同一军种的士官生无法统一着装,影响了士官生的军人价值认同。

七是定向士官生军地交流费用增项的制约。为了做好士官人才培养工作,地方院校需要经常走访各军种所属士官学校,就士官生人才培养方案(包括军政素质培养和专业技术技能培养)进行调研和汇报工作,同时也要走访基层部队,追踪了解本校士官生服役之后的表现情况。无疑,建立军地人才培养沟通交流机制也会产生一定的费用。

八是定向士官生其他经费增项的制约。为士官生培养专门投入的其他费用包括:士官生伙食补助、学生社团活动费用(如国旗卫队社团建设)、士官生爱国主义教育专项经费等。地方院校希望国家能够参照军校生政策为士官生提供伙食补助。

### 三、完善定向培养士官生经费保障机制的建议

定向士官生的培养方案、培养成本和经费保障机制之间的内在关系不可割裂,准确核算培养成本必须建立在完善培养方案的基础上,成本要素要与培养环节对应起来,经费保障来源及生均标准对于培养方案的含义才能清晰化。

(一)科学测算培养增项,调整士官生学费上限

按照各省测算的平均水平,调整士官生学费的收费水平。其中,公办高职的学费水平可以最高调整至 8000 元/年/生,即中央财政可代偿的上限水平,士官生学费标准可以高于同专业的普通学生。这种做法如能实施可谓一举两得,一来国家生源地贷款的上限也是 8000 元/年/生,如士官生家庭困难可申请生源地贷款预缴学费,将来入伍后部队将这部分学

费代偿,学生在不增加家庭负担的情况下完成相应学业,物价部门对于学生学费在 8000 元代偿标准以下也是认可的。二来学费提高后,对学生学习也是一种促进作用,学生如不能通过自身努力顺利入伍,这种经济压力会传导至个人和家庭,所以这种做法相对可行。

目前浙江、湖南部分院校通过与发改委、教育主管部门反复磋商,由发改委价格部门测算相关办学成本后,调整其学费标准。现学费标准已由原来的普通生学费标准 5000—6600 元/年/生上调至 7800—8000 元/年/生不等。目前,全国已有三个省份的公办学校,其士官类学生的学费相较普通类学生的学费有所提升,最高的已达到 8000 元/年/生。其中,承担定向培养士官的民办学校自 2018 年以来,学费均有不同程度的增加,最高的已达到 14600 元/年/生。这对士官生培养成本补偿起到了一定作用,但是绝大多数地区由于政策沟通等问题,尚未能获得学费标准提高。

(二)借鉴已有经验,新辟士官生经费渠道

借鉴国防生培养财政经费保障政策的实践经验。部队将士官生培养经费拨付给部队指导院校,用以支付士官生的被服和部队院校指导地方院校教学的相关支出,如委派军训教官、培训地方院校教员、开发并发放教材等。

将士官生视为大学生征集对象的"预备对象",从国动部门的"预定新兵役前教育训练"经费中拨付部分经费用以支持士官生军政素质培养开支,同时也可以通过提供训练场所支持地方士官学院办学,避免地方院校与地方国动部门在军事训练场地方面重复建设。或者,把士官生纳入预备役,由国动部门统一配发被服。

目前仅西部某院校取得每年 15 万元的专项支持,其他院校在专项支持问题上一直未能获得解决,究其原因还是管辖权不明确,渠道不通畅。建议地方相关部门(如军民融合办)和部队相关部门(如国动部门)进行磋商,明确相关培养职责和需求,制定专项支持配套政策,以促进此项工作顺利开展。

(三)提高生均拨款系数,鼓励职业院校参与培养

通过充分调研测算,将士官生培养增量成本区间相对框定,由省级财

政依据相应财力给予生均拨款系数的提增,例如江苏普通工科生拨款系数为1.4,而航海类专业实训条件要求高,实训设施建设费用较高,且当地又要大力发展此专业,故而航海类学生拨款系数不同于普通工科生,调增至2.0,为航海专业培养院校每生增拨约8000元,极大地促进了航海专业的发展。士官生培养与国家军民融合战略相关,借鉴相关提增生均拨款系数的做法,对生均增量成本进行代偿,将极大激励相关培养院校的办学热情。

目前已有院校向当地财政主管部门进行交涉,并提交相关申请。但是由于生均拨款政策未配套、地方财力不充裕、军地管辖权限等问题,财政部门对此诉求未能予以支持。希望国家层面能制定相关政策,提高生均拨款系数。同时,建议将地方院校举办士官学院纳入全国特色高职评选的范畴,加大在评选中的权重,依据军地联合评估的结果,以特色高职专项奖励资金的方式,支持部分优质地方士官学院的发展建设。

(四)建立规范培养方案,实施标准化增量经费测算

建立统一规范的人才培养方案,方能建立精准化定向士官生培养补偿机制。在全国现有四十多所承担士官培养的院校中,有公办、民办、混合所有制,也有国示范、国骨干、省示范,林林总总,办学水平差异较大,士官生培养标准各不相同。在士官生培养增量成本研究中,各个地方院校也是根据各自的人才培养方案进行投入,投入又与各个地方院校的基础设施、实验实训条件、师资等息息相关,所以培养标准不同,院校起点不同,投入也不同,建立统一的经费保障机制也就存在问题。建议依据军种不同,按专业大类制定相对统一规范的人才培养方案,各院校依据培养方案实施培养。同时建议在制定统一规范的士官生培养方案时,充分考虑人员配备问题、教学课程安排问题、学员训练时长问题、学员政治理论学习等问题。

如士官生标准化培养方案制定之后,可以借鉴各地目前的学分制收费改革经验,在学生收费及生均拨款计算上考虑军政素质培养的学分概念,以士官生培养增量学分为测算依据,测定学生学费及生均拨款增量,从而有效补偿士官生培养成本。

# 军地共育士官人才政策建议
## ——"军地共育高技能士官人才:定向士官生相关问题研究"课题总报告

陆群　徐坚①

军民共育军事人才是国家军民融合深度发展战略的重要内容,而联合培养士官生已然成为拓展军民共育路径的一项重要举措。当前迅猛发展的科技革命与随时可能发生的信息化战争,愈加凸显了高素质新型军事人才的地位与作用。其中,部队对专业技术士官的数量和质量需求都将大幅提升,这对士官生定向培养院校产生了强烈的需求拉动,也提出了新的挑战。

为了深入探讨上述问题,北京大学中国教育财政科学研究所会同南京信息职业技术学院先后召开"新时代的兵役义务与教育培训"研讨会(南京,2018.11)、"完善定向培养士官生体制机制、推进地方院校士官学院发展建设"研讨会(北京,2019.1)、"贯彻落实国家职教改革实施方案"高峰论坛(北京,2019.4)、"军地共育士官人才课题报告会"(北京,2019.6)等多轮研讨会议。

会议分别邀请了国防大学、空军指挥学院、空军通信士官学校、海军士官学校、火箭军士官学校、教育部职业教育中心研究所、北京大学、北京

---

① 陆群,南京信息职业技术学院原副校长、副教授,研究领域:职业教育理论、职业教育管理、定向士官教育;

徐坚,南京信息职业技术学院讲师,研究领域:职业教育理论职业教育政策、职业教育管理、职业教育信息化。

本文内容借鉴了参加历次会议讨论和课题研究的专家学者的有关发言、资料和建议,在此表示衷心的感谢。

理工大学、北京师范大学、上海财经大学、天津大学、北京赛迪研究、中航高科以及二十余所高职院校的专家和实践工作者,针对军民融合背景中的军地共育高技能士官人才课题,展开了充分的交流。

北京大学教育财政科学研究所也分别对南京信息职业技术学院士官学院、潍坊工程职业学院士官学院、军民融合教育实验室等多个参与定向士官生培养及研究的单位进行了实地走访调研。

同时,在会议交流和实地调研的基础上,北京大学中国教育财政科学研究所和南京信息职业技术学院邀请国防大学、空军指挥学院、空军通信士官学校、海军士官学校、火箭军士官学校的专家作为顾问,并联合17所高职院校士官学院的负责同志,以北京大学中国教育财政科学研究所所立课题的形式,共同进行军地共育士官人才课题攻关。该课题包含三个研究方向的13个子报告,包括:

(一)机制研究部分

(1)士官制度改革与士官定向培养;(2)士官定向培养的成本核算与经费保障机制改革;

(二)实践研究部分

(1)试编定向培养士官生军政素质教材的指导思想与编纂方式;(2)士官生招录选拔体系设计;(3)士官生培养模式研究;(4)士官生军事素质养成模式探析;(5)士官生军政素质培养方案设计;(6)士官生培养质量考评体系及动态流动机制;

(三)军民融合部分

(1)关于地方士官学院培养体制与军队士官职业教育改革;(2)地方士官学院与国防教育基地协同建设;(3)关于预备役与军地融合人才培养机制建设;(4)军民融合战略背景下高职院校军地预备役人才培养模式研究;(5)关于地方院校实施深度军民融合的军事人才培养方案。

经过相关各方和课题组的多轮研讨、实地调研及课题研究,形成以下政策建议报告。

## 一、落实士官生身份认定

解决定向培养士官生身份认定问题,是军地双方统一定向培养士官人才工作思路及制定相关政策的基础,也有助于提升士官生自身的价值认同。

### (一)确定牵头部门

士官定向培养工作在实践中遇到了一系列问题,亟待破解,如缺少军方有效指导、培养模式单一、培养目标模糊、缺乏相应的经费保障机制,等等。建议在军民融合国家战略框架下,建立士官定向培养军地部级联席会议制度,指定相应的牵头机关和协作单位,明确军地责任分工,定期召开会议,商讨解决制约士官定向培养工作的诸多问题。在条件成熟的情况下,可考虑参照国防生的政策经验(选培办),在地方院校层面设立专门负责军民融合培养士官人才的协调机构。

### (二)认定士官生身份

2019年征兵准备工作通知中指出,巩固以大学生为主体的征集态势,推动征兵工作转型发展,大力推行"预定新兵役前教育训练"等试点经验。可考虑将定向士官生视为大学生征集对象的"预备对象",或者因地制宜将士官生纳入预备役军人的范畴。定向培养士官生是经过严格考核合格后直接入伍,身份应与"直招士官"相同。因此,可以考虑为在校期间的定向士官生统一建立"士官预备人员"的身份,而不纳入预备役和大学生征集对象。无论采取哪一种认定方式,都意味着国防动员部门需要加强对于在校士官生的指导与管理。

### (三)签订培养协议

地方院校对士官生的学情调研发现,士官生对自身身份的认知较为迷茫,对未来服役岗位的认知非常欠缺,在训练学习方面缺乏方向感。建议效仿国防生政策,在定向士官生入学时与军、校签订三方协议,明确他们的身份、职责、义务等。建议尽快出台统一的规范性文件,各军种再根据具体情况出台培养细则,做到士官定向培养"定身份、统标准、统教法、统考核",并争取在即将修订的兵役法中,将军民融合共育士官人才的渠道和体制机制法制化。

## 二、完善招录工作制度

定向培养士官生的招生和录取必须遵守高考的相关规定,具有严格的计划性、时间性、统一性。具体而言,士官生的招录要通过各省高考统招实施,经过计划确立、招生宣传、录取、报到四个程序,录取程序又包括报名、体检、政审、面试等环节。建议不断加强定向培养士官招录制度中的军地协作,并探索将此项工作纳入各省的征兵考核。

(一)加强部际沟通,协同做好招录工作

建议通过国务院职业教育工作部际联席会议制度,协调各相关部门招录工作顺利实施。建议军地各方提前沟通,将定向培养士官年度招生计划以文件形式在每年5月前下达,便于省级教育主管部门和地方院校计划统筹、分解和上报;建议军方相关部门提前科学制定年度招生计划,并发布未来三至五年定向培养士官招生数量预测,以便职业院校提前进行专业建设和师资队伍培训;建议定向培养士官招录过程中,适时允许地方院校依据实际生源情况调整招生计划。

建议高校招生工作由省级教育主管部门主导负责,各地征兵办公室协助参与,做好业务指导工作;建议定向培养士官招生工作成绩纳入各级征兵办公室的工作考核,激发征兵办公室参与的积极性,帮助高校推荐优秀生源。

(二)规范招录流程,提高录取科学性

当前定向培养士官招录时间紧,要求高,国防动员部门与教育部门还存在诸多协调工作,因此,为提高招录科学性,对于招录流程各个环节需要明确主要责任方,其他相关方要积极配合主要责任方做好招录工作。

建议加强招生阶段的招生宣传。国防动员部门和教育行政主管部门要加强联动、统一步骤,加大宣传工作力度吸引优质生源。建议由各省军区联合地方院校制作统一的宣传册,将招生院校、招生计划、报名条件、招录流程、学费代偿、入伍待遇、个人发展、体检要求等信息统一发布,增加权威性。

建议省级教育考试院(招办)在编印年度招生计划册时把定向培养士官单独编列,以强调项目的特殊性,避免混编在普通专业中不被注意;统一各省市的不同标准和流程,将定向培养士官的录取批次明确为"专科提前批",和体育类、艺术类等同,提高其社会地位和考生认同。

建议严格统一士官生体检的方式及标准，在招生宣传阶段就向考生明确各军种的详细体检要求。建议由省级征兵部门统一承担学生的报名、体检和政治考核等工作，建立全国统一的工作要求和标准，建立复查制度，对于复查不合格的案例进行追查，牵涉到招生阶段玩忽职守、弄虚作假的情况应严肃查处。建议设立政治考核、体检和志愿填报的标准化流程，细化体检的结论判断，避免因不同军种的体检标准不一，造成部队、高校和学生共输的情况出现。

(三)统招补录并重，动态优化生源结构

2020年，中共中央、国务院印发《深化新时代教育评价改革总体方案》，对考试招生制度改革进行了部署，全国多地均已形成了分类考试、综合评价、多元录取的考试招生模式。对于高职院校来说，分类考试的规模、比例和重要性在某种程度上已经超过了普通高考，提前招生、职教高考(各省市称谓不完全一致)的比重已经很大，且生源质量较好。目前，从非军事部门招收定向培养士官仅面向参加普通高考的高中生，这大大收窄了生源来源，建议在此路径之外，将参加职教高考后录取的中职考生和参加分类招生录取的高中学生逐步纳入定向培养士官招生范围，以扩大生源范围。

定向培养士官应建立严格的动态淘汰机制，淘汰后空缺的名额，建议增加补录计划名额。每年年底前，地方高校从同年级、同专业符合条件的在校学生中选拔优秀学生，报送征兵办公室审核、体检和面试后，补录培养。补录要参照应征体系，但可以延长应征时间，变现有集中补录为长期征召，集中体检、政审和面试，相关流程要制定标准并纳入征兵办公室统一安排。

(四)打造精品项目，提升人才培养质量

定向士官的培养应树立精品意识，优选培养院校，严把培养质量关。一是建立培养院校的准入机制，提高定向培养士官招收院校准入的透明度，建立招生院校动态调整机制，吸引中国特色高水平高职学校和国家级、省级优质高职院校和专业积极参与定向培养士官项目，提高项目的含金量和质量。二是加强对现有联合培养项目的考核，不仅制定课程标准、学生毕业标准,还要制定项目执行标准,对参与高校进行考核、评级,对表现优秀的高校予以肯定和倾斜性支持,打造精品典范项目,提高高校参与的积极性。三是积极响应本科层次职业教育推广工作,探讨并积极争取将定向士官人才培养作为本科层次职业院校评定的加分项,并在评定后的本科层次职业院校中招收和培养一定比例的学生,提高定向培养士官的学历层次和技能水平,提高职业教育对定向培养士官生源的吸引力。

### 三、明确军政素质培养标准和实施方案

士官生不是新兵,他们毕业合格到部队就授予下士军衔,要负责士兵的军事训练和基层政治管理工作。因此,军政素质培养在士官生培养方案中至关重要。地方院校军政素质培养课程设置要考虑如何与部队士官学校及用人单位的需求相衔接。

建议在部队主管部门和教育主管部门共同出台规范性文件的基础上,由各军种、部队对口指导院校与地方院校共同制定切合实际需求的士官生军政素质培养细则及实施方案。条件成熟的情况下,可以考虑以军种为单位成立专门的指导委员会,定期讨论士官生军政素质培养的相关问题。建议从部队用人需求方入手,加强定向士官生军政素质培养的顶层设计,并在充分调研论证的基础上统一规范。

建议参照清华大学双学籍飞行员培养体制,由地方院校和部队指导院校联合授予士官生毕业文凭,如借鉴以前执行的生长干部"4+1"模式,将学制构成改为"2+1",即职业院校2年,军校1年,即可满足军校的授予要求,联合授予双学位。这样方可切实巩固部队院校对于地方院校的指导地位,建立紧密的军地共育士官人才体制。

(一)军事素养培养

部分地方院校的带训教官对军事条例条令的知识没有更新,导致士官生军事训练动作不准确。错误的动作习惯一旦养成,后期纠正非常困难。部分地方院校对士官生体能训练重视不够,没有按照系统性的要求开展训练。

同一院校往往为不同军种培养士官生，而不同军种之间的军事训练标准要求不同，地方院校的带训教官难以全面把握。同时，部队军事训练的标准，包括一些共同条例条令，也在不断更新之中，地方院校聘请的退役军官(士官)也不能完全跟上标准的更新。建议同一所高职最多不要培养超过两个军种的士官生，否则会导致军事教官师资紧张。

(二)思政课程教育

政治合格是合格军人的"底线"要求，因此，强化政治素质培育，打牢士官生思想基础，铸就爱军习武的使命感，对士官生职业发展尤为重要。而军事人员培养最难的是价值观锻造和理想信念培育，因此在士官生培养过程中，军政素质培养十分重要，要形成"院校＋部队＋家庭＋社会"四位一体的联动培养机制。

地方院校的思政课教师不能完全胜任将思政课程教材内容和部队特点衔接起来的教学工作，对于军队发展历史、优良传统、部队文化、军种特定知识的理解也不到位，难以做到理想信念教育与士官生职业发展规划紧密衔接。因此，衔接军地双方要求，共同抓好思政教育，需要地方院校和部队指导院校之间加强研究和探索。

(三)选编教材

军政课程开设面临没有相应统编教材的问题，如军队基层政治工作、士兵教育心理疏导等课程。如果直接采用部队教材，则面临师资缺乏、无法组织有效的校内教研活动等问题。如果编写校本教材，则成本太高，单个院校很难承担。因此，迫切希望军地之间联合，制定统一的教学大纲，在大纲的规定之下，选择或编写相应教材，培训师资，开展教学活动。建议首先在确保安全保密的情况下，地方职业院校可选用军种自编的士官职业教育教材。

值得一提的是，从 2014 年以来，火箭军从对接人才培养方案、签订联合培养协议入手，建立健全士官生定向培养制度，已经尝试编印思想政治和军事教材，发给对口地方院校使用。虽然此举目前仍处于探索阶段，具体方案有待完善，但已经走在了全军前列。

(四)搭建军政素质培养课程体系

建议当前首先需要合理确立定向士官生军政素质培养标准，而后采取"军地一体、梯次递进"的方式,构建定向士官生军政素质培养课程体系。

第一,确立军政素质培养体系,要通盘考虑2.5年地方院校教育、暑期部队实践训练、0.5年对口部队院校(或训练机构)培养三个环节的清晰定位与衔接贯通。

第二,围绕士官军政素质培养目标,士官生军政素质课程体系要将3年作为一个整体来统筹考虑,根据军队院校教学大纲、军队院校军事基础科目教学基本要求、军队士官职业技术教育政治理论课程设置方案以及各军种的特定需求、教育部的相关政策制度设计教学计划。

第三,军政素质课程的实施,既要考虑到人才成长和军政素质能力生成的规律,科学安排实施次序,又要坚持优势互补、扬长避短的原则,抓好对接协调,科学安排军地两阶段的教学任务。

第四,具体而言,军政素质课程可以大致分为四种:地方院校能够独立承担的课程;需采取军地联合、以地方为主实施方式的课程;必须纳入地方院校人才培养方案,但由军方独立实施的课程(一般应集中在暑假强化训练期间实施);由军方独立实施的课程。军地双方应按照课程性质分类,分别抓好相关课程建设和实施计划的牵头工作。

例如,在确保教育部相关要求的基础上,地方院校可开设军队特色鲜明的思政课程,如"习近平强军思想""人民军队历史与优良传统""军人心理教育训练"等,至于"军队基层政治工作"等课程可以放在"0.5"阶段由军队院校组织实施。

(五)强化士官生军事素质训练

建议把士官生视为大学生征集对象的"预备对象",通过国防动员部门、部队指导院校和地方院校之间的协作,强化士官生的军事基础训练。

第一,把新兵入伍训练阶段提前到已录取士官生的入学阶段。这个阶段的训练可由各省国防动员部门提供训练场所,由各军种对口指导院校(或训练机构)派出教官,军地双方共同组织实施。目前,已经有少数地方院校试行了这一做法,取得了良好的效果。

第二,通过严格的等同新兵入伍的军事基础训练,不仅可以提前淘汰一部分难以适应部队严格要求的学生,使士官生在行为举止、作风纪律、军人气质、意志品质等方面实现"基本定型",为士官生今后开始准军事学习生活奠定坚实的基础,而且在"2.5+0.5"模式中,可以使部队院校有更多教学时间加强士官生的岗前任职培训。

关于士官生军事素质的日常养成,建议一是贯彻军队新的教学大纲要求,体能训练依据《军事体育训练大纲》,结合体育课程开展,使士官生达到《军事体育训练大纲》规定的通用训练科目考核标准。二是共同条令学习要经常化。要把"讲条令、学条令、知条令、用条令"作为必修课、过关课,真正使条令条例进入思想、融入行为规范,使军人特有的行为举止规范要求内化为素质,外化为自觉行动。三是地方院校和对口军队院校(或训练机构)利用寒暑假期,共同对士官生开展训练。四是为士官生建立身体(心理)素质档案,全程记录身心素质状况,便于及时开展针对性的训练。五是变职业院校的学生"班"为连、排、班的基层部队编制,借鉴军校学员模拟中队的学习实践模式,学生轮流逐级担任班、排、连骨干。六是组建互帮互学互教的"三互小组",建立相应工作机制。七是条件允许时,可成立党群组织,如党支部、团支部和学生(军人)委员会,在实践中提升认识,增长知识,提高能力。

(六)心理韧性训练

建议地方院校加强对士官生的心理辅导、疏导,开展心理韧性训练项目。科学的心理疏导、心理训练教育对于士官生积极适应军队较为封闭、强调服从的工作和生活环境,复杂多变的训练和作战环境,有重要的作用。

目前地方学校在此领域已进行了若干尝试。比如,为士官生建立家庭层面的情感支持,缓解士官生在训练管理中的消极心理压力;开设了多门相关的心理课程,等等。士官生的心理问题常常会被误认为是思想政治问题,其实应该从心理科学的角度出发,提供专业的心理咨询辅导,但各院校招聘合适的心理教育师资面临现实困难。建议把握恰当的标准,淘汰掉有心理问题的士官生。

另外,士官生入伍前对军营没有切身感受和感性认知基础,开展适应性心理训练,好像无源之水。建议地方院校首先按照学历教育规定,正常开设心理课程,兼顾军营适应性心理训练;在军校期间,则加强旨在提升自我调节和心理疏导能力的士兵心理行为训练。

**四、健全军地通用技术技能培养方案**

士官制度随着部队武器装备技术水平不断提高而建立发展起来,是军事装备技术发展到一定阶段的必然产物。部队对定向士官需求的核心动力是人才质量,特别是技能技术复杂、培训周期较长的通用型技术人才质量。

相关调研发现,基层部队对于定向培养士官的普遍评价是学习能力强、专业技术强。士官生在地方高校接受了系统的职业教育培训,养成了较好的学习习惯,到了部队之后学习专业、学习理论、学习操作的时间短、效果好,更容易被培养成技术型骨干人才。如果他们需要改行转岗到其他专业岗位,也能够通过学习,很快适应并胜任新的岗位。

(一)调整人才培养学制

建议军地共育定向士官生的学制结构可做如下调整,变"2.5+0.5"为"2+0.5+0.5"或"2+1"。"2+0.5+0.5"为职业院校2年,承担相同相近专业的军校0.5年,部队顶岗实习0.5年,这样更便于军事属性强的课程设置,便于士官生军政素质培养及适应部队装备设备。"2+1"为职业院校2年,承担相同相近专业的军校1年,然后直接到部队岗位。可在一定程度上考虑授予士官生职业院校和军校的双学历,利于他们长期服役和个人发展。

(二)共用实习通道与实训设备

目前,士官生到基层部队的实习实训通道还没有打通。因此,地方院校希望利用部队淘汰的、不涉密的武器装备,作为士官生实习实训的设备。例如,部队把不涉密的设备调拨给地方院校,或者让地方院校低价购买。士官生能够使用部队曾经用过的设备,缩短技术技能培养、设备操作使用和部队实战需要之间的差距。

建议加快地方院校保密资质申请流程,尽快将部队淘汰的武器装备,作为士官生在地方院校专业课程的实习实训装备。同时,建议增加士官生到兵工厂实习的通道,在保证专业对口的前提下,实现实习的有效性和长效性。

由于部队很多装备涉密,所以士官生的专业技能不可能与部队的岗位要求做到无缝对接。此外,士官生到部队后的岗位不一定和专业紧密对应,因此,希望地方院校给士官生打下宽基础,重要的是发挥地方院校的长处,强化理论学习,提高综合素质,培养学习能力强、灵活、适应性好的士官生。认知灵活性对于适应战场瞬息万变的场景具有极其重要的意义,学习能力强不仅为定向士官生在部队的发展打好基础,也为未来士官生退役后的再培训打下坚实的基础。

(三)共享军地教学资源

目前在军队,士兵通过自身努力学习,获得大专文凭或者本科文凭的渠道是畅通的。比如,国防科大建设的"梦课"平台,除了"高等数学""大学物理""大学英语"等基础课外,还围绕军队信息化建设和新型作战力量建设需要开设课程,涵盖国防科技、军事装备、作战运用等主要方向。因此,建议地方院校在培养士官生的时候,要充分利用好信息化平台,满足部分军事科目的培养需求。

建议部队指导院校可定期派教员到地方院校帮助开展训练活动,开设讲座和相关课程,双方可以集合优势资源建立"虚拟教研室"。

(四)加强职业生涯规划教育

建议加强士官生的职业生涯规划教育。军校专家指出,从士官生的职业生涯来看,士官生在地方院校的学习期间只是其士官职业生涯的第一阶段。在这一时期,士官生对于自己的职业生涯有没有清晰的了解和认识,会直接影响其入伍积极性和学习动力。因此,建议地方培养院校对士官生开展职业生涯规划教育,让士官生明确预期目标,自觉按照预期目标要求开发潜能,提升综合素质。

地方院校表示赞同,同时也提出,由于缺少了解军队情况的教师,在开设这类课程上确实有困难,迫切希望军地双方能够加强合作,共同研究、开发此类课程。

军校专家同时表示,《中华人民共和国职业分类大典》把"军人"作为第七大职业类别列入其中,但没有对其中的"类""小类"和"细类"进一步加以划分。从现状来看,无论军官还是士官在分类管理上均处在粗放的状态。建议参照外军的先进经验,建立士官分类管理及职业标准制度,确立各专业士官的岗位要求、培养规格,成为军地双方必须共同遵守的准则。

**五、构建士官生考评、淘汰和补充机制**

目前士官生到部队之后,少数士官生因心理健康、军事素养、思想政治等方面的原因,在部队的表现达不到要求,为此需要建立定向士官生培养质量考评、淘汰机制及入伍后的追踪反馈机制。

(一)建立士官生培养质量考评和追踪反馈机制

建议参考部队院校毕业生实行毕业联合考核制度,士官生培养也应当建立相应的考核制度,要按照培养课程体系在军地双方的任务分工,围绕既定的培养目标,逐步完善士官生军地考核综合评估标准体系。

第一,以军种为单位,组织在校二年级士官生开展校际军政素质比武竞赛活动。也可以抽取1到2个专业,检测各个院校之间培养同军种、同专业的士官生在基本理论和技术技能方面的差异。

第二,在0.5年开始时,部队指导院校组织士官生军政素质验收性考核,专业基础课程学习成绩评估则以地方院校考核结果为准;0.5年结束前,部队院校组织联合毕业考核,考核情况应及时通报上级机关和相关地方院校。

第三,建议逐步实现定向士官生培养质量与地方院校招生指标分配挂钩机制。军地联合就士官生到部队服役之后的稳定性、职业发展能力等进行追踪调查,并根据追踪调查的结果,对培养学员质量高的学校进行奖励,增加招生计划,鼓励办学成绩优异的院校适度扩大招生规模,对后进的学校相对减少招生名额,并提出相应的整改措施,抑制盲目扩大招生规模的冲动。

第四,在士官岗位分配上应建立优生优选机制,综合考虑部队需要、专业对口、考核成绩、个人意愿四方面因素,从源头上强化重点岗位精细化分配管理,提高人才培养的使用效益。艰苦地区岗位、重点方向岗位、涉密程度较高岗位,根据岗位需求择优遴选适岗士官,充分尊重个人选岗,充分体现个人能力水平,让定向士官生对自身能力素质和未来发展有比较清晰的认识和定位,有助于坚定他们长期稳定服役的信心和决心。建议可参照军校生长干部学员毕业分配原则,通过校队联考,按成绩排序,高者先选单位地区,低者后选。建立和完善职业院校士官生培养评价机制,切实把自我评价和部队评价有机结合起来。建议由军种牵头建立定向士官生过程性评价机制,由军种主导在2.5年地方院校教育过程中分阶段组织考核,淘汰不合格者。

(二)建立士官生淘汰和增补机制

第一,建立入学军事基础训练淘汰机制。高校专家提出,美国预备役军官训练营的淘汰率大致是:陆军10%,海军20%,空军30%。有地方院校反映,士官生淘汰率较高的环节在2.5年结束时的送兵阶段,有高达15%的士官生不达标,不能入伍。因此,建议部队院校的专家在士官生入校时先进行两个半月或者三个月集中的军事基础训练,由部队指导院校派出带训教官,直接淘汰掉不合格的士官生。

第二,建议强化定向士官生在校期间的选拔淘汰机制。例如,有的地方院校在培养定向士官的办学实践中建立了"三淘汰模式",即心理不健康、政治思想不坚定、受到处分的坚决淘汰;体检不过关、体能不达标的坚决淘汰(体能不合格的士官生要进体能训练大队训练,依然不达标就淘汰);专业课学业成绩不好、拿不到职业资格证书和毕业证的坚决淘汰。

## 六、完善经费保障体制机制

定向士官生培养方案、培养成本和经费保障机制之间的内在关系不可割裂,准确核算培养成本必须建立在完善培养方案的基础上,成本要素要与培养环节对应起来,经费保障的来源及生均标准对于培养方案的含义才能清晰化。

(一)科学测算培养增项,调整士官生学费上限

按照各省测算的平均水平,调整士官生学费的收费水平。其中,公办

高职的学费水平可以最高调整至8000元/年/生,即中央财政可代偿的上限水平,士官生的学费标准可以高于同专业的普通学生。这种做法如能实施可谓一举两得,一来国家生源地贷款的上限也是8000元/年/生,如士官生家庭困难可申请生源地贷款预缴学费,将来入伍后部队将这部分学费代偿,学生在不增加家庭负担的情况下完成相应学业,物价部门对于学生学费在8000元代偿标准以下也是认可的。二来学费提高后,对学生学习也是一种促进作用,学生如不能通过自身努力顺利入伍,这种经济压力会传导至个人和家庭,所以这种做法相对可行。目前,全国已有三个省份的公办学校,其士官类学生学费相较普通类学生学费有所提升,最高已达到8000元/年/生。承担定向培养士官的民办学校自2018年以来,学费均有不同程度的增加,最高的已达到14600元/年/生。

(二)借鉴已有经验,新辟士官生经费渠道

借鉴国防生培养财政经费保障政策的实践经验。部队将士官生培养经费拨付给部队指导院校,用以发放士官生的被服和部队院校指导地方院校教学的相关支出(如委派军训教官、培训地方院校教员、开发并发放教材等)。

将士官生视为大学生征集对象的"预备对象",从国动部门的"预定新兵役前教育训练"经费中拨付部分经费用以支持士官生的军政素质培养开支,通过提供训练场所支持地方士官学院办学,可以避免地方院校与地方国动部门在军事训练场地方面的重复建设。或者,把士官生纳入预备役,由国动部门统一配发被服。

(三)提高生均拨款系数,鼓励职业院校参与培养

通过充分调研测算,将士官生增量成本区间相对框定,由省级财政依据相应财力提增生均拨款系数,例如江苏普通工科生拨款系数为1.4,而航海类专业实训条件要求高,实训设施建设费用较高,且当地又要大力发展此专业,故而航海类学生拨款系数调增至2.0,为航海专业培养院校每生增拨约8000元,极大地促进了航海专业的发展。士官生培养与国家军民融合战略相关,借鉴相关调增生均拨款系数的做法,对生均增量成本进行代偿,将极大激励相关培养院校的办学热情。

同时,建议将地方院校举办士官学院纳入全国特色高职评选的范畴,并加大在评选中的权重,依据军地联合评估的结果,以特色高职专项奖励资金的方式,支持部分优质地方士官学院的发展建设。

(四)建立规范培养方案,实施标准化增量经费测算

建立统一规范的人才培养方案,方能建立士官培养补偿机制。研究发现,全国四十多所承担士官培养的院校中,有公办、民办、混合所有制,也有国示范、国骨干、省示范,林林总总,参差不齐,士官培养标准各不相同。在士官生培养增量成本研究中,各个院校也是根据各自的人才培养方案进行投入,投入又与各个院校的基础设施、实验实训条件、师资等息息相关,培养标准不同,院校起点不同,投入也不同,经费保障机制的建立也就存在问题。如能依据军种不同,按专业大类制定相对统一规范的人才培养方案,各院校依据培养方案实施培养,对建立经费保障机制、提高士官入伍率是有益的。

### 七、重视军政教官师资问题

目前,士官生军政素质培养所面临的最大障碍就是师资问题,而聘用退役军人担任地方院校的军政教官是行之有效的办法。因此,需要建立军地对接的师资聘用及再培训体系,并对事业单位及非营利社会团体聘用退役军人的体制性制约因素进行改革。

(一)退役军人教官的聘用及待遇

首先,将优秀的退役军人引入地方院校的士官学院,是有效缓解士官生培养师资和管理人员缺乏的重要途径。但是,由于信息渠道不畅等原因,有定向士官培养任务的院校和优秀退役人员对接机制还不顺畅。有些院校想招人却招不到,有的退役人员不知道用人单位的情况,双方往往自发地、分散地凭个人关系进行联系。因此,依托新成立的退役军人事务部(厅、局、处)等部门,搭建军地双方信息联通、沟通顺畅的联系平台,非常有必要。

其次,地方士官学院聘任教官受到编制的限制,高职院校对于在编教师的学历、学位有着较高要求,许多退伍军人难以达到。地方院校聘请的

退役军人教官主要是复员未选择国家安置的士官、自主择业军官或军队退休人员,均未列入事业编制,与学校在职在编人员存在体制性差别。由此导致的后果,一是人事体制上内外有别,同劳不同酬,应聘者缺少单位认同与自身认同,没有归属感;二是缺少国家正式制度的保障,一切保障取决于学校的内部,教官缺少职业规划及奋斗目标,人才易流失,队伍不稳定;三是退役军人教官的思想素质及业务素质标准要求难统一,缺乏相应考核机制,激励竞争不够。

最后,建议特别关注退役士官在聘任和职业发展方面所面临的困境。地方士官学院聘任退役士官担任士官生辅导员,退役士官在年龄上、家庭上都处于特殊时期,需要有相应的待遇和较为稳定的工作岗位。而目前的状况是,退役士官无法被纳入编制,提升的空间受到限制,收入待遇的增长缺乏保障,且随着年龄的增长随时面临被辞退的风险。

由于士官生相对高职在校生占比不到 2%,专门出台退役军人师资政策文件不太现实,建议针对事业单位和非营利社会团体制定针对退役军人的支持性就业政策。《关于促进新时代退役军人就业创业工作的意见》中,提出了多项针对退役军人就业创业的优惠政策,但支持性政策还较为欠缺,需要从高校的国防教育、大学生入伍前适应性教育、军民融合教育的师资队伍建设等角度入手,构建新的政策抓手,并将地方院校士官学院作为改革试点的单位。

(二)师资配置与培训

由于部队军政课程一直在更新,退役军人到地方院校工作后,不继续学习培训,也无法满足士官生培养的需要,因此建议军地联合建立针对地方士官生培养的军政教官培训机制,帮助他们及时学习各军种对士官军政素质培养的新标准和新要求。同理,地方院校的专业教师也需要加强和部队院校的对接,建立军地常态化的沟通、交流和合作机制,就士官生培养的人才方案、教学教研、军事技能赛事、师资队伍培训等相关事项展开充分合作和研讨。地方院校的专业教师也要通过与部队院校合作,加强对武器装备通用结构的知识储备。

在建设军地衔接师资培训机制的同时,要重视地方院校师资有效配置的问题,充分发挥和合理调配退役军官、退役士官和普通专业教师在士官生军政素质教育中的角色与功能。

为了更好地发挥退役军人师资在地方高校教育中的作用,可考虑在一个地区内部,充分发挥军分区对各级各类院校国防教育的管理指导职能,统筹调配各学校国防教育师资,特别是具有预备役身份的退役军人教官。建议放宽退役士官聘任为学校辅导员的学历要求,目前聘任的标准一般要求为本科学历,可以对优秀的退役士官降低到专科水平,以增强学校军训带训教官的师资力量,并在院校间合理调配师资资源。省军区和省教育厅有效协调军地协作,加强对全省国防教育师资的培训。

**八、打造国防教育基地**

参会地方院校普遍申请了教育部"国防教育示范特色校",以士官学院为依托,打造国防教育基地。许多地方士官学院每年暑假都会派出士官生骨干参与省内院校新生军训,也承担部分院校大学生预征生、地方武装部应征青年入伍前的适应性军训任务。此外,部分院校还选拔优秀士官生组建民兵应急连,纳入当地武装部统一管理,承担应急处突、救援任务。

建议将地方士官学院打造成为国防教育基地及大学生入伍前适应性训练基地,以此提高士官生的组训实践能力和社会责任感,缓解地方院校学生军训缺乏带训教官的客观困境。

(一)士官生带训的问题

各级各类地方学校的学生军训目前普遍缺少现役军事教官带训,实际带训的教官缺乏资格认定和从业标准。此外,学生军训过程中缺少监督检查和考核评估,训练内容不规范,过于简单枯燥,与国防教育理论课脱节。由士官生充当军训带训教官,同样面临多方面的问题。

第一,士官生是否有资格承担军训任务,这需要国家有关部门认定。虽然省军区战备建设局可以通过考核,向士官生颁发四会教练员证书(军训资格证书),但是人社部门并不承认这种资格证书。

第二,虽然财政部门为学生军训拨付了专项经费,但是地方士官学院是否能够收取这部分费用,还需要有关部门的正式规定。到目前为止,地方士官学院派士官生带训是不收费的。

第三,从军政素质培养的角度,如何给带训的士官生计算学分和学时,并纳入培养方案,需要军地之间形成共识。

第四,无论是参与军训工作,还是参与地方应急处突工作,都存在安全责任的问题。

(二)规范士官生带训的措施

针对以上问题,提出了多项解决措施。

第一,建议在地方士官学院建立学生军训指导中心,由当地省军区将士官生编入预备役后备力量,由当地军事机关实行统一领导,这既体现了党对学生军训的组织领导,又可对学生军训力量统一调配,满足当地高校国防教育和大学生军训工作的需要,还可在突发情况下集中使用这支力量执行应急抢险任务。

第二,在省军区(军分区)的领导下实行"双准入制",建立军训教官职业资格和训练基地资格鉴定中心,加强对军训教官的培训考核,加强对训练基地的考核评价,从根本上提高学生军训的质量。

第三,省军区军训办、省教育厅军训办统一明确任务,依托地方士官学院的学生军训指导中心,在课程建设、军事理论教学、军事技能训练、考核验收等方面制定相应的标准;同时,根据所在省每年入学新生数量及待军训学生人数和各士官学院承训骨干力量情况,统一编制计划,明确承训学校和承训规模,采取错峰安排军训,严格检查考评验收,确保学生军训质量。

第四,由省军区、教育厅根据有关文件要求统一制定生均收费标准,这个标准既要体现国防教育事业和学生军训工作的公益性,又要体现军训教官、军训组织的劳动价值。

(三)探索建设大学生入伍前适应性教育训练基地

如果在地方士官学院探索性地建立大学生入伍前适应性教育训练基地,至少需要完善三方面的前提条件。

第一,明确上级部门的政策依据。建立大学生入伍前适应性教育训练基地,事关国防教育建设的发展和大学生士兵遴选的质量,事关士官学院教学训练计划的总体筹划,必须得到上级有关部门的政策支持,并清晰界定国防动员部门、地方士官学院、地方高校三方的职责分工。

第二,要有国防动员部门的大力指导。建立大学生入伍前适应性教育训练基地,必然会动用士官学院教官和部分士官生骨干作为教员力量,省军区(军分区)必须经常性地给予训练标准和训练内容上的指导。在组织大学生入伍前教育训练时,应当按照相关的手续和流程,由省军区(军分区)下达任务指令,并指派专人到训练现场进行指导。

第三,要有地方高校的全力配合。各地方高校和相关士官学院之间必须及时加强沟通衔接,在大学生入伍前教育训练期间与士官学院共同实施管理和保障,协调解决相关问题,确保教育训练的效果。

在地方士官学院建立大学生入伍前适应性教育基地,需要先进行探索性的试点。在试点过程中,可以参考部队新兵训练和士官学院士官生训练的内容标准,整合制定大学生入伍前教育训练课程标准体系,确定教育训练和食宿的保障模式。训练保障模式必须紧扣士官学院实际情况,如条件允许,可以将入伍大学生全部集中在士官学院进行准军事化的管理训练。或者,士官学院可以派遣教官到各高校进行专项教育训练,士官学院作为教育训练的参观实习基地,组织入伍大学生到学院参观、体验生活,等等。